中等职业教育"十二五"规划教材
中职中专会计类教材系列

企业会计实务

（第二版）

林 彤 主编

科学出版社

北 京

内 容 简 介

本书分为7个单元：单元1介绍企业筹集资金的方式；单元2介绍存货的购、销、存业务的核算；单元3介绍往来业务的核算；单元4介绍员工应发工资、实发工资、代扣各种款项的计算，工资分配、职工福利费等的核算；单元5介绍固定资产及其他资产增减变动的核算、固定资产折旧的计算及其他长期资产的摊销等；单元6介绍期间费用的核算、利润的核算、利润分配的核算；单元7介绍主要财务会计报表的内容及编制方法。全书中每个活动案例都附有相关原始凭证，以便更好地培养学习者独立处理会计业务的动手操作能力，为从事会计工作打下坚实的基础。

本书既适合作为中职中专会计类相关专业教材，也可作为相关从业人员的培训教材和参考书。

图书在版编目(CIP)数据

企业会计实务 / 林彤主编 . —2 版 . 北京：科学出版社，2015
（中等职业教育"十二五"规划教材·中职中专会计类教材系列）
ISBN 978-7-03-045031-9

Ⅰ.①企… Ⅱ.①林… Ⅲ.企业管理–会计–中等专业学校–教材 Ⅳ.F275.2

中国版本图书馆CIP数据核字（2015）第131474号

责任编辑：王纯刚 王 琳 / 责任校对：王万红
责任印制：吕春珉 / 封面设计：耕者工作设计室

科 学 出 版 社 出版
北京东黄城根北街16号
邮政编码：100717
http://www.sciencep.com

百善印刷厂 印刷
科学出版社发行 各地新华书店经销

*

2007年8月第 一 版　　开本：787×1092　1/16
2015年6月第 二 版　　印张：18
2017年5月第三次印刷　　字数：406 000
定价：39.00元

（如有印装质量问题，我社负责调换〈百善〉）
销售部电话 010-62134988　编辑部电话 010-62135763-8020

中职中专会计类教材系列
编委会

序

随着我国社会主义市场经济的发展，生产标准向个性化转变，要求劳动者具有综合职业能力；企业人事组织岗位的变化，更看重人的综合素质；生产岗位的变化也使得职业的流动性越来越强，要求人们注重终身教育。而从中等职业学校毕业生的社会需求来看，用人单位更注重学生的综合素质以及其从事生产、技术、服务、管理第一线或其辅助性工作的操作技能，不过分强调专业理论；从业人员需要有更大的发展弹性，以适应继续学习和转岗的需要。

基于以上认识，中等职业技术教育改革必须打破传统的教育观念，树立新的职业教育理念。职业教育具有典型的应用性、突出的技能性、较强的实践性等特征。财经类中等职业技术学校的培养目标应定位于"培养既具有可持续发展能力，又具有初步执业技能的财经文员"。为此，中等职业技术教育应以"依据职业能力需求，围绕岗位业务流程，遵循职业生涯发展规律"为基本思路，构建"通用能力模块、专业技能模块、能力拓展模块"的模块课程体系。

多年来，我国有关会计职业教育方面的教材仅以学科体系为依据编写，仅注重知识的传授，不注重能力培养，与中等职业技术教育会计专业的培养目标相距甚远，因此教材改革势在必行。通过社会调研论证，编者确立了以培养学生综合素质为核心、以加强就业上岗能力为重点、以强化技能训练为特色的编写原则，构建了如下会计专业模块课程体系。

1）"通用能力模块"课程，包括会计基本技能、会计基础及实训。

2）"专业技能模块"课程，包括出纳实务、企业财务会计实务、成本核算实务、涉税会计实务、商品流通企业购销实务、会计综合实训。

3）"能力拓展模块"课程，包括审计实务、银行会计实务、财务管理、财经法规与会计职业道德。

以上课程均有相应的教材，所有教学内容可在两年（四个学期）内完成。本系列教材具有以下两个突出的特点。

1. 突出实训

本系列教材在编写上以会计实训、会计案例为主导，每本教材均配置相应的实训练习，改变了以往以会计理论为主导的会计教材模式。本系列教材始终把学生掌握技能作为重中之重，围绕技能核心，让学生在实训中掌握理论知识，真正提高学生的动手能力。

2. 便于操作

按常用的财务软件模块，本系列教材将传统的《财务会计》教材划分为出纳实务、企业会计实务、成本核算实务、涉税会计实务、商品流通企业购销实务、会计综合实训六部分内容，每个内容均可相对独立，学生每学完一部分内容即可取得一定的学分。这六部分内容实为化整为零、化繁为简，注重与实践相结合，增加企业核算实例，且在保留原《财务会计》主要内容的基础上，减少深奥难懂的理论内容，丰富了操作性强的实训内容，同时使会计手工记账与电脑记账相结合。学生完成以上六部分内容的学习，就可胜任企业的出纳、会计、统计工作。此外，通过电脑记账教学的加强，学生还能灵活运用不同的财务软件。

本系列教材主要适用于中等职业技术学校财经类专业学生学习。在学习过程中同步配以实训练习，条件较好的学校还可直接在计算机上采用不同的财务软件，按会计岗位进行教学，使学生在学习期间提高手工记账和电脑记账的技能。

本系列教材的编者为全国多所财经类中等职业学校一线教学经验丰富的会计教师，每本教材都是编者多年教学经验的总结，南北方的会计教学经验在此得到了完美的融合。编者相信，本套会计系列教材一定能使我国中等职业技术学校从事会计教育的老师得到启发和帮助。

前　言
（第二版）

"企业会计实务"是中等职业学校会计专业的主干专业课程，也是会计专业的核心专业课程。这门课程的开设在培养学生的实践操作能力、掌握操作技能和会计核算方法等方面具有重要作用。

本书以应用为目标，以实操为导向，紧贴中职学生的特点而编写，致力于培养一人多岗、一专多能、有较强的手工操作及电脑操作能力（常用财务软件的熟练运用），有一定的写作能力及财务会计报表编写能力的复合型人才。全书大致按照常用的财务软件模块，将企业会计实务划分为七部分内容，包括筹集资金实务，购、销、存实务，往来业务核算实务，职工薪酬核算实务，固定资产与其他资产实务，财务成果，财务报表的编报。

编者以应用为目标，以实操为导向，以必要、够用为尺度，注重知识的实用性，强化实训操作的教学理念，依据2006年2月15日颁布的《企业会计准则》和2006年10月颁布的《企业会计准则——应用指南》、财政部与国家税务总局制定的《交通运输业和部分现代服务业营业税改征增值税试点实施办法》《交通运输业和部分现代服务业营业税改征增值税试点有关事项的规定》《关于运输业和部分现代服务业营业税改征增值税试点若干税收政策的通知》等最新财税政策进行编写。全书包含原《财务会计》的主要内容，但减少了较深奥的理论部分，更多地丰富了会计实训的内容，注重会计手工记账与电脑记账的结合，同时增加了企业核算的实例，以提高学生分析问题的能力。

本书由林彤主编，具体编写分工如下：单元1由林彤编写；单元2由李夏、苏飏编写；单元3由苏飏、沈冬英编写；单元4由陈惠丽、李夏编写；单元5由索桂芳、林彤编写；单元6由赵文霞编写；单元7由吴莹、尹静编写。本书设有习题，以便学生练习使用。

编者在编写本书的过程中，得到徐迎建、韩涌波、黄莉的大力支持和帮助，在此表示衷心的感谢！

由于时间较紧，编者专业水平和实践经验有限，书中不足之处在所难免，敬请读者批评指正。

编　者

2015 年 1 月

前 言
（第一版）

"企业会计实务"是中等职业学校会计专业的一门主干专业课程，也是会计专业的核心专业课程，本书致力于使学生具备初中级会计人员所必需的企业财务会计的基本理论、基本知识和基本技能，理解现行的企业财务制度与准则，系统掌握企业财务会计的核算方法，培养学生从事会计核算和会计事务管理工作的综合能力。

随着科技的发展，电脑在企业、家庭中的使用越来越普遍，许许多多的企业使用电脑进行管理、记账，电脑记账将逐步取代传统的手工记账。为了适应社会的需求，使会计理论教学与实训教学、手工记账与电脑记账紧密结合，提高学生学习会计知识的兴趣，本书大致按照常用的财务软件模块，将企业会计实务划分为六部分内容，包括筹集资金实务、购销存实务、工资实务、固定资产与其他资产实务、财务成果、会计报表的编报。

本着以应用为目标，以实操为导向，以必要、够用为尺度，注重知识的实用性，强化实训操作的教学理念，本书以《小企业会计制度》为蓝本，结合小企业的业务特点，加入了最新《企业会计准则2006》的元素。它包含原财务会计的主要内容，但减少了较深奥的理论部分，更多地丰富了会计实训的内容，更注重会计手工记账与电脑记账的结合，同时增加企业核算实例，以提高学生分析问题的能力。

本书编写分工如下：第1章由林彤编写；第2章由李夏编写；第3章由陈惠丽编写；第4章由索桂芳编写；第5章由赵文霞编写；第6章由吴莹编写。

编者在编写本书的过程中，得到徐迎建、韩涌波、黄莉的大力支持和帮助，在此表示衷心的感谢！

由于时间较紧，限于编者专业水平和实践经验，书中的不足之处诚恳地期待读者批评指正。

编 者

2007年1月

目　录

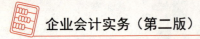

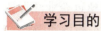

单元 1
筹集资金实务

学习目的

1. 了解企业资金来源的渠道和形式。
2. 掌握资金筹集业务核算设置账户方法。
3. 熟练接受投资、借入资金的账务处理方法。

活动资料

企业从成立到日常经营活动，以及后续发展，各环节都离不开资金，首要解决的问题都是资金问题。而企业筹集资金有多种渠道，方式也多样，如通过接受投资者投资、捐赠，还可以通过借入资金等。广州华夏有限公司成立于 2010 年，属于一般纳税人，由南海宏达工厂和佛山光大公司共同投资组成。2014 年为扩展经营，吸收新的投资者广州凯旋公司、广州安利发展有限公司、广州远航有限公司和中山嘉伊毛纺厂。

任务 1.1　接受投入资金的核算

活动指导——设置账户

企业接受投入资金的会计核算主要涉及以下账户。

"实收资本"账户：属于所有者权益类账户，核算企业接受投资者投入的实收资本，按投资者进行明细核算。

"资本公积"账户：属于所有者权益类账户，核算企业收到投资者出资额超出其在注册资本或股本中所占份额的部分等。

小贴士

股份有限公司应设置"股本"账户。

活动 1.1.1 实收资本的核算

实收资本是指投资者按照企业章程或合同、协议的约定，实际投入企业的资本。它是企业经营的支柱，也是企业工商管理注册登记的依据，是企业注册登记的法定资本总额的来源，它表明所有者对企业的基本产权关系，可按投资者进行明细核算。

投资者对企业投入资本，依法享有经营权。向企业投入的资本，在企业持续经营期间内，除依法转让外，不得以任何形式抽回。

《中华人民共和国公司法》第二十七条规定："股东可以用货币出资，也可以用实物、知识产权、土地使用权等可以用货币估价并可以依法转让的非货币财产作价出资；但是，法律、行政法规规定不得作为出资的财产除外。"

以无形资产进行投资，其投资额度按中国现行财务制度的规定，不得超过企业注册资金的20%，情况特殊需要超过20%的，应当经有关部门审查批准，但最高不超过30%。

1. 接受货币资金投入的核算

投资者以现金投入的资本，应以企业实际收到或者存入企业开户银行的金额，借记"银行存款"、"库存现金"等账户；按投资者应享有企业注册资本的份额计算的金额，贷记"实收资本"账户；按其差额，贷记或借记"资本公积——资本溢价"账户。

【活动案例1.1】 广州华夏有限公司成立于2010年，由南海宏达工厂和佛山光大公司共同投资组成，注册资本为1 800 000元。根据合同约定，南海宏达工厂和佛山光大公司各出资900 000元。相关凭证见图1-1、图1-2和表1-1。

中国工商银行进账单（收账通知） 3

2010 年 1 月 15 日

出票人	全　称	南海宏达工厂											
	账　号	06684010											
	开户银行	中国工商银行南涨凤凰支行											
金额	人民币（小写）		亿	千	百	十	万	千	百	十	元	角	分
					¥	9	0	0	0	0	0	0	0
收款人	全　称	广州华夏有限公司											
	账　号	02083322											
	开户银行	中国工商银行广州分行越秀支行											
票据种类	支票		票据张数			1							
票据号码	92305678												
备注													
复核		记账											

中国工商银行广州分行
越秀支行
★ 2010.1.15 ★
票据受理专用章

此联是收款人开户银行交给收款人的收账通知

图 1-1 中国工商银行进账单（收账通知）（一）

图1-2　中国工商银行进账单（收账通知）（二）

表1-1　广州华夏公司出资比例表

投资单位名称	出资比例 /%	金额 / 元
南海宏达工厂	50	900 000
佛山光大公司	50	900 000
合计	100	1 800 000

企业账务处理如下：

借：银行存款　　　　　　　　　　　　　　　　　　　　　　　1 800 000

　　贷：实收资本——南海宏达工厂　　　　　　　　　　　　　　　900 000

　　　　　　　——佛山光大公司　　　　　　　　　　　　　　　　900 000

【活动案例1.2】　广州华夏有限公司为扩展经营，决定吸收新的投资者。2015年3月1日，收到广州凯旋公司投入的现金550 000元，其中500 000元记入"实收资本"账户。款项已存入银行。相关凭证见图1-3。

图1-3 中国工商银行进账单（收账通知）

企业账务处理如下：

借：银行存款 550 000

贷：实收资本——广州凯旋公司 500 000

资本公积——资本溢价 50 000

2. 接受非货币资金投入的核算

投资者以非现金资产投入的资本，如固定资产、存货、无形资产等，应按投资各方确认的价值，借记有关资产账户；按投资者应享有企业注册资本的份额计算的金额，贷记"实收资本"账户；按其差额贷记"资本公积——资本溢价"账户。

（1）存货投入

投资者以存货投入的资本，应按投资各方确认的价值，借记"原材料"、"应交税费——应交增值税（进项税额）"等账户；按投资者应享有企业注册资本的份额计算的金额，贷记"实收资本"账户；按其差额贷记"资本公积——资本溢价"账户。

小贴士

以存货形式投资，由投资方开具增值税发票，接受投资方借记"应交税费——应交增值税（进项税额）"账户；投资方贷记"应交税费——应交增值税（销项税额）"账户。

【活动案例1.3】 2015年3月1日，收到广州安利发展有限公司作为资本投入的106#

材料一批，经双方协商确认、税务部门核定，广州安利发展有限公司开出增值税专用发票，注明 106# 材料价款 200 000 元，增值税 34 000 元，其中 200 000 元记入"实收资本"账户。相关凭证见图 1-4 和图 1-5。

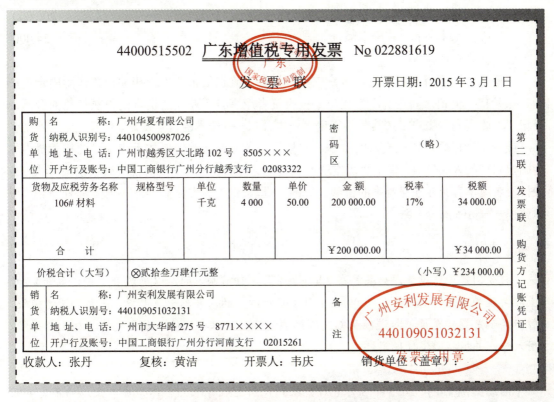

图 1-4　广东增值税专用发票

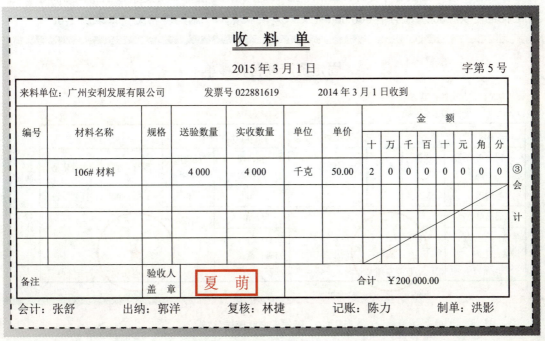

图 1-5　收料单

企业账务处理如下：

借：原材料——106# 材料   200 000

    应交税费——应交增值税（进项税额）   34 000

  贷：实收资本——广州安利发展有限公司   200 000

    资本公积——资本溢价   34 000

（2）固定资产投入

投资者以固定资产投入的资本，应按投资各方确认的价值加上相关税费作为固定资产的入账价值，借记"固定资产"账户；按投资者应享有企业注册资本的份额计算的金额，贷记"实收资本"账户；按其差额贷记"资本公积——资本溢价"账户。

或投资者以固定资产投入的资本，应按投资各方确认的价值加上应支付的相关费用作为固定资产的入账价值，借记"固定资产"、"应交税费——应交增值税（进项税额）"账户；按投资者应享有企业注册资本的份额计算的金额，贷记"实收资本"账户；按其差额贷记"资本公积——资本溢价"账户。

 小贴士

> 接受固定资产投资，如果是在 2009 年 1 月 1 日前购入的，以确认价（或公允价）加上相关税费入账；如果是在 2009 年 1 月 1 日后购入的，并属于《中华人民共和国增值税暂行条例》规定允许抵扣进项税额范围的固定资产，以确认价（或公允价）加上相关费用入账，并抵扣增值税税额。

【活动案例 1.4】 2015 年 3 月 6 日，收到广州远航有限公司作为资本投入的不需安装的机器设备一台（该设备于 2014 年 2 月 25 日购入），增值税专用发票注明价款 560 000 元，增值税税额 95 200 元，其中 600 000 元记入"实收资本"账户。相关凭证见图 1-6。

固定资产联营转移单

调出单位：广州远航有限公司

调入单位：广州华夏有限公司   2015 年 3 月 6 日   单位：元

调拨原因及根据		投资		评估确认值		人民币	560 000	
固定资产名称	规格型号	单位	数量	预计使用年限	已使用年限	现有价值	作价依据	接收单位记账联
刨床	MX	台	1	10	0	¥560 000	评估报告	
调出单位				调入单位				
签章： 财务：王方 经办：董力				签章： 财务：李蒙 经办：邓津				

图 1-6 固定资产联营转移单

企业账务处理如下：

借：固定资产——生产经营用固定资产（刨床）   560 000

应交税费——应交增值税（进项税额）   95 200

贷：实收资本——广州远航有限公司   600 000

资本公积——资本溢价   55 200

（3）无形资产投入

投资者以无形资产投入的资本，应按投资各方确认的价值，借记"无形资产"账户；按投资者应享有企业注册资本的份额计算的金额，贷记"实收资本"账户。

【活动案例 1.5】 2015 年 3 月 10 日，收到中山嘉伊毛纺厂投入的一项专利技术，各方确认的价值为 330 000 元，其中 300 000 元记入"实收资本"账户。相关凭证见图 1-7 和表 1-2。

无形资产拨入单

转入或购入单位：广州华夏有限公司

转出或售出单位：中山嘉伊毛纺厂　　　　　　　　　　　　　　　　2015 年 3 月 10 日

名称	单位	数量	单价	金额	摊销期限 / 年
专利技术	项	1	300 000.00	300 000.00	8
合计		1		￥300 000.00	

单位主管：李东　　　　　　　　　　制单：汪华

图 1-7　无形资产拨入单

表 1-2　广州华夏有限公司出资比例表

投资单位名称	出资比例 /%	金额 / 元
南海宏达公司	26.5	900 000
佛山光大公司	26.5	900 000
广州凯旋公司	14.7	500 000
广州安利发展有限公司	5.9	200 000
广州远航有限公司	17.6	600 000
中山嘉伊毛纺厂	8.8	300 000
合计	100	3 400 000

企业账务处理如下：

借：无形资产——专利技术   330 000

贷：实收资本——中山嘉伊毛纺厂   300 000

资本公积——资本溢价   30 000

 小贴士

假如企业发生资本金减少，则借记"实收资本"账户，贷记"银行存款"等账户。

█ 活动 1.1.2 资本公积的核算

资本公积是指企业收到的投资者出资额超出其在注册资本或股本中所占份额的部分和直接计入所有者权益的利得和损失，分别以"资本溢价（股本溢价）"、"转增资本"、"其他资本公积"科目进行明细核算。

1. 资本溢价

收到投资者投入的资产，应按实际收到的金额或确定的价值，借记"银行存款"、"固定资产"等账户；按其应享有企业注册资本的份额计算的金额，贷记"实收资本"账户；按其差额，贷记"资本公积——资本溢价"账户。具体账务处理见活动案例1.1。

与发行权益性证券直接相关的手续费、佣金等交易费用，借记"资本公积（股本溢价）"账户，贷记"银行存款"账户。

同一控制下控股合并形成的长期股权投资，应在合并日按取得被合并方所有者权益账面价值的份额，借记"长期股权投资"账户；按享有被投资单位已宣告但尚未发放的现金股利或利润，借记"应收股利"账户；按支付的合并对价的账面价值，贷记有关资产账户或借记有关负债账户；按其差额，贷记"资本公积（资本溢价或股本溢价）"账户；为借方差额的，借记"资本公积（资本溢价或股本溢价）"账户；资本公积（资本溢价或股本溢价）不足冲减的，借记"盈余公积"、"利润分配——未分配利润"账户。

同一控制下吸收合并涉及的资本公积，比照上述原则进行处理。

2. 转增资本

经股东大会或类似机构决议，用资本公积转增资本，借记"资本公积（资本溢价或股本溢价）"账户，贷记"实收资本"或"股本"账户。

 小贴士

> 按规定，公司用法定盈余公积金转增资本时，所留存的该项公积金不得少于转增前注册资本的25%。

【活动案例 1.6】 2015年6月30日，广州华夏有限公司决定以100 000元资本公积和100 000元盈余公积转增注册资本，验资后办妥资本变更手续，见表1-3。

表1-3 广州华夏有限公司增资表

单位：元

投资单位名称	增资前金额	增加金额	增资后金额
南海宏达工厂	900 000	53 000	953 000
佛山光大公司	900 000	53 000	953 000
广州凯旋公司	500 000	29 400	529 400
广州安利发展有限公司	200 000	11 800	211 800
广州远航有限公司	600 000	35 200	635 200
中山嘉伊毛纺厂	300 000	17 600	317 600
合计	3 400 000	200 000	3 600 000

企业账务处理如下：

借：资本公积——资本溢价　　　　　　　　　　　　　　100 000

　　盈余公积　　　　　　　　　　　　　　　　　　　　100 000

　　　贷：实收资本——南海宏达工厂　　　　　　　　　　53 000

　　　　　　　　——佛山光大公司　　　　　　　　　　53 000

　　　　　　　　——广州凯旋公司　　　　　　　　　　29 400

　　　　　　　　——广州安利发展有限公司　　　　　　11 800

　　　　　　　　——广州远航有限公司　　　　　　　　35 200

　　　　　　　　——中山嘉伊毛纺厂　　　　　　　　　17 600

3. 其他资本公积

1）长期股权投资采用权益法核算的，在持股比例不变的情况下，被投资单位除净损益以外所有者权益的其他变动，企业按持股比例计算应享有的份额，借记或贷记"长期股权投资——其他权益变动"账户，贷记或借记"资本公积（其他资本公积）"账户。

处置采用权益法核算的长期股权投资，还应结转原记入"资本公积"账户的相关金额，借记或贷记"资本公积（其他资本公积）"账户，贷记或借记"投资收益"账户。

2）以权益结算的股份支付换取职工或其他方提供服务的，应按照确定的金额，借记"管理费用"等账户，贷记"资本公积（其他资本公积）"账户。

在行权日，应按实际行权的权益工具数量计算确定的金额，借记"资本公积（其他资本公积）"账户；按计入实收资本或股本的金额，贷记"实收资本"或"股本"账户；按其差额，贷记"资本公积（资本溢价或股本溢价）"账户。

3）自用房地产或存货转换为采用公允价值模式计量的投资性房地产，按照"投资性房地产"账户的相关规定进行处理，相应调整资本公积。

4）将持有至到期投资重分类为可供出售金融资产，或将可供出售金融资产重分类为持有至到期投资的，按照"持有至到期投资"、"可供出售金融资产"等账户的相关规定进行处理，相应调整资本公积。

将可供出售金融资产重分类为采用成本或摊余成本计量的金融资产的，对于原记入"资本公积"账户的相关金额，还应分别不同情况进行处理：有固定到期日的，应在该项金融资产的剩余期限内，在资产负债表日，按采用实际利率法计算确定的摊销金额，借记或贷记"资本公积（其他资本公积）"账户，贷记或借记"投资收益"账户；没有固定到期日的，应在处置该项金融资产时，借记或贷记"资本公积（其他资本公积）"账户，贷记或借记"投资收益"账户。

可供出售金融资产的后续计量，按照"可供出售金融资产"账户的相关规定进行处理，相应调整资本公积。

任务 1.2　借入资金的核算

企业为了维持或补充正常的生产经营所需资金，以及扩大经营规模、满足长期资金的需求，而向银行或其他金融机构借入各种借款。

活动指导——设置账户

企业借入资金的会计核算主要涉及以下账户。

"短期借款"账户：属于负债类账户，核算企业向银行或其他金融机构借入的期限在一年以下（含一年）的各种借款。应按贷款单位设置明细账，并按借款种类及期限进行核算。

"长期借款"账户：属于负债类账户，核算企业向银行或其他金融机构借入的期限在一年以上的各项借款。应按贷款单位和贷款种类，分别设"本金"、"利息调整"账户进行明细核算。

"应付利息"账户：属于负债类账户，核算按照合同约定应支付的利息，包括吸收存款、分期付息到期还本的长期借款、企业债券等应支付的利息。按债权人进行明细核算。

"长期待摊费用"账户：属于资产类账户，核算企业已经发生但应由本期和以后各期负担的分摊期在一年以上的各种费用。按费用项目进行明细核算。

"长期应付款"账户：属于负债类账户，核算除长期借款和应付债券以外的其他各种长期应付款，包括融资租入固定资产的租赁费以分期付款方式购入固定资产等发生的应付款项等。按长期应付款的种类和债权人进行明细核算。

活动 1.2.1　短期借款的核算

短期借款的期限在一年以下（含一年）。借款的利息属于筹资费用，作为财务费用计入当期损益。

短期借款利息的支付方式主要有三种：①按月支付；②到期与本金一起支付；③按月预提，按季支付。

借入短期借款时，按取得的借款本金，借记"银行存款"账户，贷记"短期借款"账户；按月支付利息，借记"财务费用"账户，贷记"银行存款"账户；按月预提、按季支付或到期一次性支付利息，按月预提，借记"财务费用"账户，贷记"应付利息"账户，按季支付或到期支付利息时，借记"应付利息"账户，贷记"银行存款"账户。

【活动案例 1.7】 2015 年 1 月 1 日，广州华夏有限公司向发展银行广州分行借入120 000 元流动资金，期限为 6 个月，年利率为 6%。相关凭证见图 1-8。

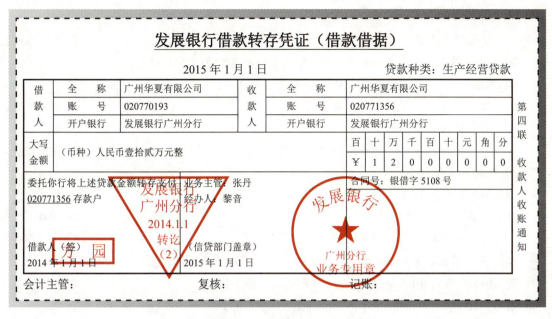

图 1-8　发展银行借款转存凭证（借款借据）

取得短期借款时，企业账务处理如下：

借：银行存款　　　　　　　　　　　　　　　　　　　　　　　　　　　120 000

　　贷：短期借款——发展银行广州分行　　　　　　　　　　　　　　　　120 000

月利息：

$$120\ 000 \times 6\% \div 12 = 600（元）$$

1）若按月支付利息。

① 2015 年 1 月 31 日支付利息。相关凭证见图 1-9。

图 1-9　发展银行利息凭证

借：财务费用——利息费 600

  贷：银行存款 600

2015 年 2 月末、3 月末、4 月末、5 月末支付利息账务处理同上。

② 到期 6 月 30 日归还本息（银行结算凭证略）。

借：短期借款——发展银行广州分行 120 000

  财务费用——利息费 600

  贷：银行存款——发展银行广州分行 120 600

2）若到期支付利息。

① 2015 年 1 月 31 日预提利息。

借：财务费用——利息费 600

  贷：应付利息——发展银行广州分行 600

2015 年 2 月末、3 月末、4 月末、5 月末预提利息账务处理同上。

② 2015 年 6 月 30 日还本付息。相关凭证见图 1-10。

本息：120 000 ＋ 600×5 ＋ 600 ＝ 1 236 000（元）

借：短期借款——发展银行广州分行 120 000

  应付利息——发展银行广州分行 3 000

  财务费用——利息费 600

  贷：银行存款 123 600

发展银行利息凭证

户名：广州华夏有限公司   2015 年 6 月 30 日   账号：020770193

起息日	结息日	天数	利率	利息
2014.1.1	2014.6.30		6%	3 600.00

本金	￥120 000	利息合计	￥3 600.00
本息合计	￥123 600		

根据有关规定或约定，上列款项已直接记入（扣划）你单位 020771356 账户，你单位上述账户不足支付贷款利息，请另筹集资金支付。

（银行盖章）

第三联 客户回单

发展银行 广州分行 2015.6.30 转讫 （2）

图 1-10 发展银行利息凭证

3）若按月预提，按季支付利息。

① 2015 年 1 月 31 日预提利息。

借：财务费用——利息费 600

  贷：应付利息——发展银行广州分行 600

2014 年 2 月末预提利息账务处理同上。

② 2015 年 3 月 31 日支付第一季度利息。相关凭证见图 1-11。

发展银行利息凭证

户名：广州华夏有限公司　　　　　　2015 年 3 月 31 日　　　　　　账号：020770193

起息日	结息日	天数	利率	利息
2015.1.1	2015.3.31		6%	1 800.00
本金	¥120 000.00		利息合计	¥1 800.00
本息合计	¥121 800.00			

根据有关规定或约定，上列款项已直接记入（扣划）你单位 020771356 账户，你单位上述账户不足支付贷款利息，请另筹集资金支付。

（银行盖章）

发展银行
广州分行
2015.3.31
转讫
（2）

第三联　客户回单

图 1-11　发展银行利息凭证

借：应付利息——发展银行广州分行　　　　　　　　　　　　　1 200
　　财务费用——利息费　　　　　　　　　　　　　　　　　　　600
　　贷：银行存款　　　　　　　　　　　　　　　　　　　　　　　　1 800

第二季度利息账务处理同上。

③ 2015 年 6 月 30 日到期归还本金（银行结算凭证略）。

借：短期借款——发展银行广州分行　　　　　　　　　　　　120 000
　　贷：银行存款　　　　　　　　　　　　　　　　　　　　　　　120 000

■ 活动 1.2.2　长期借款的核算

长期借款的期限在一年以上，主要用于购建固定资产、改扩建工程、大修理工程及保持长期经营能力等。

 小贴士

购建固定资产达到预定可使用状态前的借款费用计入新建固定资产价值，应予资本化；达到预定可使用状态前的借款费用直接计入当期损益，予以费用化。

借入长期借款时，按取得的借款本金，借记"银行存款"账户，贷记"长期借款——本金"账户。在额度内使用借款用于购建固定资产或在建工程，借记"固定资产"、"在建工程"账户，贷记"银行存款"账户。

筹建期间购建的固定资产达到预定可使用状态前及后、生产经营期间的利息，如果是到期一次还本付息的，则借记"长期待摊费用"、"在建工程"、"财务费用"账户等，贷记"长期借款——利息调整"账户；如果是分期支付利息到期归还本金的，应贷记"应付利息"账户。

归还长期借款时，借记"长期借款"账户，贷记"银行存款"账户。利息核算见表1-4。

表1-4　利息核算

期间	记入账户
筹建期间	长期待摊费用
购建固定资产：	
使用借款前	财务费用
使用借款至达到预定可使用状态前	在建工程
达到预定可使用状态后	账务费用
生产经营期间	财务费用

【活动案例1.8】 广州华夏有限公司为扩大生产规模，于2013年1月1日向中国工商银行广州市越秀支行借入期限为2年的款项600 000元，用于厂房的建造，出包给广州市第一建筑公司。该借款年利率为8%，单利计算，到期一次性还本付息，款项已由银行直接拨入企业存款账户，工程于2013年12月31日完工。相关凭证见图1-12～图1-15。支付工程款凭证、建筑发票从略。

中国工商银行（贷款）借款凭证（回单）　　　　4

单位编号：02091　　　　日期：2013 年 1 月 1 日　　　　银行编号：0208

收款单位	名　称	广州华夏有限公司	借款单位	名　称	广州华夏有限公司
	往来户账号	02083322		放款户账号	02089016
	开户银行	中国工商银行广州分行越秀支行		开户银行	中国工商银行广州分行越秀支行

贷款种类	基建借款	利率	8%	起息日期	2012.1.1	还款日期	2013.12.31

借款申请金额	货币及金额（大写）	人民币陆拾万元整	千	百	十	万	千	百	十	元	角	分
			￥	6	0	0	0	0	0	0	0	0

借款原因及用途	购建固定资产

备注：	期限	计划还款日期	计划还款金额
	2013.1.1	2014.12.31	￥696 000.00

中国工商银行
广州分行越秀支行
2013.1.1
转讫
(2)

上述借款业已同意贷给并转入你单位往来账户借款
到期时按期归还　　　　　　　此致
借款单位：

中国工商银行
越秀支行
业务专用章

（银行盖章）　年　月　日

此联系核定放款回单代借款单位往来账户收款通知

图1-12　中国工商银行（贷款）借款凭证（回单）

固定资产验收交接单

承建单位：广州市第一建筑公司

建设单位：广州华夏有限公司　　　　　　2013 年 12 月 31 日　　　　　　　　　　单位：元

固定资产名称	计量单位	数量	金额	预计可使用年限	备注
厂房	幢	1	600 000.00	60	新建
承建单位				建设单位	
签章： 财务：林思 经办：郭东				签章： 财务：李蒙 经办：邓津	

图 1-13　固定资产验收交接单

中国工商银行利息凭证

户名：广州华夏有限公司　　　　　　2014 年 12 月 31 日　　　　　　账号：02089016

起息日	结息日	天数	利率	利息
2013.1.1	2014.12.31		8%	96 000.00
本　　金	￥600 000.00		利息合计	￥96 000.00
本息合计	￥696 000.00			

根据有关规定或约定，上列款项已直接记入（扣划）你单位 02083322 账户，你单位上述账户不足支付贷款利息，请另筹集资金支付。

（银行盖章）

第三联　客户回单

图 1-14　中国工商银行利息凭证

图 1-15　中国工商银行（贷款）还款凭证（回单）

企业账务处理如下。

1）2013 年 1 月 1 日取得长期借款：

借：银行存款　　　　　　　　　　　　　　　　　　　　　　　600 000

　　贷：长期借款——中国工商银行广州分行越秀支行（本金）　　　　　600 000

2）2013 年 1 月 25 日预付工程款：

借：预付账款——广州市第一建筑公司　　　　　　　　　　　　200 000

　　贷：银行存款　　　　　　　　　　　　　　　　　　　　　　　200 000

3）2013 年 6 月 30 日预付工程款：

借：预付账款——广州市第一建筑公司　　　　　　　　　　　　200 000

　　贷：银行存款　　　　　　　　　　　　　　　　　　　　　　　200 000

4）2013 年 12 月 31 日工程完工：

2013 年 1 月 1 日至 2013 年 12 月 31 日利息为 600 000×8% ＝ 48 000（元）

借：在建工程——厂房　　　　　　　　　　　　　　　　　　　48 000

　　贷：长期借款——中国工商银行广州分行越秀支行（利息调整）　　　48 000

工程完工，结算工程款（补付）：

借：在建工程——厂房　　　　　　　　　　　　　　　　　　　600 000

　　贷：预付账款——广州市第一建筑公司　　　　　　　　　　　　400 000

　　　　银行存款　　　　　　　　　　　　　　　　　　　　　　200 000

借：固定资产——生产经营用固定资产（厂房）　　　　　　　　648 000

　　贷：在建工程——厂房　　　　　　　　　　　　　　　　　　　648 000

5）到期还本付利息。

2014 年 1 月 1 日至 2014 年 12 月 31 日利息：

借：财务费用	48 000
贷：长期借款——中国工商银行广州分行越秀支行（利息调整）	48 000

2014 年 12 月 31 日还本付利息：

借：长期借款——中国工商银行广州分行越秀支行（本金）	600 000
——中国工商银行广州分行越秀支行（利息调整）	96 000
贷：银行存款	696 000

■ 活动 1.2.3　长期应付款的核算

长期应付款是企业除长期借款和应付债券以外的其他各种长期应付款项，包括应付融资租入固定资产的租赁费、以分期付款方式购入固定资产等发生的应付款项等。融资租赁，是指实质上转移了与资产所有权有关的全部风险和报酬的租赁。

1. 融资租赁的认定标准

在租赁期届满时，租赁资产的所有权转移给承租人。此种情况通常是指在租赁合同中已经约定，或者在租赁开始日根据相关条件作出合理判断，租赁期届满时出租人能够将资产的所有权转移给承租人。

即使资产的所有权不转移，但租赁期占租赁资产使用寿命的大部分。其中"大部分"，通常掌握在租赁期占租赁资产使用寿命的 75% 以上（含 75%）。

承租人在租赁开始日的最低租赁付款额现值，几乎相当于租赁开始日租赁资产公允价值；出租人在租赁开始日的最低租赁收款额现值，几乎相当于租赁开始日租赁资产公允价值。其中"几乎相当于"通常掌握在 90% 以上（含 90%）。

2. 长期应付款的主要账务处理

1）企业融资租入的固定资产，在租赁期开始日，按应计入固定资产成本的金额（租赁开始日租赁资产公允价值与最低租赁付款额现值两者中较低者，加上初始直接费用），借记"在建工程"或"固定资产"账户；按最低租赁付款额，贷记"长期应付款"账户；按发生的初始直接费用，贷记"银行存款"等账户；按其差额，借记"未确认融资费用"账户。

按期支付的租金，借记"长期应付款"账户，贷记"银行存款"等账户。

2）购入有关资产超过正常信用条件延期支付价款、实质上具有融资性质的，应按购买价款的现值，借记"固定资产"、"在建工程"等账户；按应支付的金额，贷记"长期应付款"账户；按其差额，借记"未确认融资费用"账户。

按期支付的价款，借记"长期应付款"账户，贷记"银行存款"账户。

习　题

一、单项选择题

1．当新投资者介入有限责任公司时，其出资额大于按约定比例计算的、在注册资本中所占的份额部分，应记入（　　）账户。

　　A．"实收资本"　　　　　　　　　　B．"营业外收入"

　　C．"资本公积"　　　　　　　　　　D．"盈余公积"

2．下列利息支出中，可以予以资本化的是（　　）。

　　A．为对外投资而发生的借款利息支出

　　B．为生产经营活动而发生的长期借款利息支出

　　C．为固定资产购建而发生的专门借款利息支出

　　D．清算期间发生的长期借款利息支出

3．长期借款利息，在固定资产达到预定可使用状态之前应记入（　　）账户。

　　A．"财务费用"　　　　　　　　　　B．"管理费用"

　　C．"长期待摊费用"　　　　　　　　D．"固定资产购建成本"

4．企业接受投资者投入资本时，应作为（　　）处理。

　　A．资本公积　　　　　　　　　　　B．盈余公积

　　C．实收资本　　　　　　　　　　　D．投资收益

5．在我国，资本公积主要用于（　　）。

　　A．分配利润　　　　　　　　　　　B．转增资本

　　C．职工福利　　　　　　　　　　　D．弥补亏损

6．企业接受投资者以无形资产的资本，应按（　　）入账。

　　A．摊余价值　　　　　　　　　　　B．投资各方确认的价值

　　C．投资方确认的价值　　　　　　　D．接受方确认的价值

7．实收资本是指（　　）。

　　A．投资者投资时实际支付的金额　　B．投资者实际投入企业的资本总额

　　C．企业的净资产　　　　　　　　　D．企业的资产总额

8．企业接受投资者以固定资产的资本，应（　　）借记"固定资产"账户。

　　A．按投资各方确认的价值加上应支付的相关税费

　　B．按投入固定资产的原值

　　C．按投入固定资产的净值

　　D．按投入固定资产的市场价格

9．资本公积是（　　）。

　　A．归企业投资者共享的　　　　　　B．由非收益转化形成的资本准备金

　　C．由企业的利润形成的　　　　　　D．企业经营取得的

10. 按我国现在财务制度规定，以无形资产进行投资其投资额度不得超过企业注册资金的（　　　）。

    A．10%　　　　　　　B．20%　　　　　　　C．30%　　　　　　　D．50%

11. 企业所有者权益在数量上等于（　　　）。

    A．企业流动负债减长期负债后的差额

    B．企业流动资产减流动负债后的差额

    C．企业长期负债减流动负债后的差额

    D．企业全部资产减全部负债后的差额

12. 在股份有限公司，股东投入企业的资本，应通过（　　　）账户进行核算。

    A．"实收资本"　　　B．"资本公积"　　　C．"盈余公积"　　　D．"股本"

13. 公司在增资时，新的投资者交纳的出资额大于其在注册资本中所占的份额部分应记入（　　　）账户。

    A．"实收资本"　　　　　　　　　　B．"股本"

    C．"资本公积"　　　　　　　　　　D．"盈余公积"

14. 计提短期借款利息时，应借记"财务费用"账户，贷记（　　　）账户。

    A．"银行存款"　　　　　　　　　　B．"应付账款"

    C．"应付利息"　　　　　　　　　　D．"其他应付款"

15. 投资人投入的资金和债务人投入的资金，投入企业后现成企业的（　　　）。

    A．成本　　　　B．费用　　　C．资产　　　D．负债

二、多项选择题

1. 在我国会计实务中，长期借款利息可列支的项目包括（　　　）。

    A．"在建工程"　　　　　　　　　　B．"财务费用"

    C．"管理费用"　　　　　　　　　　D．"销售费用"

2. 在核算短期借款利息时会涉及的账户有（　　　）。

    A．"财务费用"　　　　　　　　　　B．"预提费用"

    C．"银行存款"　　　　　　　　　　D．"短期借款"

3. 按照我国会计制度的规定，长期应付款包括（　　　）。

    A．应付职工薪酬

    B．以分期付款方式购买固定资产的应付款

    C．应付债券

    D．应付融资租入固定资产租赁费

4. 企业的投资者投入的资本大于注册资本的数额不应记入（　　　）账户。

    A．"实收资本"　　　　　　　　　　B．"资本公积"

    C．"盈余公积"　　　　　　　　　　D．"未分配利润"

5. 企业融资租入固定资产的租赁费，按是否需要安装分别借记（　　　）账户，贷记"长期应付款"账户。

A．"长期待摊费用"　　　　　　　　　　B．"待摊费用"

C．"固定资产"　　　　　　　　　　　　D．"在建工程"

6．投资者出资可以采用（　　）。

　　A．无形资产　　　　　B．实物资产　　　　　C．现金　　　　　D．票据

7．企业筹集资金的方式有（　　）。

　　A．接受捐赠　　　　　　　　　　　　B．借入资金

　　C．接受投资　　　　　　　　　　　　D．赊账

8．企业实收资本除（　　）情况外，不得随意变动。

　　A．符合增资条件，并经有关部门批准增资

　　B．投资者急需资金

　　C．按法规程序报经批准减少注册资本

　　D．企业经营连续亏损

9．融资租入固定资产的特点是（　　）。

　　A．出租方仍然保留租赁资产的所有权

　　B．承租方需要承担租赁资产的折旧、修理和其他费用

　　C．租赁时间较长

　　D．租赁期满，承租方有优先选择廉价购买租赁资产的权利

10．长期借款的借款费用，按情况分别记入（　　）账户。

　　A．"在建工程"　　　　　　　　　　　B．"财务费用"

　　C．"长期待摊费用"　　　　　　　　　D．"管理费用"

11．下列情况下，长期股权投资应当采用成本法核算的有（　　）。

　　A．持股比例为20%，并有重大影响

　　B．持股比例在5%以下，且有重大影响

　　C．持股比例为18%，并有重大影响

　　D．持股比例在15%以下，且有重大影响

12．所有者权益的内容包括（　　）。

　　A．实收资本　　　　　　　　　　　　B．资本公积

　　C．借入资本　　　　　　　　　　　　D．盈余公积

13．企业实收资本增加的途径主要是（　　）。

　　A．投资者投入　　　　　　　　　　　B．盈余公积转赠

　　C．资本公积转增　　　　　　　　　　D．银行借入

14．企业可以吸收所有者的（　　）作为投入资本。

　　A．货币资产　　　　　　　　　　　　B．固定资产

　　C．原材料　　　　　　　　　　　　　D．无形资产

15．"实收资本"账户的贷方登记（　　）。

　　A．投资者投入的资本数　　　　　　　B．资本公积转增资本数

　　C．投资者收回的资本数　　　　　　　D．盈余公积转增资本数

16．长期借款所发生的利息费用，购建的固定资产达到预定可使用状态之前，应记入（　　）账户，达到预定可使用状态之后，应记入（　　）账户。

A．"管理费用"　　　　　　　　　B．"财务费用"

C．"在建工程"　　　　　　　　　D．"固定资产"

17．企业筹集资金，可以通过（　　）等方式。

A．接受投资者投资　　　　　　　B．接受捐赠

C．借入资金　　　　　　　　　　D．借入资产

18．融资租赁，是指实质上转移了与资产所有权有关的（　　）和（　　）的租赁。

A．全部收入　　　　　　　　　　B．全部支出

C．全部风险　　　　　　　　　　D．全部报酬

三、判断题

1．长期借款所发生的费用，由于借款用途的不同，其承担对象也不同。（　　）

2．"长期借款"账户的月末余额，反映企业尚未支付的各种长期借款的本金和利息。
（　　）

3．投资者投入企业的资本应全部记入"实收资本"账户。（　　）

4．企业的非货币出资一般不得超过其注册资本的50%。（　　）

5．从投资者角度看，所有者权益比债权人权益具有更大的风险。（　　）

6．企业投资者向企业投入资本后，在企业持续经营期间内，可根据需要抽回。（　　）

7．短期借款是企业为生产经营而借入的，因此，该项借款的利息支出应记入"管理费用"账户。（　　）

8．如果短期借款的利息是按月支付的，或者利息是在借款到期时连同本金一起归还但其数额不大，可以不采用预提的办法，而在实际支付或收到银行的计息通知时，直接记入"财务费用"账户。（　　）

9．为投资而发生的借款费用应予以资本化。（　　）

10．企业注册登记的法定资本总额，无论什么情况都不得更改。（　　）

11．短期借款是企业向银行或金融机构等借入的期限在一年以内（含一年）的各种款项目。（　　）

12．由于所有者权益的负债都是对企业资产的要求权，因此它们的性质相同。（　　）

四、业务核算题

1．资料：光大制造厂发生下列经济业务。

1）2015年6月5日，接受长江公司投入一台旧机器设备，原值500 000元，已提折旧80 000元，双方确认价为400 000元。

2）2015年2月1日从中国建设银行越秀支行取得偿还期为5个月的借款600 000元，年利率5%，借款到期后一次还本付息（利息按月预提）。

要求：根据以上资料编制会计分录。

2. 资料：益达有限公司注册资本为 5 000 000 元。

1）公司于 2015 年 1 月 1 日从中国工商银行白云支行取得偿还期为 6 个月的借款 300 000 元，年利率 5%，利息采用预提方法。（按月预提，按季付息）。

2）2015 年 6 月 19 日，接受广州宏达公司投入 1 200 000 元人民币，其中 1 150 000 元记入"实收资本"账户。

3）2015 年 6 月 25 日，收到富强公司投入的一项专利技术，双方确认的价值为 580 000 元。其中 557 000 元记入"实收资本"账户。

要求：根据以上资料编制会计分录。

3. 资料：华发公司发生下列经济业务。

1）华发公司成立于 2011 年 1 月 1 日，由投资者 A、B、C 和 D 共同投资设立，注册资本总额为 18 720 000 元。有关各方投资情况如下。

① A 以现金投入 4 680 000 元，款项已收存银行，占企业注册资本的 25%。

② B 以一台机器设备投资，共同确认的价值为 4 680 000 元，设备已办理产权转移手续，占企业注册资本的 25%。

③ C 投入外币现金 686 217 美元，已存入银行。收到外币当日的市场汇率为 1 美元 = 6.82 元人民币，投资合同没有约定汇率，折合人民币约 4 680 000 元，占企业注册资本的 25%。

④ D 投入原材料一批，共同确认的价值为 4 000 000 元，提供可抵扣的增值税专用发票上注明的增值税金额为 680 000 元，材料已验收入库，占企业注册资本的 25%。

2）2015 年 3 月 31 日，经股东会表决通过，决定用资本公积金 300 000 元和法定盈余公积金 500 000 元转增资本，已办妥相关变更注册手续。

3）2015 年 6 月 30 日，华发公司为扩大经营，决定吸收新的投资者。投资者 E 投入资金 3 000 000 元，其中 2 700 000 元记入"实收资本"账户；投资者 F 投入非专利技术一项，协议价 180 000 元，记入"实收资本"账户为 1 810 000 元。

4）2015 年 6 月 1 日，华发公司从中国工商银行北京路支行借入期限为 5 个月的借款 300 000 元，年利率为 5%，按月支付利息。6 月 30 日支付第一个月利息。

要求：根据以上资料编制会计分录。

4. 资料：金纺制衣厂 2014 年 1 月 1 日从中国建设银行海珠路支行取得借款 500 000 元用于建造厂房，借款期限为 18 个月，年利率为 6%，到期一次还本付息。采用承包工程方式，承包方为广州三建。

1）2014 年 1 月 1 日，取得借款。

2）2014 年 1 月 3 日，支付工程款 200 000 元。

3）2014 年 12 月 20 日，支付工程款 300 000 元。

4）2014 年 12 月 31 日，工程完工已经达到预定可使用状态。

5）2015 年 6 月 30 日，还本付息。

要求：根据以上资料编制有关会计分录。

5. 资料：科达有限公司 2014 年 5 月 1 日从中国建设银行广园支行借入 1 000 万元，

存入银行，借款期限为 3 年，年利率为 10%，每年年末计息，到期一次还本付息。款项借入后，于同年 8 月 1 日以银行存款支付工程款 700 万元（假设该工程于 2014 年 8 月 1 日开工，达到了借款费用资本化条件），该厂房一年内建造完成（于 2015 年 7 月 31 日完工）并达到预定可使用状态。

1）2014 年 5 月 1 日，借入款项的会计处理。

2）2014 年 7 月 31 日，预提利息的会计处理。

3）2014 年 8 月 1 日，支付工程款的会计处理。

4）2014 年 12 月 31 日，计提利息的会计处理。

5）2015 年 7 月 31 日，达到预定可使用状态固定资产的会计处理。

要求：根据以上资料编制相关会计分录（金额单位：万元）。

6. 资料：2014 年 1 月 1 日，凯迪公司从中国建设银行取得借款 800 000 元用于建造办公楼，期限为两年，年利率为 6%。每年支付一次利息。采用承包工程方式，承包方为广州三建。

1）2014 年 1 月 1 日，取得借款。

2）2014 年 2 月 1 日，支付工程款 500 000 元。

3）2014 年 5 月 29 日，支付工程款 300 000 元。

4）2014 年 5 月 31 日，工程完工达到预定可使用状态，交付使用。

5）2014 年 12 月 31 日，支付利息。

6）2015 年 12 月 31 日，归还借款。

要求：根据以上资料编制相关会计分录。

单元 2
购、销、存实务

学习目的

1. 掌握生产企业的购、销、存业务的流程和会计核算工作。
2. 掌握生产企业的采购、存货、销售业务会计核算应设置的账户及基本的核算方法。
3. 掌握生产企业的采购、存货、销售业务的主要账务处理的方法。
4. 熟练掌握存货的计价方法。

活动资料

广州美雅服装有限公司是一家生产各种服装的新办企业，该公司派出大量人员进行市场调查，积极组织人员设计一批适销对路的新品种，其产品以做工精细、质量保障、价格适中、款式新颖见称，不断接到客户的订单。公司要求采购部门立即展开采购工作，为产品生产做好充分准备；生产车间按照生产计划投入生产；仓管部门做好各种物资的验收入库、发放、保管等工作；销售部门积极采取各种促销手段，做好产品宣传、拓宽销售市场工作……

想一想，如果你是该公司的一名财务人员，如何做好各种物资购、销、存的核算工作？对于物资购、销、存的业务该如何进行处理？

任务2.1 采 购 实 务

活动指导——设置账户

企业采购业务的会计核算主要涉及以下账户。

"材料采购"账户：属于资产类账户，核算企业采用计划成本进行材料日常核算而购入材料的采购成本。

"在途物资"账户：属于资产类账户，核算企业采用实际成本（或进价）进行材料、商品等物资的日常核算、货款已付尚未验收入库的在途物资的采购成本。

"应交税费——应交增值税（进项税额）"账户：属于负债类账户，核算应交增值税的抵扣情况。

"银行存款"账户：属于资产类账户，核算存放在银行和其他金融机构的货币资金。

"预付账款"账户：属于资产类账户，核算按照购货合同规定预付给供应单位的款项。

"应付票据"账户：属于负债类账户，核算签发或承兑商业汇票、支付票款和带息票据及票面利息等内容。

"应付账款"账户：属于负债类账户，核算购买材料、商品和接受劳务供应等应付给供应单位的款项。

活动 2.1.1　采购业务的内容

为了实现大量产品的生产，需要采购大量物资。生产企业的生产，是以采购为前提条件的。没有采购，生产就不能进行。

企业外购存货主要包括原材料和商品。外购存货的成本即存货的采购成本，指企业物资从采购到入库前所发生的全部支出，包括购买价款、相关税费、运输费、装卸费、保险费及其他属于存货采购成本的费用。其中：

1）存货的购买价款，是指企业购入的材料或商品的发票账单上列明的价款，但不包括按规定可以抵扣的增值税税额。

2）存货的相关税费，是指企业购买、自制或委托加工存货发生的进口关税、消费税、资源税和不能抵扣的增值税进项税额等应计入存货采购成本的税费。

3）其他可归属于存货采购成本的费用，即采购成本中除上述各项以外的可归属于存货采购成本的费用，如在存货采购过程中发生的仓储费、包装费、运输途中的合理损耗、入库前的挑选整理费用等。

以上费用凡能分清的，应直接计入各种物资的采购成本；不能分清的，应按一定的标准分摊计入各种物资的采购成本。通常的分摊方法为按物资的重量或买价的比例进行分摊。

 小贴士

购入物资所支付的增值税，应按一般纳税人和小规模纳税人分别处理：一般纳税人采购时支付的增值税，凡取得增值税专用发票、完税证明等有关凭证，凭证中注明并按税法规定可以抵扣的进项税额，不计入所购物资的成本，作为进项税额单独记账；小规模纳税人购入物资所支付的增值税进项税额，无论是否取得增值税专用发票等凭证，其支付的增值税额均计入所购物资的成本。

活动 2.1.2　采购业务的核算

企业在采购过程中，一方面购进生产所需要的原材料等物资，另一方面要办理与其他单位的款项结算。由于货款结算方式、采购地点、收货和付款时间等情况的不同，采购原材料等物资的账务处理的方法也不一样。

1. 货款已付（或已开出商业汇票），材料同时验收入库

这是一种货钱两清的交易方式。发生这类业务时，应根据发票账单和运费单等确定的材料采购成本，借记"材料采购"（或"在途物资"）账户；根据取得的增值税专用发票上注明的税额，借记"应交税费——应交增值税（进项税额）"账户（一般纳税人，下同）；根据实际支付的金额，贷记"银行存款"等账户；或根据已开出、承兑商业汇票的票面价值，贷记"应付票据"等账户。同时，根据收料单，作材料入库的账务处理。（注：材料入库的账务处理在任务2.2中讲述，下同）

【活动案例2.1】 广州美雅服装有限公司向广州大新有限公司购买棉布一批，取得的增值税专用发票上注明的价款为125 000元，增值税税额为21 250元，款项已开出支票支付，材料已验收入库（入库略）。相关凭证见图2-1和图2-2。

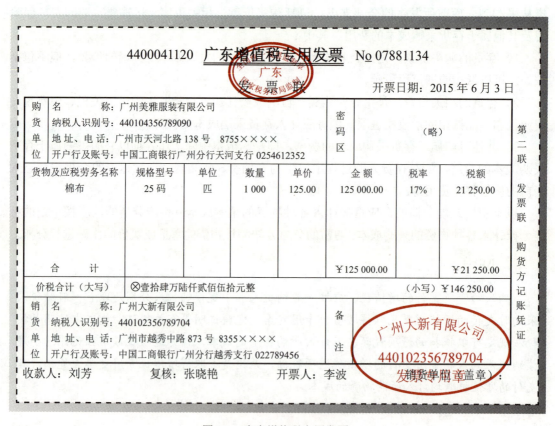

图 2-1 广东增值税专用发票

中国工商银行支票存根（粤）

$\dfrac{B\ C}{2\ 0}$ 12305678

附加信息 _____

_____

_____

_____

_____

_____

出票日期：2015 年 6 月 3 日

| 收款人：广州大新有限公司 |
| 金　额：￥146 250.00 |
| 用　途：购买棉布 |

单位主管 林立　　会计 黄杰

图 2-2　中国工商银行支票存根

企业账务处理如下：

借：材料采购（在途物资）——棉布　　　　　　　　　　　　　125 000

　　应交税费——应交增值税（进项税额）　　　　　　　　　　21 250

　　贷：银行存款　　　　　　　　　　　　　　　　　　　　　146 250

小贴士

材料采购（在途物资）可按供应单位和材料（物资）品种开设二级明细科目。

【**活动案例 2.2**】　广州美雅服装有限公司向佛山市南海兴华有限公司购买纯棉布料一批，取得的增值税专用发票上注明的价款为 300 000 元，增值税税额为 51 000 元，开出面额为 351 000 元两个月期限的不带息商业承兑汇票一张，材料已验收入库（入库略）。相关凭证见图 2-3 和图 2-4。

4400031120 **广东增值税专用发票** No 01881154

发 票 联

开票日期：2015 年 6 月 12 日

购货单位	名　　称：广州美雅服装有限公司 纳税人识别号：440104356789090 地址、电话：广州市天河北路 138 号 8755×××× 开户行及账号：中国工商银行广州分行天河支行 0254612352	密码区	（略）		

货物及应税劳务名称	规格型号	单位	数量	单价	金　额	税率	税额
棉布	25 码	匹	2 000	150.00	300 000.00	17%	51 000.00
合　计					￥300 000.00		￥51 000.00

价税合计（大写）	⊗叁拾伍万壹仟元整	（小写）￥351 000.00

销货单位	名　　称：佛山市南海兴华有限公司 纳税人识别号：440302043897675 地址、电话：佛山市南海大沥镇 226×××× 开户行及账号：中国建设银行佛山分行大沥支行 3548976109	备注	佛山市南海兴华有限公司 440302043897675 发票专用章

收款人：李小丽　　　复核：杨新　　　开票人：王海宁　　　销货单位（盖章）：

第二联 发票联 购货方记账凭证

图 2-3　广东增值税专用发票

商业承兑汇票（存根） 3　No 0000352

出票日期（大写）　　贰零壹伍年零陆月壹拾贰日　　　　　　　　　　　　第 25 号

付款人	全　　称	广州美雅服装有限公司	收款人	全　　称	佛山市南海兴华有限公司									
	账　　号	0254612352		账　　号	3548976109									
	开户银行	中国工商银行广州分行天河支行	行号	0012	开户银行	中国建设银行佛山分行大沥支行		行号		01078					

出票金额	人民币 （大写）	叁拾伍万壹仟元整	千	百	十	万	千	百	十	元	角	分
				￥	3	5	1	0	0	0	0	0

汇票到期日	2015 年 08 月 12 日	交易合同号码	014253000456

备注：

此联承兑人留存

图 2-4　商业承兑汇票（存根）

企业账务处理如下：

借：材料采购（在途物资）——棉布　　　　　　　　　　　　　　　300 000

　　应交税费——应交增值税（进项税额）　　　　　　　　　　　　　51 000

　　贷：应付票据　　　　　　　　　　　　　　　　　　　　　　　　351 000

2. 货款已付（或已开出商业汇票），材料未验收入库

这种情况是在收到发票等结算单据后付款或开出、承兑商业汇票时，材料尚未到达或尚未验收入库，相隔一段时间后，材料验收入库。发生这类业务时，应根据发票账单和运费单等确定的材料采购成本，借记"材料采购"账户（或"在途物资"账户）；根据取得的增值税专用发票上注明的税额，借记"应交税费——应交增值税（进项税额）"账户（一般纳税人，下同）；根据实际支付的金额，贷记"银行存款"等账户；或根据已开出、承兑商业汇票的票面价值，贷记"应付票据"等账户。待日后材料到达验收入库后，再根据收料单，作材料入库的账务处理。

【**活动案例 2.3**】广州美雅服装有限公司向北京瑞发有限公司购买毛料布料一批，取得的增值税专用发票上注明的价款为 945 000 元，增值税税额为 160 650 元，对方代垫运费 5 000 元，增值税税额为 550 元，款项已委托银行转账支付，但材料尚未收到。相关凭证见图 2-5 ～图 2-7。

图 2-5　北京增值税专用发票

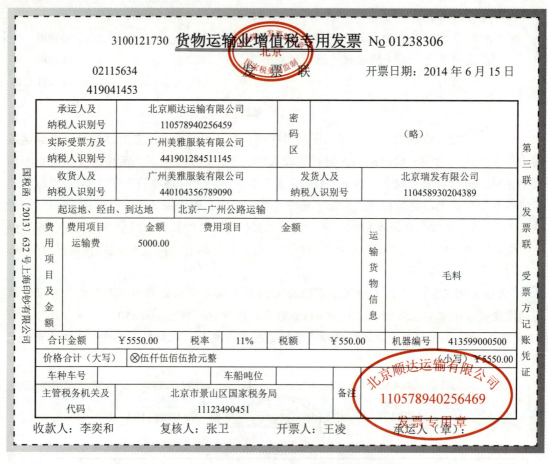

图 2-6　货物运输业增值税专用发票

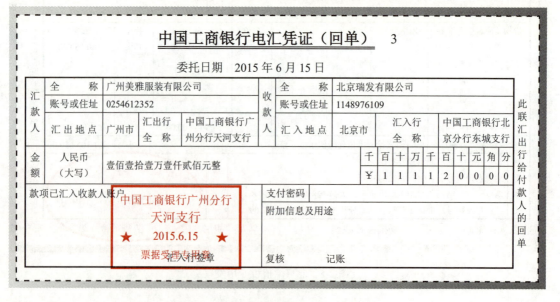

图 2-7　中国工商银行电汇凭证（回单）

企业账务处理如下：

借：材料采购（在途物资）——棉布　　　　　　　　　　　　950 000

　　应交税费——应交增值税（进项税额）　　　　　　　　　161 200

　　　贷：银行存款　　　　　　　　　　　　　　　　　　　　1 111 200

由于取得运输公司的增值税专用发票，这里所列运费 5 000 元可按 11% 计算增值税进项税额并准予扣除。

 小贴士

从 2012 年起，我国陆续在各地开始试点"营业税改征增值税"（以下简称"营改增"）政策，试点行业包括交通运输业 [陆路运输服务（2014 年起含铁路运输）、水路运输服务、航空运输服务、管道运输服务] 和部分现代服务业（研发和技术服务、信息技术服务、文化创意服务、物流辅助服务、有形动产租赁服务、鉴证咨询服务、广播影视服务）。从 2013 年 8 月 1 日起，全国的交通运输业（除铁路外）都将改变为增值税纳税人。除铁路运输外，原营业税"交通运输业"税目下的所有子税目都在"营改增"的范围内，但其中的"装卸搬运"不再属于"交通运输业"税目下，而归类至现代服务业的"物流辅助服务"税目，按 6% 的税率征收，交通运输业的税率为 11%。2013 年 12 月 4 日，国务院第 32 次常务会议决定，自 2014 年 1 月 1 日起铁路运输和邮政业纳入"营改增"试点范围，至此交通运输业全部纳入试点范围。自 2014 年 6 月 1 日起也将电信业纳入"营改增"试点。

3. 材料已验收入库，货款未付（或未开出商业汇票）

具体包括以下两种情况。

1）材料已验收入库，发票账单未达到。发生这种业务是由于材料运输时间短于结算凭证的传递时间所致，一般在收料后的短时间内结算凭证就能到达。为了简化核算手续，在月份内发生此类业务时，可暂不进行总分类核算，只将收到的材料登记明细分类账，待有关发票账单达到，支付货款后，再按正常程序进行账务处理。如果月末发票账单还未达到，为了使账实相符，应按材料的暂估价款（如合同价格）暂估入账。下月初再用红字做同样的账务处理，予以冲销。

【活动案例 2.4】　广州美雅服装有限公司向上海欣新有限公司购买棉布一批，材料已验收入库，但月末尚未收到发票账单，货款尚未支付，按暂估价格 50 000 元入账。

企业账务处理如下：

借：原材料——原料及主要材料（棉布）　　　　　　　　　　50 000

　　　贷：应付账款——暂估应付账款　　　　　　　　　　　　50 000

下月初红字冲销：

借：原材料——原料及主要材料（棉布）　　　　　　　　　　50 000

　　　贷：应付账款——暂估应付账款　　　　　　　　　　　　50 000

企业会计实务（第二版）

 小贴士

下月有关发票账单达到，再按正常程序进行账务处理。

2）材料已验收入库，发票账单已达到，货款尚未支付。这种情况通常是企业采用赊销方式购买材料时未付款和结算单据，但由于企业存款余额不足而暂未付款，形成了应付账款，企业应在收到材料和发票账单时进行账务处理。

【活动案例2.5】 广州美雅服装有限公司向深圳鸿运有限公司购买涤纶一批，取得的增值税专用发票上注明的价款为 80 000 元，增值税税额为 13 600 元，材料已验收入库，但货款尚未支付（入库略）。相关凭证见图 2-8。

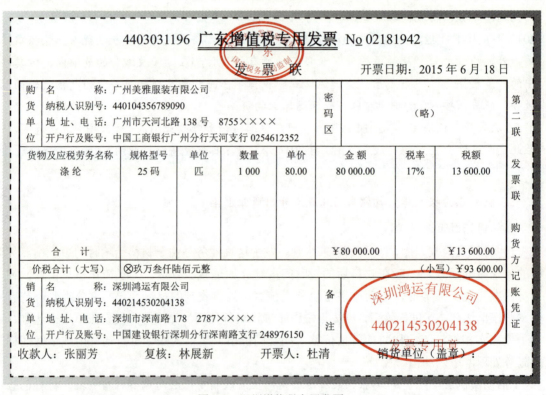

图 2-8　深圳增值税专用发票

企业账务处理如下：

借：材料采购（在途物资）——涤纶　　　　　　　　　　　　　　　　　80 000

应交税费——应交增值税（进项税额）　　　　　　　　　　　　　13 600

贷：应付账款——深圳鸿运公司　　　　　　　　　　　　　　　　　　93 600

4. 采用预付货款方式采购材料

企业在采购材料时，可按合同规定预付一部分款项，待材料收到后，再进行结算，多退少补。企业按购货合同规定预付款项时，按预付金额借记"预付账款"账户，贷记"银行存款"账户。收到所购材料时，根据发票账单等列明应计入购入材料成本的金额，借记"材料采购"等账户；按专用发票上注明的增值税，借记"应交税费——应交增值税（进项税额）"账户；按应付金额，贷记"预付账款"账户，同时，根据收料单，作材料入库的账务处理。补付款项时，借记"预付账款"账户，贷记"银行存款"账户。如果收到退回多付的款项，则借记"银行存款"账户，贷记"预付账款"账户。

【活动案例2.6】　广州美雅服装有限公司向中山市华新有限公司购买涤纶一批，2015年6月20日按合同规定通过电汇预付款项4000元。相关凭证见图2-9。

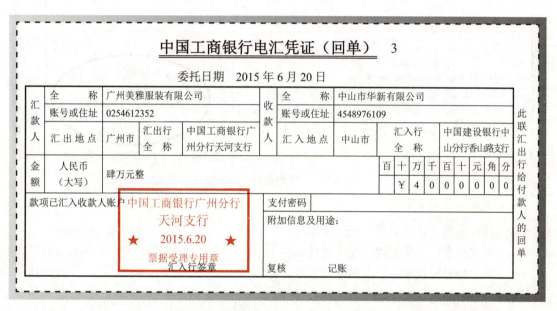

图 2-9　中国工商银行电汇凭证（回单）

企业账务处理如下：

借：预付账款——中山市华新有限公司　　　　　　　　　　　　　　40 000

贷：银行存款　　　　　　　　　　　　　　　　　　　　　　　　　　40 000

【活动案例2.7】　承活动案例2.6，广州美雅服装有限公司于2015年6月25日收到中山市华新有限公司发来的涤纶一批，材料已验收入库（入库略）。相关凭证见图2-10。

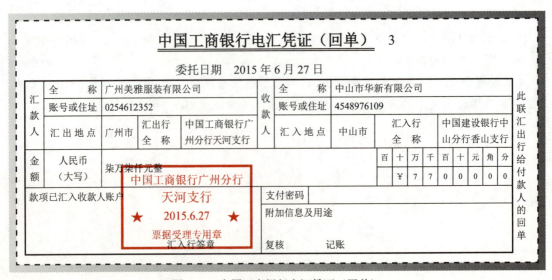

图 2-10　广东增值税专用发票

企业账务处理如下：

借：材料采购（在途物资）——涤纶　　　　　　　　　　　　　　　　100 000

　　　应交税费——应交增值税（进项税额）　　　　　　　　　　　　　17 000

　　贷：预付账款——中山市华新有限公司　　　　　　　　　　　　　117 000

【活动案例2.8】承活动案例2.7，广州美雅服装有限公司于2015年6月27日通过电汇向中山市华新有限公司补付款项77 000元。相关凭证见图2-11。

图 2-11　中国工商银行电汇凭证（回单）

企业账务处理如下：

借：预付账款——中山市华新有限公司　　　　　　　　　　　　　77 000

　　贷：银行存款　　　　　　　　　　　　　　　　　　　　　　　　　77 000

5. 外购材料发生短缺与损耗

企业外购原材料可能会发生短缺与损耗，必须认真查明原因，分清经济责任，区分不同情况进行处理。

1）凡属运输途中的合理损耗，如由于自然损耗等原因而发生的短缺，应当计入验收入库材料的采购成本之中，相应地提高入库材料的实际单位成本，不再另作账务处理。

2）凡属由供应单位少发货等原因造成的短缺，应分别按以下两种情况处理。

① 货款尚未支付的情况，企业应按短缺的数量和发票单价计算拒付金额，填写拒付理由书，向银行办理拒付手续，经银行同意后即可根据收料单、发票账单、拒付理由书和银行结算凭证，按实际支付金额借记"原材料"、"应交税费——应交增值税（进项税额）"账户，贷记"银行存款"等账户。

② 货款已经支付并已记入"材料采购"（或"在途物资"）账户的情况，企业应将短缺部分的成本和增值税转入"应付账款"账户，借记"应付账款"账户，贷记"材料采购"（或"在途物资"）、"应交税费——应交增值税（进项税额转出）"账户，或红字金额"应交税费——应交增值税（进项税额）"账户，同时，按收到材料的实际成本借记"原材料"账户，贷记"材料采购"（或"在途物资"）账户。

3）凡属由运输机构或过失人造成的短缺，应将短缺部分的成本和增值税转入"其他应收款"账户，借记"其他应收款"账户，贷记"材料采购"（或"在途物资"）、"应交税费——应交增值税（进项税额转出）"账户。以后收到赔偿款时，借记"银行存款"等账户，贷记"其他应收款"账户。

4）尚待查明原因和需要报经批准才能转销的损失，应先转入"待处理财产损溢"账户核算，待查明原因后再分别处理。属于应由供应单位、运输机构、保险公司或其他过失人负责赔偿的损失，借记"应付账款"、"其他应收款"等账户，贷记"待处理财产损溢"账户。属于自然灾害等非常原因造成的损失，应将扣除残料价值和过失人、保险公司赔款后的净损失，借记"营业外支出——非常损失"账户，贷记"待处理财产损溢"账户。属于无法收回的其他损失，借记"管理费用"账户，贷记"待处理财产损溢"账户。按现行税法规定，自然灾害造成的损失不属于非正常损失，不需作进项税额转出。

 小贴士

企业购进原材料发生溢余时，未查明原因的溢余材料一般只作为代保管物资在备查簿中登记，不作为进货业务入账核算。

【活动案例2.9】　2015 年 6 月 28 日，广州美雅服装有限公司向广州光南有限公司购买化纤 500 匹，取得的增值税专用发票上注明的价款为 45 000 元，增值税税额为 7 650 元，款项已开出支票支付。6月30日布料运达，验收入库495匹，短缺5匹，原因不明，待查。相关凭证见图2-12和图2-13。

中国工商银行支票存根（粤）

$$\frac{BC}{20} \quad 12305682$$

附加信息 _____

出票日期　2015 年 6 月 28 日

| 收款人：广州光南有限公司 |
| 金　额：￥52 650.00 |
| 用　途：购买布料 |

单位主管　林立　　会计　黄杰

图 2-12　中国工商银行支票存根

收 料 单

2015 年 6 月 30 日　　　　　　　　　　收字第 12 号

来料单位：广州光南有限公司　　　　发票 09885568 号　　　　2015 年 6 月 30 日收到

编号	材料名称	规格	送验数量	实收数量	单位	单价	金 额						
							十	万	千	百	十	元	角	分
3018	化纤	25 码	500	495	匹	90.00		4	4	5	5	0	0	0
备注		验收人盖章	张 山			合计　￥44 550.00							

会计：黄杰　　　出纳：廖虹　　　复核：杨青　　　记账：陆明　　　制单：陈丹

图 2-13　收料单

1）2015 年 6 月 28 日，支付货款时，企业账务处理如下：

借：材料采购——化纤　　　　　　　　　　　　　　　　　　　45 000

　　应交税费——应交增值税（进项税额）　　　　　　　　　　　7 650

贷：银行存款　　　　　　　　　　　　　　　　　　　52 650

2）2015 年 6 月 30 日，布料验收入库时，企业账务处理如下：

借：待处理财产损溢——待处理流动资产损溢　　　　　　526.5

　　贷：材料采购（在途物资）——化纤　　　　　　　　450

　　　　应交税费——应交增值税（进项税额转出）　　　76.5

注：实际收到的 495 匹化纤布料验收入库分录略。

【活动案例 2.10】　活动案例 2.9，2015 年 6 月 30 日，经查明，短缺的 5 匹化纤是由广州光南有限公司少发货造成的，该公司已同意退款，但款项尚未收到。企业账务处理如下：

借：应付账款——广州光南有限公司　　　　　　　　　　526.5

　　贷：待处理财产损溢——待处理流动资产损溢　　　　526.5

 知识扩展

按新税制规定，一般纳税人和小规模纳税人划分的标准有以下两个。

1. 按规模的大小划分

按规模的大小划分，从事货物生产或者提供应税劳务的纳税人，以及以从事货物生产或者提供应税劳务为主，并兼营货物批发或者零售的纳税人，年应征增值税销售额在 50 万元以下；除上项规定以外的纳税人，年应税销售额在 80 万元以下（简单讲，工业和商业分别为 50 万元、80 万元以下）。年应税销售额超过小规模纳税人标准的其他个人（自然人）继续按小规模纳税人纳税，而非企业性单位和不经常发生应税行为的企业可以自行选择是否按小规模纳税人纳税。

2. 按会计核算是否健全划分

按会计核算是否健全划分，会计核算健全的为一般纳税人，反之则为小规模纳税人。所谓会计核算健全，是指能够按照国家统一的会计制度规定设置账簿，根据合法、有效凭证核算。小规模纳税人以外的一般纳税人应当向主管税务机关申请资格认定。具体认定办法由国务院税务主管部门制定。除国家税务总局另有规定外，纳税人一经认定为一般纳税人后，不得转为小规模纳税人。

小规模纳税人会计核算健全，能够提供准确税务资料的，可以向主管税务机关申请资格认定，不作为小规模纳税人，依照税法有关规定计算应纳税额。小规模纳税人采用简易办法计算应纳税款，不得采用销项税额抵扣进项税额的方法，其应纳增值税的计算公式为

$$应纳增值税 = 销售额 \times 征收率$$

目前小规模纳税人的征收率一律为 3%。

小规模纳税人的账务处理相对于一般纳税人而言比较简单。"应交税费"只需设二级账户。在销售货物或提供应税劳务时，按实现的销售收入和按规定收取的增值税税额，借记"应收账款"、"应收票据"、"银行存款"账户；按规定收取的增值税税额，贷记"应交税费——应交增值税"账户；按实现的销售收入，贷记"主营业务收入"、"其他业务收入"等账户。上缴增值税时，借记"应交税费——应交增值税"账户，贷记"银行存款"账户。

小贴士

> 实行"营改增"的企业所提供应税服务的年应征增值税销售额超过 500 万元（含500 万元）为增值税一般纳税人，500 万元以下则为小规模纳税人。

【活动案例 2.11】 广州红棉服装有限公司为小规模纳税人，2015 年 6 月 2 日购进棉布一批，货款 40 000 元，款项以支票支付。

企业账务处理如下：

借：材料采购（在途物资）——化纤　　　　　　　　　　　　　40 000
　　贷：银行存款　　　　　　　　　　　　　　　　　　　　　　　40 000

【活动案例 2.12】 2015 年 6 月 6 日，广州红棉服装有限公司向华联百货商店结算本月销售产品运动服 100 套，货款共计 12 360 元，收到支票一张。其计算过程如下：

$$应交增值税销售额 = 12\ 360 \div (1 + 3\%) = 12\ 000\ （元）$$

$$应交增值税税额 = 12\ 000 \times 3\% = 360\ （元）$$

其账务处理如下：

借：银行存款　　　　　　　　　　　　　　　　　　　　　　　12 360
　　贷：主营业务收入　　　　　　　　　　　　　　　　　　　　　12 000
　　　　应交税费——应交增值税　　　　　　　　　　　　　　　　　360

 小贴士

> 小规模纳税人可按《小企业会计准则》执行，涉及的增值税通过"应交税费——应交增值税"账户核算，但"应交税费——应交增值税"不需设置三级科目。

任务 2.2　存货实务

 活动指导——设置账户

企业存货实务的会计核算主要涉及以下账户。

"原材料"账户：属于资产类账户，核算企业库存原材料的收入、发出及其结存情况。

"材料成本差异"账户：属于资产类账户，核算企业各种材料物资的实际成本与计划成本的差异。

"周转材料"账户：属于资产类账户，核算企业周转材料的计划成本或实际成本，包括包装物、低值易耗品及企业（建造承包商）的钢模板、木模板、脚手架等。

"委托加工物资"账户：属于资产类账户，核算企业委托外单位加工的各种材料的成本。

"库存商品"账户：属于资产类账户，核算企业各种库存商品的增减变化及其结存情况。

■ 活动 2.2.1　存货的确认与分类

存货是指企业在日常活动中持有以备出售的产成品或商品、处在生产过程中的在产品、在生产过程或提供劳务过程中耗用的材料、物料等。

为加强对存货的管理，必须对存货进行科学的分类。

1. 存货按其经济内容分类

存货按其经济内容可以分为以下几个。

1）原材料，是指经过加工能构成产品主要实体的各种原料、材料，以及不构成产品主要实体但有助于产品形成的各种辅助材料。

2）在产品，是指企业正在制造尚未完工的生产物，包括正在各个生产工序加工的产品，已加工完毕但尚未检验或已检验但尚未办理入库手续的产品。

3）半成品，是指经过一定生产过程并已检验合格交付半成品仓库保管，但尚未制造完成成为产成品，仍需进一步加工的中间产品。

4）产成品，是指企业已经完成全部生产过程并已验收入库，合乎标准规格和技术条件，可以按照合同规定的条件送交订货单位，或者可以作为商品对外销售的产品。

5）商品，是指商品流通企业外购或委托加工完成验收入库用于销售的各种商品。

6）周转材料，是指企业能够多次使用、逐渐转移其价值但仍保持原有形态不确认为固定资产的材料，如低值易耗品和包装物等。其中，低值易耗品，是指不能作为固定资产的各种用具物品，如工具、管理用具、玻璃器及在经营过程中周转使用的包装容器等。包装物，是指为了包装本企业商品而储备的各种包装容器，如桶、箱、瓶、坛、袋等。

7）委托代销商品，是指企业委托其他单位代销的商品。

2. 存货按其存放地点分类

存货按其存放地点可以分为以下几个。

1）库存存货，指已经运到企业，并已验收入库的各种材料、商品及已验收入库的自制半成品和产成品等。

2）在途存货，指已经支付货款，正在运输途中或已经到达企业但尚未验收入库的各种存货。

3）加工中存货，指企业自行生产及委托外单位加工中的各种存货。

4）委托代销存货，是指本单位委托其他单位代销的存货。

■ 活动 2.2.2　存货的计价方法

1. 存货入库的计价方法

（1）外购存货的入账价值

存货的采购成本包括购买价款、相关税费、运输费、装卸费、保险费及其他可归属于存货采购成本的费用。

（2）加工取得存货的入账价值

企业通过进一步加工取得的存货主要包括产成品、在产品、半成品、委托加工物资等，其成本由采购成本、加工成本和其他成本构成。采购成本是由使用或消耗的原材料采购成本转移而来的。加工成本由直接人工费用和制造费用构成。

（3）投资者投入存货的入账价值

投资者投入存货的成本，应当按照投资合同或协议确定的价值确定，但合同或协议约定价值不公允的除外。在投资合同或协议约定价值不公允的情况下，按照该项存货的公允价值作为其入账价值。

（4）盘盈存货的入账价值

盘盈存货的成本应按其重置成本为入账价值。

（5）接受捐赠的存货入账价值

接受捐赠存货的成本应按如下方法确定：如果捐赠方提供了有关凭据，按凭据上标明的金额加上应支付的相关税费确定；如果捐赠方没有提供有关凭据，应参照同类或类似存货的市场价格估计的金额，加上应支付的相关税费确定。

（6）通过非货币性资产交换、债务重组、企业合并等方式取得的存货入账价值

企业通过非货币性资产交换、债务重组、企业合并等方式取得的存货，其成本应当按《企业会计准则》相关规定确定。但是，该项存货的后续计量和披露应当执行存货准则的规定。

 小贴士

下列费用不应当计入存货成本。

1）非正常消耗的直接材料、直接人工及制造费用应计入当期损益，不得计入存货成本。

2）仓储费用指企业在采购入库后发生的储存费用，应计入当期损益。

3）不能归属于使存货达到目前场所和状态的其他支出，不符合存货的定义和确认的，不得计入存货成本。

2. 存货发出的计价方法

（1）先进先出法

先进先出法是以先收到的存货先发出为假定前提，并按这种假定的存货流转程序对发出存货和期末存货进行计价的方法。采用这种方法，收到存货时，应在存货明细分类账中逐笔登记每一批存货的数量、单价和金额；发出存货时，按照先进先出法的原则确定单价，逐笔登记存货的发出金额和结存金额。

采用先进先出法，每次发出存货必须以收货顺序确定其实际单位成本。优点是能够及时反映存货的收、发及其结存的数量和金额，期末存货成本比较接近现行的市场价值，企业不能随意挑选存货价格以调整当期利润。但缺点是在存货收发业务频繁、单价经常变动的情况下，若企业采用手工记账，则计算的工作量较大，特别是当物价上涨时，用早期较

低的成本与现实收入相配比，会高估企业当前利润，而当物价下跌时则会低估当期利润。表 2-1 为采用先进先出法的材料明细账。

表 2-1 材料明细账

类别：原材料及主要材料　　　　　　　　　　　　　　　　　　最高储备量：5 000
名称：棉布　　　　　　　　　　　　　　　　　　　　　　　　最低储备量：2 000
存放地点：1 号仓库　　　　　　　　　　　　　　　　　　　　计量单位：匹

| 2015 年 | | 凭证号数 | 摘要 | 收入 | | | 发出 | | | 结存 | | |
月	日			数量	单价	金额	数量	单价	金额	数量	单价	金额
6	1	（略）	月初余额							1 000	145	145 000
	5		购入	2 000	150	300 000				1 000	145	145 000
										2 000	150	300 000
	12		购入	3 000	155	465 000				1 000	145	145 000
										2 000	150	300 000
										3 000	155	465 000
	14		领用				1 000	145	145 000			
							2 000	150	300 000			
							1 000	155	155 000			
	15		购入	2 000	160	320 000				2 000	155	310 000
										2 000	160	320 000
	18		领用				1 000	155	155 000	1 000	155	155 000
										2 000	160	320 000
	30		本月合计	7 000		1 085 000	5 000		755 000	1 000	155	155 000
										2 000	160	320 000

 小贴士

目前，企业不得采用后进先出法确定发出存货的成本。

（2）加权平均法

加权平均法也称全月一次加权平均法，指以本月全部收货数量加月初存货数量作为权数，去除本月全部收货成本加上月初存货成本，计算出存货的加权平均单位成本，从而确定存货的发出成本和期末存货成本的一种方法。计算公式为

$$加权平均单位成本 = \frac{期初结存存货实际成本 + 本期收入存货实际成本}{期初结存存货数量 + 本期收入存货数量}$$

$$本期发出存货实际成本 = 本期发出存货数量 \times 加权平均单位成本$$
$$期末结存存货实际成本 = 期末结存存货数量 \times 加权平均单位成本$$

或

$$期末结存存货实际成本 = 期初结存存货实际成本 + 本期收入存货实际成本 - 本期发出存货成本$$

采用加权平均法的优点是能简化核算工作，而且在市场价格上涨和下跌时所计算出来的单位成本平均化，对存货成本的分摊较为折中。但缺点是全部计算工作集中在月末进行，

平时不能从账上反映发出和结存存货的单价及金额，不利于加强对存货的管理。表 2-2 为采用加权平均法的材料明细账。

表 2-2　材料明细账

类别：原材料及主要材料　　　　　　　　　　　　　最高储备量：5 000
名称：棉布　　　　　　　　　　　　　　　　　　　最低储备量：2 000
存放地点：1 号仓库　　　　　　　　　　　　　　　计量单位：匹

| 2015 年 | | 凭证号数 | 摘要 | 收入 | | | 发出 | | | 结存 | | |
月	日			数量	单价	金额	数量	单价	金额	数量	单价	金额
6	1	（略）	月初余额							1 000	145	145 000
	5		购入	2 000	150	300 000				3 000		
	12		购入	3 000	155	465 000				6 000		
	14		领用				4 000			2 000		
	15		购入	2 000	160	320 000				4 000		
	18		领用				1 000			3 000		
	30		本月合计	7 000		1 085 000	5 000	153.75	768 750	3 000	153.75	461 250

上例资料中：

加权平均单位成本＝（145 000 ＋ 1 085 000）÷（1 000 ＋ 7 000）＝ 153.75（元／匹）

本月发出材料成本＝ 5 000×153.75 ＝ 768 750（元）

月末结存材料成本＝ 3 000×153.75 ＝ 461 250（元）

或

月末结存材料成本＝ 145 000 ＋ 1 085 000 － 768 750 ＝ 461 250（元）

 小贴士

　　在实际工作中，为了保持账实相符，如果加权平均单位成本除不尽时，可保留小数点后两位数，先确定月末结存单价和金额，用倒挤的办法计算出发出存货成本。即
　　本月发出存货成本＝月初结存存货成本＋本月收入存货成本－月末结存存货成本
　　由于选择的计价方法不同，发出存货成本和月末结存存货成本的计算结果是不同的。

（3）个别计价法

个别计价法也称个别认定法、具体辨认法、分批实际法，是以每次（批）收入存货的实际成本作为发出各次（批）存货的成本的方法。采用这种方法要求企业按品种和批次设有详细的存货记录，并在存货上附加标签或编号，以便正确辨认，确定发出存货的个别实际成本。

采用这种方法，优点是能准确计算发出存货和期末存货的成本。但缺点是须分批认定和记录存货的批次各批的单价、数量，工作量较大；另外，企业容易出现随意选用较高或较低价格的存货以调整当期利润的现象。这种方法一般适用于容易识别、存货品种数量不多、单位成本较高的存货计价。

活动 2.2.3 原材料的核算

1. 原材料的分类

原材料是企业存货的重要组成部分，品种、规格较多，为便于加强对原材料的管理和核算，需要对其进行科学的分类。

（1）原材料按其经济内容分类

原材料按其经济内容可分为以下六类。

1）原料及主要材料，是指其在生产过程中经过加工后构成产品主要实体的各种原料和材料。原料是指直接取自于自然界的劳动对象，如纺纱用的棉花、炼铁用的矿石等；材料是指已被加工过的劳动对象，如织布用的棉纱、机械制造用的钢材等。

2）辅助材料，是指不构成产品的主要实体，但直接用于产品生产的有助于产品形成或便于生产进行的各种材料，如染料、机油等。

3）外购半成品（外购件），是指从外部购入，经过加工或装配构成产品实体的半成品或配套件，如纺织公司外购的棉纱、汽车制造公司外购的轮胎等。如果外购半成品数量不大时，也可列作原料及主要材料。

4）修理用备件（备品备件），是指用于修理本企业机器设备和运输设备等所专用的各种零件和备件，如齿轮、阀门等。

5）包装材料，是指包装产品用的除包装物之外的各种材料，如纸、绳、铁丝等。

6）燃料，是指在生产过程中用来燃烧发热，成为创造正常劳动条件用的各种燃料，包括各种固体、液体和气体燃料，如煤、汽油和天然气等。

（2）原材料按其存放地点分类

原材料按其存放地点可分为以下三类。

1）在途材料，是指企业从外部购入，货款已付或已开出承兑商业汇票，但尚未运到企业或虽已运到企业但尚未验收入库的材料。

2）库存材料，是指企业存放在各类材料仓库的各种材料。

3）委托加工材料，是指发出委托外单位加工的材料。

原材料的核算通常有两种方法：一种是按实际成本计价核算，另一种是按计划成本计价核算，可根据实际情况，自行确定核算方法。

2. 原材料按实际成本法核算

企业原材料采用实际成本核算是指每种材料的收、发、结存核算均按实际成本计价。其特点是从原材料的收发凭证到明细分类账和总账，均按实际成本反映。

（1）原材料的入库

企业收到各种材料物资，应办理必要的入库手续和填制收料凭证，根据收料单进行材料入库的账务处理。

小贴士

在实际工作中，采购材料等物资时，如果企业采用按实际成本核算，货款已付（或已开出商业汇票），材料同时验收入库，不通过"在途物资"账户核算，而直接通过"原材料"账户核算。

【活动案例 2.13】 承活动案例 2.1，广州美雅服装有限公司向广州大新有限公司购买棉布一批，已验收入库。相关凭证见图 2-14。

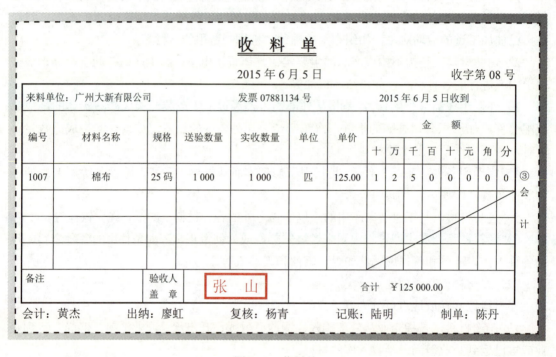

收 料 单

2015 年 6 月 5 日　　　　　　　　　　　　　　　收字第 08 号

来料单位：广州大新有限公司　　　　发票 07881134 号　　　　2015 年 6 月 5 日收到

编号	材料名称	规格	送验数量	实收数量	单位	单价	金　额								
---	---	---	---	---	---	---	十	万	千	百	十	元	角	分
1007	棉布	25 码	1 000	1 000	匹	125.00	1	2	5	0	0	0	0	0

备注		验收人盖章　张 山			合计　¥125 000.00	

会计：黄杰　　　　出纳：廖虹　　　　复核：杨青　　　　记账：陆明　　　　制单：陈丹

图 2-14　收料单

企业账务处理如下：

借：原材料——原料及主要材料（棉布）　　　　　　　　　　　　　125 000
　　贷：在途物资——棉布　　　　　　　　　　　　　　　　　　　　　125 000

小贴士

在实际工作中，对于材料收入的总分类核算，在材料收入业务不多的企业，可以根据收料凭证逐一编制记账凭证，并据以登记总分类账；在材料收入业务较多的企业，为了简化核算手续，也可以根据收料凭证定期进行归类汇总，编制收料凭证汇总表，月末一次登记总分类账。

（2）原材料的发出

企业发出材料，主要是自制产品领用，也有可能是发给外单位加工或对外销售等。企业发出的材料不管其用途如何，均应办理必要的手续和填制领发料凭证，据以进行发出材料的核算。各种领发料凭证是进行原材料发出总分类核算的依据，但为了简化日常材料核算的工作，企业平时可不直接根据领发料凭证填制记账凭证，而是在月末根据当月的领发料凭证，按领用部门和用途进行归类汇总，编制发料凭证汇总表，据以进行材料发出的总分类核算。

【活动案例2.14】 广州美雅服装有限公司 2015 年 6 月 30 日根据发料凭证，汇总编制发料凭证汇总表（表2-3），进行账务处理。

表2-3 发料凭证汇总表

2015 年 6 月 30 日　　　　　　　　　　　　　单位：元

用途 ＼ 类别	原料及主要材料	辅助材料	燃料	外购半成品	包装材料	合计
第一生产车间生产西服领用	380 000	6 000			1 500	387 500
第二生产车间生产运动服领用	200 000	15 000			1 000	216 000
第一生产车间一般性耗用		500		2 000		2 500
第二生产车间一般性耗用		3 000		1 000		4 000
机修车间领用			4 500	75 000	500	80 000
行政管理部门领用		1 750	900		750	3 400
对外销售	12 000					12 000
合计	592 000	26 250	5 400	78 000	3 750	705 400

企业账务处理如下：

借：生产成本——基本生产成本——西服（直接材料）　　　387 500
　　　　　　　　——运动服（直接材料　　　　　　　　　216 000
　　　　　　　　——辅助生产成本（机修车间）（材料费）　80 000
　　制造费用——第一车间（材料费）　　　　　　　　　　2 500
　　　　　　——第二车间（材料费）　　　　　　　　　　4 000
　　管理费用——（材料费）　　　　　　　　　　　　　　3 400
　　其他业务成本——（材料费）　　　　　　　　　　　　12 000
　　贷：原材料——原料及主要材料　　　　　　　　　　　　592 000
　　　　　　　——辅助材料　　　　　　　　　　　　　　26 250
　　　　　　　——燃料　　　　　　　　　　　　　　　　5 400
　　　　　　　——外购半成品　　　　　　　　　　　　　78 000
　　　　　　　——包装材料　　　　　　　　　　　　　　3 750

3. 原材料按计划成本法核算

企业原材料采用计划成本核算是指每种材料的收、发、结存核算均按计划成本计价。其特点是：①材料等存货收发凭证按其计划成本计价；②各种存货明细分类账、总分类账均按其计划成本登记；③存货的实际成本与计划成本的差异，通过"材料成本差异"账户核算。

（1）原材料的入库

企业收到各种材料物资，应办理必要的入库手续和填制收料凭证，根据收料单中的计划成本进行材料入库的账务处理，并结转入库材料的成本差异。

【活动案例 2.15】 承活动案例 2.1，广州美雅服装有限公司向广州大新有限公司购买棉布一批，取得的增值税专用发票上注明的价款为 125 000 元，增值税税额为 21 250 元，材料已验收入库，计划单价为 120 元，计划成本为 120 000 元。相关凭证见图 2-15。

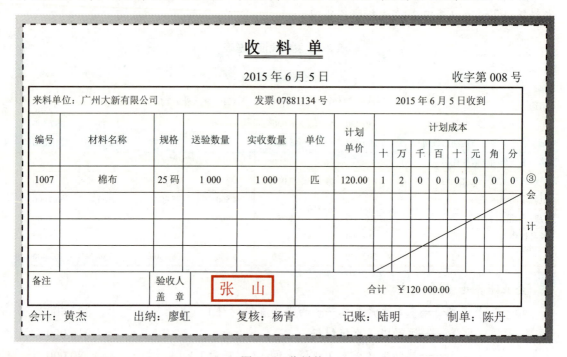

图 2-15　收料单

企业账务处理如下。

1）入库时：

借：原材料——原料及主要材料（棉布）　　　　　　　　　　　　　120 000

　　贷：材料采购——棉布　　　　　　　　　　　　　　　　　　　　　120 000

2）结转入库材料的差异：

借：材料成本差异——原材料　　　　　　　　　　　　　　　　　　5 000

　　贷：材料采购——棉布　　　　　　　　　　　　　　　　　　　　　5 000

小贴士

本例购入的材料实际成本大于计划成本，为超支差异，应借记"材料成本差异"账户，贷记"材料采购"账户；如果购入的材料实际成本小于计划成本，则为节约差异，应借记"材料采购"账户，贷记"材料成本差异"账户。购入材料的成本差异，可采用购入时逐笔结转，也可采用月末一次结转。"材料成本差异"科目的明细分类核算可按材料类别进行，也可按全部材料合并进行。

在实际工作中，对于材料收入的总分类核算，在材料收入业务不多的企业，可以根据收料凭证来编制记账凭证，并据以登记总分类账；在材料收入业务较多的企业，为了简化核算手续，也可以根据收料凭证定期进行归类汇总，编制收料凭证汇总表，月末一次登记总分类账。

（2）原材料的发出

为了简化日常核算工作，企业可于月末编制发料凭证汇总表，据以进行发出材料的总分类核算。在按计划成本核算的方式下，原材料发出的总分类核算包括两方面内容：一是按计划成本结转发出材料的成本，按材料发出的不同用途，借记有关账户，贷记"原材料"账户；二是结转发出材料应负担的成本差异，借记有关账户，贷记"材料成本差异"账户（超支差异用蓝字表示，节约差异用红字表示）。发出材料的计划成本加上（或减去）应负担的成本差异，就是发出材料的实际成本。有关计算公式为

$$材料成本差异率 = \frac{月初结存材料的成本差异额 + 本月收入材料的成本差异额}{月初结存材料的计划成本 + 本月收入材料的计划成本} \times 100\%$$

$$发出材料应负担的成本差异 = 发出材料的计划成本 \times 材料成本差异率$$

$$发出材料的实际成本 = 发出材料的计划成本 + 发出材料应负担的成本差异$$

$$结存材料的实际成本 = 结存材料的计划成本 + 结存材料应负担的成本差异$$

小贴士

1）计算材料成本差异率时，如果成本差异额为超支差异，用正数表示；如果成本差异额为节约差异，则用负数表示。

2）发出材料应负担的成本差异的计算结果如果为正数时，表示的是超支差异；如果其计算结果为负数时，则表示的是节约差异。

【活动案例 2.16】假设广州美雅服装有限公司原材料采用计划成本核算，2015 年 6 月初原材料结存的计划成本为 500 000 元，原材料成本差异为超支差异 15 000 元（实际成本大于计划成本），2015 年 6 月收入原材料 1 500 000 元，原材料成本差异为节约差异 55 000元（实际成本小于计划成本）。6 月末根据领发料凭证，汇总编制发料凭证汇总表，见表 2-4。

表 2-4　发料凭证汇总表

2015 年 6 月　　　　　　　　　　　　　　　　　　　　　单位：元

用途　　应借账户	生产成本——基本产生成本——西服	生产成本——基本产生成本——运动服	生产成本——辅助产生成本——机修车间	制造费用——第一车间	制造费用——第二车间	管理费用	其他业务支出	合计
原料及主要材料	400 000	220 000					13 000	633 000

用途 应借账户	生产成本——基本产生成本——西服	生产成本——基本产生成本——运动服	生产成本——辅助产生成本——机修车间	制造费用——第一车间	制造费用——第二车间	管理费用	其他业务支出	合计
辅助材料	6 200	18 000		5 700	3 200	1 850		34 950
燃料			5 000			1 000		6 000
外购半成品			78 000					78 000
包装材料	1 800	1 200	550	2 200	1 200	800		7 750
计划成本小计	408 000	239 200	83 550	7 900	4 400	3 650	13 000	759 700
材料成本差异（差异率：-2%）	-8 160	-4 784	-1 671	-158	-88	-73	-260	-15 194
实际成本	399 840	234 416	81 879	7 742	4 312	3 577	12 740	744 506

企业账务处理如下。

1）计算本月原材料的材料成本差异率。

原材料的材料成本差异率＝（15 000 － 55 000）÷（500 000 ＋ 1 500 000）×100%

＝ -2%

2）根据表 2-4，进行账务处理。

① 结转发出材料的计划成本。

借：生产成本——基本生产成本——西服（直接材料）　　　　408 000

　　　　　　　　——运动服（直接材料）　　　　239 200

　　　　　　　　——辅助生产成本（机修车间）（材料费）　83 550

　　制造费用——第一车间（材料费）　　　　　　7 900

　　　　　　——第二车间　（材料费）　　　　　4 400

　　管理费用——材料费　　　　　　　　　3 650

　　其他业务成本——材料费　　　　　　　13 000

　　贷：原材料——原料及主要材料　　　　　　　633 000

　　　　　　——辅助材料　　　　　　　　34 950

　　　　　　——燃料　　　　　　　　　6 000

　　　　　　——外购半成品　　　　　　78 000

　　　　　　——包装材料　　　　　　　7 750

② 结转发出材料应负担的成本差异。

借：生产成本——基本生产成本——西服（直接材料）　　　　8 160

　　　　　　　　——运动服（直接材料）　　　　4 784

　　　　　　　　——辅助生产成本——机修车间（材料费）　1 671

　　制造费用——第一车间（材料费）　　　　　　158

　　　　　　——第二车间（材料费）　　　　　88

　　管理费用（材料费）　　　　　　　　　73

　　其他业务成本（材料费）　　　　　　　260

　　贷：材料成本差异——原材料　　　　　　　15 194

活动 2.2.4 其他存货的核算

1. 周转材料的核算

周转材料是指企业能够多次使用，逐渐转移其价值，但仍保持原有形态不确认为固定资产的材料，如低值易耗品，包装物等。

（1）低值易耗品的核算

1）低值易耗品的核算内容。低值易耗品是指单位价值较低，使用年限较短，按规定不作为固定资产核算的各种用具物品，如工具、管理用具、玻璃器及在经营过程中周转使用的包装容器等。

为了便于管理，通常按低值易耗品用途分为以下几类，即一般工具、专用工具、替换设备、管理用具、劳动保护用品和其他。

 小贴士

> 低值易耗品的性质属于劳动资料，它可以参加多次生产周转而不改变其原有的实物形态，价值随着实物的不断磨损逐渐地转移到成本、费用中，在使用过程中需要进行维修，报废时有一定的残值。从这些方面看，低值易耗品与固定资产是相同的。但低值易耗品具有品种多、数量大、价值较低、使用年限较短、容易损坏、收发频繁等特点，这又不同于固定资产而与原材料有些类似。在实际工作中，为了简化管理和核算工作，将低值易耗品列入流动资产的存货类，但对其在使用中转移或损坏的价值则采用了摊销的方法摊入成本、费用。

2）低值易耗品的入库。低值易耗品采购、入库的核算，无论是按实际成本核算还是按计划成本核算，均与原材料的账务处理基本相同，这里不再重述。

3）低值易耗品的摊销。低值易耗品从仓库领用发出直到报废以前，可在生产过程中反复使用，其损耗的价值需要采用一定的摊销方法分期计入成本、费用。低值易耗品可采用以下两种摊销方法进行摊销。

① 一次摊销法。它是指在第一次领用低值易耗品时，将成本一次性全部摊入产品成本（或期间费用）的一种摊销方法。低值易耗品报废时，收回的残值作为当月低值易耗品摊销额的减少。它适用于价值较小（或容易损坏）的低值易耗品。

【活动案例2.17】 广州美雅服装有限公司第一生产车间领用刀具一批，实际成本为500元。相关凭证见图2-16。

领 料 单

领字第 <u>8414</u> 号

领料部门 <u>第一生产车间</u>　　　　　　　　　　　　　　　　　　　　　No. 0008414

生产通知单号别 _____　　　　　　　2015 年 6 月 5 日

制品名称：				制造数量：			领料用途：一般性耗用							
编号	品名	规格	单位	请领数量	实发数量	单价	十	万	千	百	十	元	角	分	备注
5004	刀具		把	20	20	25.00				5	0	0	0	0	
附件：				张	合　计				￥	5	0	0	0	0	

主管：林立　　会计：张梅　　记账：王彬　　发料：李东明　　领料：林强　　制单：龙辉

第二联 交会计部门

图 2-16　领料单

企业账务处理如下：

借：制造费用——第一车间（低值易耗品摊销）　　　　　　　　　　　　　500

　　贷：周转材料——低值易耗品（刀具）　　　　　　　　　　　　　　　　　500

② 分次摊销法。它是指根据低值易耗品的原价和预计的使用年限，将低值易耗品的价值分次摊入成本、费用的一种摊销方法。这种方法的优点是有利于各期产品成本的合理负担。它适用于使用年限较长、单位价值较高（或一次领用数量较大）的低值易耗品的摊销。

【活动案例2.18】 广州美雅服装有限公司设计室领用专用工具一批，实际成本为 18 000 元，分 6 个月摊销。相关凭证见图 2-17。

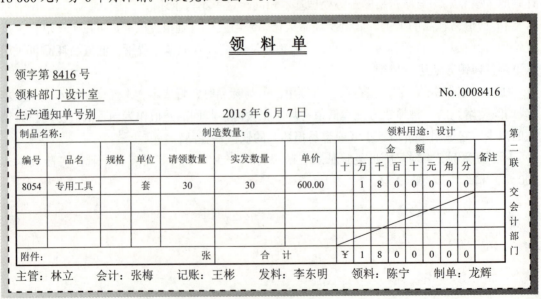

领 料 单

领字第 <u>8416</u> 号

领料部门 <u>设计室</u>　　　　　　　　　　　　　　　　　　　　　　　No. 0008416

生产通知单号别 _____　　　　　　　2015 年 6 月 7 日

制品名称：				制造数量：			领料用途：设计							
编号	品名	规格	单位	请领数量	实发数量	单价	十	万	千	百	十	元	角	分	备注
8054	专用工具		套	30	30	600.00		1	8	0	0	0	0	0	
附件：				张	合　计		￥	1	8	0	0	0	0	0	

主管：林立　　会计：张梅　　记账：王彬　　发料：李东明　　领料：陈宁　　制单：龙辉

第二联 交会计部门

图 2-17　领料单

企业账务处理如下。

1）领用时：

借：预付账款　　　　　　　　　　　　　　　　　　　　18 000

　　贷：周转材料——低值易耗品（专用工具）　　　　　　　　18 000

2）本月及以后各月摊销时：

借：管理费用——低值易耗品摊销　　　　　　　　　　　3 000

　　贷：预付账款　　　　　　　　　　　　　　　　　　　　3 000

 小贴士

　　目前企业已不设置"待摊费用"账户，对于需要分次（期）的费用可通过"预付账款"账户核算。

　　低值易耗品如果按计划成本核算，领用时，应按领用的部门和用途，借记"制造费用"、"管理费用"等账户，贷记"周转材料"、"材料成本差异"账户（超支用蓝字，节约用红字）。

（2）包装物的核算

1）包装物的核算内容。包装物是指企业在生产经营过程中，为包装本企业的产品而储备的，并随同产品一同出售（或出租、出借给购货单位）的各种包装物品，如箱、桶、瓶、袋、坛等。包装物的核算内容包括以下几个。

① 生产过程中领用，用于包装产品，并构成产品实体的包装物。

② 销售过程中领用，随同产品出售，并且不单独计价的包装物。

③ 销售过程中领用，随同产品出售，但是单独计价的包装物。

④ 出租（借）给购货单位使用的包装物。

 小贴士

　　下列各项不属于包装物核算的范围。

　　1）各种包装材料（如纸、绳、铁丝、铁皮等），应将它们作为辅助材料，记入"原材料"账户核算。

　　2）用于企业内部储存和保管产品而不对外出售（也不出租、出借）的包装物，应将它们按价值大小和使用年限的长短，分别列入固定资产和低值易耗品管理及核算。

　　3）单独列作企业商品产品的自制包装物，应将它们作为库存商品核算。

2）包装物的入库。包装物采购、入库的核算，无论是按实际成本核算还是按计划成本核算，均与原材料的账务处理基本相同，这里不再重述。

3）包装物的发出。企业应按包装物的用途进行不同的处理。

① 生产过程中领用包装物的核算。生产过程中领用的包装物，在包装产品后，就成为产品的一部分。因此，应将包装物的成本计入产品的生产成本，借记"生产成本"等账户，

贷记"周转材料"账户，按计划成本核算的，还要贷记"材料成本差异"账户。

【活动案例 2.19】 广州美雅服装有限公司第一生产车间为包装男西服，领用包装箱一批，实际成本为 5 500 元。相关凭证见图 2-18。

领 料 单

领字第 8421 号

领料部门 第一生产车间   No. 0008421

生产通知单号别   2015 年 6 月 15 日

制品名称：				制造数量：			领料用途：包装产品								
编号	品名	规格	单位	请领数量	实发数量	单价	金 额								备注
							十万	千	百	十	元	角	分	
8104	包装纸箱	80*80	个	500	500	11.00		5	5	0	0	0	0	
附件：			张	合 计			¥	5	5	0	0	0	0	

主管：林立 会计：张梅 记账：王彬 发料：李东明 领料：杨小阳 制单：龙辉

图 2-18　领料单

企业账务处理如下：

借：生产成本——基本生产成本——男西服（直接材料）   5 500

  贷：周转材料——包装物   5 500

② 随同商品出售但不单独计价的包装物的核算。随同商品出售但不单独计价的包装物，其发出主要是为了确保销售水平的质量或提供较为良好的销售服务，因此，应将这部分包装物的成本作为企业发生的商品销售费用，借记"销售费用"等账户，贷记"周转材料"账户，按计划成本核算的，还要贷记"材料成本差异"账户。

【活动案例 2.20】 广州美雅服装有限公司销售部为销售运动服，领用包装箱一批，实际成本为 3 300 元，该批包装箱随同商品出售但不单独计价。相关凭证见图 2-19。

企业账务处理如下：

借：销售费用——包装费   3 300

  贷：周转材料——包装物   3 300

③ 随同商品出售并单独计价的包装物的核算。包装物随同商品出售并单独计价，实际上就是出售包装物，其账务处理与出售原材料相同。出售包装物取得的收入记入"其他业务收入"账户，出售包装物的成本记入"其他业务成本"账户。

【活动案例 2.21】 广州美雅服装有限公司销售部为销售运动服，领用包装箱一批，实际成本为 3 300 元，该批包装箱随同商品出售并单独计价，已收取支票一张并存入银行。相关凭证见图 2-20～图 2-22。

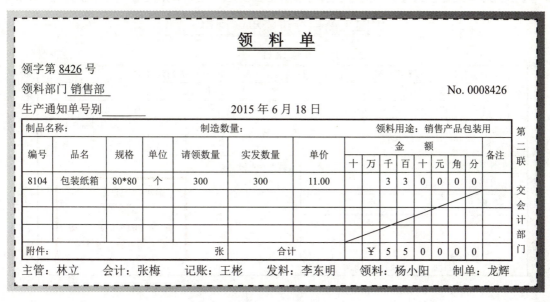

图 2-19 领料单

图 2-20 广东增值税专用发票

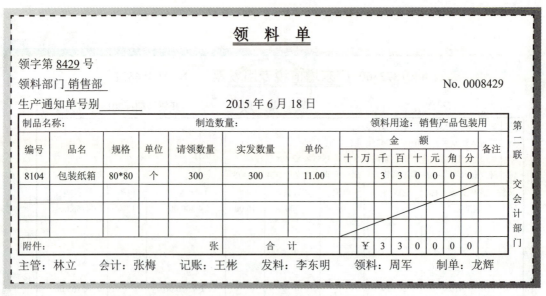

中国工商银行进账单（回单）　1

2015 年 6 月 18 日　　　　　　　　　　　　　第 1235 号

汇款人	全　称	广州华联有限公司	收款人	全　称	广州美雅服装有限公司
	账　号	0246123478		账　号	0254612352
	开户银行	中国工商银行广州分行北京路支行		开户银行	中国工商银行广州分行天河支行

人民币（大写）	伍仟贰佰陆拾伍元整	千	百	十	万	千	百	十	元	角	分
					￥	5	2	6	5	0	0

票据种类	支票	收款人开户行盖章
票据号码	127807856	中国工商银行广州分行 天河支行 ★ 2015.6.18 ★ 票据受理专用章
票据张数	1	

单位主管　　会计　　复核　　记账

此联是开户银行交给持（出）票人的回单

图 2-21　中国工商银行进账单（回单）

领　料　单

领字第 8429 号

领料部门 销售部　　　　　　　　　　　　　　No.0008429

生产通知单号别_____　　　　　2015 年 6 月 18 日

制品名称：　　　　　制造数量：　　　　　领料用途：销售产品包装用

编号	品名	规格	单位	请领数量	实发数量	单价	十	万	千	百	十	元	角	分	备注
8104	包装纸箱	80*80	个	300	300	11.00			3	3	0	0	0	0	
附件：			张	合　计			￥	3	3	0	0	0	0		

主管：林立　　会计：张梅　　记账：王彬　　发料：李东明　　领料：周军　　制单：龙辉

第二联　交会计部门

图 2-22　领料单

根据发票账单进行账务处理：

借：银行存款　　　　　　　　　　　　　　　　　　　　　　　　5 265

　　贷：其他业务收入——包装纸箱　　　　　　　　　　　　　　　4 500

　　　　应交税费——应交增值税（销项税额）　　　　　　　　　　　765

根据领料单等结转包装物成本：

借：其他业务成本——包装纸箱　　　　　　　　　　　　　　　　3 300

　　贷：周转材料——包装纸箱　　　　　　　　　　　　　　　　　3 300

④ 出租（借）包装物的核算。企业对于一些可周转使用的包装物，一般采用出租或出借的方式提供给客户使用，并要求客户用毕归还。出租包装物可以取得租金收入，记入"其他业务收入"账户，与之对应的出租包装物成本及修理费用，记入"其他业务成本"账户。企业出借包装物，因不向客户收取费用，没有业务收入，所以，出借包装物的成本及修理费用应作为企业的营业费用处理。企业对于出租、出借的包装物，可采用一次或分次摊销的方法摊销其价值。对于收到的包装物押金，应通过"其他应付款"账户核算。

 小贴士

企业的低值易耗品、包装物也可以单独设置"低值易耗品"、"包装物"账户进行核算。

2. 委托加工物资的核算

委托加工物资是指企业委托外单位加工的各种材料、包装物、低值易耗品或库存商品等物资。在企业的生产经营过程中，由于购进的材料等物资可能不完全适合本企业或市场的要求，需要将其进一步加工或改制成具有另一种性能和用途的物资，而本企业又无加工设备和技术等加工条件，从而需要送往其他单位加工。这些送往其他单位加工的材料等物资，就叫委托加工物资。

委托加工物资加工完毕后，企业应按入库物资的实际成本入账。其实际成本包括：①加工耗用的物资实际成本；②支付的加工费用；③支付的往返运杂费；④支付的税金，包括委托加工物资应负担的增值税、消费税。

（1）发出委托加工物资

企业发出委托外单位加工的物资时，应按物资的实际成本，借记"委托加工物资"账户，贷记"原材料"等账户，如果发出物资采用计划成本核算的，还应同时结转成本差异。

【活动案例 2.22】　广州美雅服装有限公司发出木板一批，委托佛山新兴木材加工厂加工成包装木箱一批。相关凭证见图 2-23。

领 料 单

领字第 8420 号

领料部门 销售部　　　　　　　　　　　　　　　　　　　　　　No. 0008420

生产通知单号别_____　　　　　　　2015 年 6 月 20 日

制品名称：				制造数量：			领料用途：发外加工								备注
编号	品名	规格	单位	请领数量	实发数量	单价	十	万	千	百	十	元	角	分	
2105	木板	60*180	块	100	100	200.00		2	0	0	0	0	0	0	
附件：			张		合　计		￥	2	0	0	0	0	0	0	

主管：林立　　会计：张梅　　记账：王彬　　发料：李东明　　领料：何艳　　制单：龙辉

图 2-23　领料单

企业账务处理如下：

借：委托加工物资——新兴木材加工厂　　　　　　　　　　20 000

　　贷：原材料——木板　　　　　　　　　　　　　　　　　　　　20 000

【活动案例2.23】　承活动案例2.20，广州美雅服装有限公司发出的木板，委托广州飞速运输公司送往佛山新兴木材加工厂，支付运费400元。相关凭证见图2-24和图2-25。

企业账务处理如下：

借：委托加工物资——新兴木材加工厂　　　　　　　　　　400

　　应交税费——应交增值税（进项税额）　　　　　　　　　44

　　贷：银行存款　　　　　　　　　　　　　　　　　　　　　　444

 提示

由于取得运输公司的增值税专用发票，这里所列运费400元可按11%计算增值税进项税额并准予扣除。

（2）支付的加工费及应负担的运杂费和相关税费

支付加工费用、应负担的运杂费和相关税费等，借记"委托加工物资"、"应交税费——应交增值税（进项税额）"账户，贷记"银行存款"等账户。需要交纳消费税的委托加工物资，收回后直接用于销售的，应将受托方代交的消费税计入委托加工物资成本，借记"委托加工物资"账户，贷记"应付账款"、"银行存款"账户；收回后用于连续生产应税消费品，按规定准予抵扣的，应按受托方代收代交的消费税，借记"应交税费——应交消费税"账户，贷记"应付账款"、"银行存款"账户。

【活动案例2.24】　承活动案例2.20，广州美雅服装有限公司按合同规定，支付佛山新兴木材加工厂加工费。相关凭证见图2-26和图2-27。

中国工商银行支票存根（粤）

$\dfrac{B\ C}{2\ 0}$ 12305685

附加信息

出票日期　2015 年 6 月 20 日

收款人：广州飞速运输公司

金　额：￥400.00

用　途：运费

单位主管 林立　　会计 黄杰

图2-24　中国工商银行支票存根

货物运输业增值税专用发票

4401053414　　　　　　　**货物运输业增值税专用发票**　　No 012330611

1117300012　　　　　　　　　　发　票　联　　　　　　开票日期：2015 年 6 月 20 日
01563421

承运人及纳税人识别号	广州飞速运输有限公司 4401258956789	密码区	（略）	
实际受票方及纳税人识别号	广州美雅服装有限公司 440104356789090			
收货人及纳税人识别号	佛山新兴木材加工厂 440509095671041	发货人及纳税人识别号	广州美雅服装有限公司 440104356789090	
起运地、经由、到达地	广州—佛山公路运输			
费用项目及金额	费用项目　　金额　　费用项目　　金额 运输费　　400.00	运输货物信息	木板	
合计金额	¥444.00　税率　11%　税额　¥44.00	机器编号　487000005135	（小写）¥444.00	
价格合计（大写）	⊗肆佰肆拾肆元整			
本种车号		车船吨位		
主管税务机关及代码	广州荔湾区国家税务局 44013451042	备注	440104289215687	

收款人：林峰　　　复核人：张芸　　　开票人：黎雄　　　承运人（章）：

图 2-25　货物运输业增值税专用发票

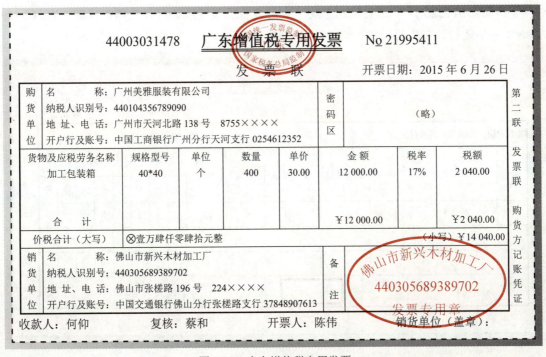

图 2-26　广东增值税专用发票

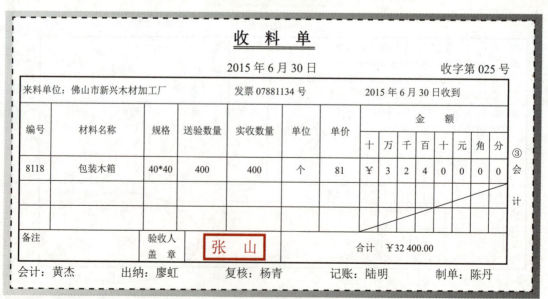

图 2-27　中国工商银行电汇凭证（回单）

企业账务处理如下：

借：委托加工物资——新兴木材加工厂　　　　　　　　　　　　　　12 000

　　应交税费——应交增值税（进项税额）　　　　　　　　　　　　2 040

　　贷：银行存款　　　　　　　　　　　　　　　　　　　　　　14 040

（3）加工完毕验收入库

收到加工完成验收入库的物资和剩余物资，借记"原材料"、"库存商品"、"周转材料"等账户，贷记"委托加工物资"账户。

【活动案例2.25】　承活动案例2.20，广州美雅服装有限公司收到佛山市新兴木材加工厂加工完毕送回的包装箱。相关凭证见图2-28。

企业账务处理如下：

借：周转材料——包装物（包装木箱）　　　　　　　　　　　　32 400

　　贷：委托加工物资——佛山市新兴木材加工厂　　　　　　　　　　32 400

3. 库存商品的核算

库存商品是指企业已完成全部生产过程并已验收入库、符合标准规格和技术条件、可以按照合同规定的条件送交订货单位或可以作为商品对外销售的产品，包括企业自行加工制造的商品产品、接受外来原材料加工制造的代制品和为外单位加工修理的代修品等。库存商品既可以采用实际成本核算，也可以采用计划成本核算，其方法与原材料相似。

 小贴士

已完成销售手续、购货单位尚未提走的产品，不应作为库存商品，而应作为代管产品设立备查簿登记。

（1）产品生产完工入库

当库存商品生产完成并验收入库，应按其成本借记"库存商品"账户，贷记"生产成本——基本生产成本"账户。

【**活动案例 2.26**】　广州美雅服装有限公司第一生产车间生产完工的 100 套男西服验收入库。相关凭证见图 2-29。

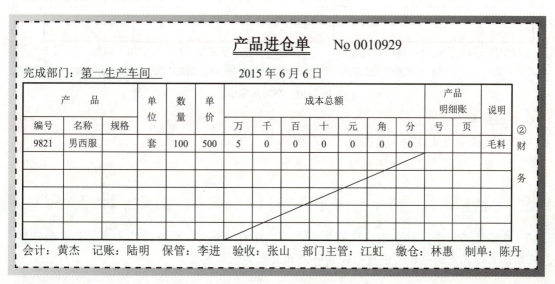

图 2-29　产品进仓单

企业账务处理如下：

借：库存商品——男西服　　　　　　　　　　　　　　　　　　50 000

　　贷：生产成本——基本生产成本（男西服）　　　　　　　　　　　50 000

小贴士

在实际工作中，月末，企业应根据产品入库汇总表和产品成本计算单的记载，进行产品生产完工入库的账务处理。

（2）库存商品发出

库存商品发出主要指对外销售，其次为领用。企业应根据所发出商品的用途借记有关账户，贷记"库存商品"账户。

【活动案例 2.27】 广州美雅服装有限公司向广州万佳商场销售 20 套男西装，已提货，结转销售成本。相关凭证见图 2-30。

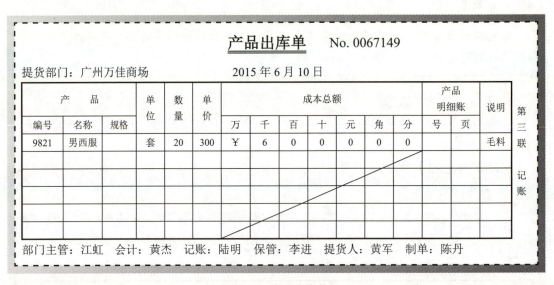

产品出库单　　No. 0067149

提货部门：广州万佳商场　　　　　　2015 年 6 月 10 日

| 产品 | | | 单位 | 数量 | 单价 | 成本总额 | | | | | | | 产品明细账 | | 说明 |
编号	名称	规格				万	千	百	十	元	角	分	号	页	
9821	男西服		套	20	300	￥	6	0	0	0	0	0			毛料

部门主管：江虹　会计：黄杰　记账：陆明　保管：李进　提货人：黄军　制单：陈丹

（第三联　记账）

图 2-30　产品出库单

企业账务处理如下：

借：主营业务成本——男西服　　　　　　　　　　　　　　　　6 000
　　贷：库存商品——男西服　　　　　　　　　　　　　　　　　　6 000

 小贴士

在实际工作中，对于已实现销售的产品，月末，企业应根据产品出库汇总表和销售产品成本计算表的记载，进行结转销售产品成本的账务处理。

【活动案例 2.28】 广州美雅服装有限公司领用自己生产的运动服 100 套作为福利向本公司员工发放。相关凭证见图 2-31 和图 2-32。

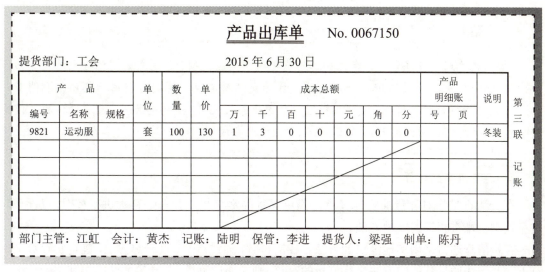

图 2-31 产品出库单

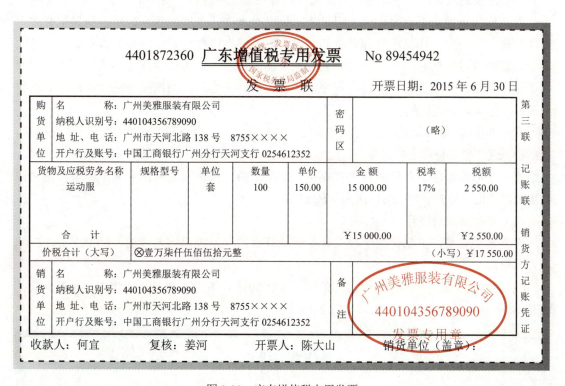

图 2-32 广东增值税专用发票

企业账务处理如下：

借：应付职工薪酬——职工福利   17 550

    贷：主营业务收入——运动服   15 000

        应交税费——应交增值税（销项税额）   2 550

借：主营业务成本——运动服   13 000

    贷：库存商品——运动服   13 000

小贴士

　　按照税法规定，将自产、委托加工的货物用于非应税项目、对外、集体福利消费等，应视同销售，需要开具增值税专用发票，计算交纳增值税。特别是当用于集体福利消费时，应借记"应付职工薪酬"账户，贷记"主营业务收入"、"应交税费——应交增值税（销项税额）"账户，同时结转产品成本，借记"主营业务成本"账户，贷记"库存商品"账户。

4. 存货清查的核算

　　存货清查是指对存货的实地盘点，确定存货的实存数，并与账存数进行核对，从而确定存货是否账实相符的一种方法。

　　存货清查通常采用实地盘点的方法。在清查时，通过点数、过磅等方法，确定实存数量。对于一些无法通过具体的方法进行度量的存货，则应通过测量、估计等方法确定其实际数量。有些存货还要通过物理方法或化学方法来检查其质量是否合格、变质等。

　　存货应当定期或不定期盘点，但每年至少盘点一次。在实地盘点之前，应先把有关存货明细账登记齐全，计算出结存数量和金额，以备核对。盘点后，应根据盘点记录，将实存数与账面数进行核对，核实盘盈、盘亏和毁损的数量，查明造成盈亏和毁损的原因，并据以编制存货盘点报告表，按规定程序报经有关部门批准后，根据盈亏原因和批准意见将处理财产损溢分别进行相应的账务处理。

　　存货的盘盈、盘亏和毁损，应通过"待处理财产损溢——待处理流动资产损溢"账户核算。在批准处理之前，企业应先将盘盈、盘亏和毁损的存货价值记入"待处理财产损溢"账户，并调整存货的账面价值，使存货账实相符。批准之后，按不同的原因和处理结果转销"待处理财产损溢"账户，并在期末结账前处理完毕。

　　（1）存货盘盈的核算

　　存货发生盘盈，主要是由于收发计量或核算上的误差等原因造成的，经批准后，应冲减管理费用。

　　【活动案例2.29】 广州美雅服装有限公司于2015年6月末进行存货清查，发现盘盈包装箱10个，原因待查。相关凭证见图2-33。

存货盘点报告表

2015 年 6 月 30 日

存货类别	名称规格	计量单位	数量		单价	盘盈		盘亏（毁损）		原因
			账存	实存		数量	金额	数量	金额	
包装物	包装纸箱	个	100	110	11.00	10	110			待查
原材料	毛料	匹	200	180	315.00			20	6 300	待查

图 2-33　存货盘点报告表

企业账务处理如下：

借：周转材料——包装物（包装纸箱）　　　　　　　　　　　　　　　110

　　　贷：待处理财产损溢——待处理流动资产损溢　　　　　　　　　　　110

【活动案例 2.30】　承活动案例 2.27 现盘盈包装箱 10 个的原因已查明属收发错误造成，经，有关部门批准冲销管理费用。企业账务处理如下：

借：待处理财产损溢——待处理流动资产损溢　　　　　　　　　　　　110

　　贷：管理费用　　　　　　　　　　　　　　　　　　　　　　　　　110

（2）存货盘亏和毁损的核算

造成存货盘亏和毁损的原因有多种，报经批准后，应根据不同的原因，分别不同的情况进行处理。

1）属于自然损耗产生的定额内损耗，经批准后转作管理费用。

2）属于计量收发差错和管理不善等原因造成的存货短缺或毁损，应先扣除残料价值、可以收回的保险赔偿和过失人的赔偿，然后将净损失记入"管理费用"账户。

3）属于非正常原因造成的存货毁损，应先扣除残料价值和可以收回的保险赔偿，然后将净损失转作营业外支出。

【活动案例 2.31】　广州美雅服装有限公司于 2015 年 6 月末进行存货清查，发现毁损毛料 20 批，原因待查（图 2-33）。企业账务处理如下：

借：待处理财产损溢——待处理流动资产损溢　　　　　　　　　　　7 371

　　贷：原材料——原料及主要材料（毛料）　　　　　　　　　　　　6 300

　　　　应交税费——应交增值税（进项税额转出）　　　　　　　　　1 071

 小贴士

如果企业是采用计划成本核算的，盘亏和毁损的存货还应当同时结转成本差异。

【活动案例 2.32】　承活动案例 2.29，发现毁损毛料 20 批，原因已查明，是由于房顶漏水引起霉烂。按财产保险协议规定，广州平安保险公司确认赔偿 1 500 元（款未收），其余净损失经批准记入"营业外支出"账户。企业账务处理如下：

借：其他应收款——广州平安保险公司　　　　　　　　　　　　　　1 500

　　营业外支出　　　　　　　　　　　　　　　　　　　　　　　　5 871

　　贷：待处理财产损溢——待处理流动资产损溢　　　　　　　　　　7 371

 小贴士

按规定，企业的存货应当在期末按成本与可变现净值孰低计价，对可变现净值低于存货成本的差额，需计提存货跌价准备，计入当期损益。按新会计准则的规定，计提存货跌价准备时应借记"资产减值损失"账户，贷记"存货跌价准备"账户。

任务2.3 销 售 实 务

活动指导——设置账户

企业销售业务的会计核算主要涉及以下账户。

"主营业务收入"账户：属于损益类账户，核算企业销售商品、提供劳务等日常活动中主要业务交易所取得的收入。

"其他业务收入"账户：属于损益类账户，核算企业日常活动中除主营业务以外的兼营业务交易所取得的收入。

"应收账款"账户：属于资产类账户，核算企业因销售商品、产品、提供劳务等，应向购货单位或接受劳务单位收取的款项。

"应收票据"账户：属于资产类账户，核算企业因销售商品、产品、提供劳务等而收到的商业汇票。

"预收账款"账户：属于负债类账户，核算企业采用预收货款方式销售商品时预收款的增减变动情况。

"发出商品"账户：属于资产类账户，核算企业销售商品，已经发出但不符合收入条件尚未结转的商品成本。

"应交税费——应交增值税（销项税额）"账户：属于负债类账户，核算销售时应交增值税的发生情况。

"主营业务成本"账户：属于损益类账户，核算企业确认销售商品、提供劳务等主营业务收入时应结转的成本。

"其他业务成本"账户：属于损益类账户，核算企业确认的除主营业务活动以外的其他经营活动所发生的支出。

"营业税金及附加"账户：属于损益类账户，核算企业主营业务活动应负担的税金及附加的计算和结转情况。

活动2.3.1 销售商品收入的核算

1. 销售商品收入的确认条件与计量

收入是指企业在销售商品、提供劳务及让渡资产使用权等日常活动中形成的经济利益的总流入。

企业销售商品时，只有同时符合以下五个条件，才能确认收入。

1）企业已将商品所有权上的主要风险和报酬转移给购货方。即出售后的商品发生任何损失（风险）均不需要销货方承担带来的经济利益（报酬），也不归销货方所有，则意味着该商品所有权上的主要风险和报酬已转移到购货方。在大多数情况下，所有权上的风险和报酬伴随着所有权凭证（如发票）或实物的交付而转移，如零售交易。

2）企业既没有保留通常与所有权相联系的继续管理权，也没有对已售出的商品实施有效控制。

3）与交易相关的经济利益很可能流入企业。即销售商品价款收回的可能性超过 50%。一般情况下，企业出售的商品符合合同或协议规定的要求，并已将发票账单交付买方，买方也承诺付款，即表明销售商品的价款是能够收入的。如果出售方提供可靠的依据，判断价款不能收回就不能确认收入。

4）收入的金额能够可靠地计量。即指收入的金额能够合理地估计。

5）相关的已发生或将发生的成本能够可靠地计量。与销售商品相关的已发生或将发生的成本不能合理估计时，企业不能确认收入，已收到的价款应确认为负债。

销售商品收入的金额应根据企业与购货方签订的合同或协议金额确定。无合同或协议的，销售商品收入的金额根据购销双方都能同意或成交的价格确定，但不包括为第三方或客户代收的款项。

2. 销售商品收入的账务处理

企业销售商品符合收入确认条件，应在收入确认时，按价款和增值税税额，借记"银行存款"、"应收账款"等账户；按价款的金额，贷记"主营业务收入"或"其他业务收入"账户；按代收取的增值税税额，贷记"应交税费——应交增值税（销项税额）"账户。

 小贴士

根据《中华人民共和国增值税暂行条例》的相关规定，一般纳税人企业向一般纳税人企业出售商品时，可以开具增值税专用发票或普通销售发票，一般纳税人企业向小规模纳税人企业出售商品时，只可以开具普通销售发票。小规模纳税人企业出售商品时，只能开具普通销售发票。若购货单位（一般纳税人企业）需要增值税专用发票，应由小规模纳税人企业到所属的税务部门代开增值税专用发票。

（1）一般销售方式的账务处理

在进行销售商品的会计处理时，首先要考虑到销售商品收入是否符合收入确认条件。符合《企业会议准则——收入》所规定的 5 项确认条件的，应及时确认收入并结转相关销售成本。

由于企业与购货方采用的结算方式不同，进行的账务处理也不同。下面分别举例说明。

1）收取支票的结算方式：交款提货销售商品的，在开出发票账单收到货款时确认收入。

【活动案例 2.33】 2015 年 6 月 4 日，广州美雅服装有限公司向广州万佳商场销售 20 套男西服，开出增值税专用发票：价款 10 000 元，增值税税额 1 700 元。购货方自行提货，收取支票一张，已送存银行。相关凭证见图 2-34 和图 2-35。

广东增值税专用发票

4401872360　　**广东增值税专用发票**　　№ 89454945

此联不作报销、扣税凭证使用

开票日期：2015 年 6 月 4 日

购货单位	名　　　称：广州万佳商场 纳税人识别号：440108909043567 地址、电话：广州市解放北路 1318 号　8335××× 开户行及账号：中国工商银行广州分行解放路支行 0213566128				密码区	（略）		
货物及应税劳务名称	规格型号	单位	数量	单价	金　额	税率	税额
男西服		套	20	500.00	10 000.00	17%	1 700.00
合　　计					￥10 000.00		￥1 700.00
价税合计（大写）	⊗壹万壹仟柒佰元整					（小写）￥11 700.00		
销货单位	名　　　称：广州美雅服装有限公司 纳税人识别号：440104356789090 地址、电话：广州市天河北路 138 号　8755××× 开户行及账号：中国工商银行广州分行天河支行 0254612352				备注	广州美雅服装有限公司 440104356789090 发票专用章		

收款人：何宜　　　复核：姜河　　　开票人：陈大山　　　销货单位（盖章）

第一联 记账联 销货方记账凭证

图 2-34　广东增值税专用发票

中国工商银行进账单（回单）　1

2015 年 6 月 4 日　　　　　第 1225 号

付款人	全　　称	广州万佳商场	收款人	全　　称	广州美雅服装有限公司
	账　　号	0213566128		账　　号	0254612352
	开户银行	中国工商银行广州分行解放路支行		开户银行	中国工商银行广州分行天河支行

人民币 （大写）	壹万壹仟柒佰元整	千	百	十	万	千	百	十	元	角	分
				￥	1	1	7	0	0	0	0

票据种类	支票	
票据号码	12524033	中国工商银行广州分行 天河支行 ★　2015.6.4　★ 票据受理专用章
票据张数	1	

单位主管　　会计　　复核　　记账　　　收款人开户行盖章

此联是开户银行交给持（出）票人的回单

图 2-35　中国工商银行进账单（回单）

企业账务处理如下：

借：银行存款　　　　　　　　　　　　　　　　　　　　　　　11 700

　　贷：主营业务收入——男西服　　　　　　　　　　　　　　10 000

　　　　应交税费——应交增值税（销项税额）　　　　　　　　 1 700

2）委托收款的结算方式：通常情况下，销售商品采用委托收款或托收承付方式时，在办妥托收手续时确认收入。

【活动案例 2.34】 2015 年 6 月 5 日，广州美雅服装有限公司采用委托收款方式向深圳富康有限公司销售 400 套运动服，开出增值税专用发票：价款 40 000 元，增值税税额 6 800 元。另开出支票代垫运杂费 300 元。相关凭证见图 2-36～图 2-38。

企业账务处理如下：

借：应收账款——深圳富康有限公司　　　　　　　　　　　　47 100

　　贷：主营业务收入——运动服　　　　　　　　　　　　　　40 000

　　　　应交税费——应交增值税（销项税额）　　　　　　　　 6 800

　　　　银行存款　　　　　　　　　　　　　　　　　　　　　　 300

委邮	委托收款凭证（回单）　　1													此联是收款人开户银行给收款人的回单
	委托日期　2015 年 6 月 5 日　　　　　　委托号码：第 4578 号													
付款人	全　称	深圳富康有限公司	收款人	全　称	广州美雅服装有限公司									
	账　号	02-141285		账　号										
	开户银行	中国建设银行深圳分行彩田支行		开户银行	中国工商银行天河支行			行号	2456					
委收金额	人民币（大写）	肆万柒仟壹佰元整				千 百 十 万 千 百 十 元 角 分 ￥ 4 7 1 0 0 0 0 0								
款项内容	销货款		委托收款凭据名称	发票、运单		附寄单证张数			3					
付款人开户	510811	收款人开户	510024											
备注：					中国工商银行广州分行 天河支行 ★　2015.6.5　★ 票据受理专用章									
					款项收妥日期 　　　年　月　日 收款人开户银行盖章　月　日									
单位主管：　　　　会计：　　　　复核：　　　　记账：														

图 2-36　委托收款凭证（回单）

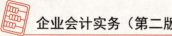
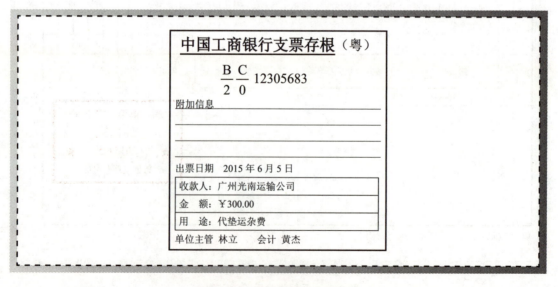

| 4401872360 | 广东增值税专用发票 | No 89454954 |

此联不作报销、扣税凭证使用

开票日期：2015 年 6 月 5 日

| 购货单位 | 名　　　称：深圳富康有限公司
纳税人识别号：440209047890356
地　址、电话：深圳市彩田路 1892 号　266×××
开户行及账号：中国建设银行深圳分行彩田支行 02-141285 | 密码区 | （略） |

货物及应税劳务名称	规格型号	单位	数量	单价	金　额	税率	税额
运动服		套	400	100.00	40 000.00	17%	6 800.00
合　　计					￥40 000.00		￥6 800.00

| 价税合计（大写） | ⊗肆万陆仟捌佰元整 | | （小写）￥46 800.00 |

| 销货单位 | 名　　　称：广州美雅服装有限公司
纳税人识别号：440104356789090
地　址、电话：广州市天河北路 138 号　8755×××
开户行及账号：中国工商银行广州分行天河支行 0254612352 | 备注 | 广州美雅服装有限公司
440104356789090
发票专用章 |

| 收款人：何宜 | 复核：姜河 | 开票人：陈大山 | 销货单位（盖章）： |

图 2-37　广东增值税专用发票

中国工商银行支票存根（粤）

$\dfrac{\text{B C}}{2 \ 0}$ 12305683

附加信息 _____

_____

_____

出票日期　2015 年 6 月 5 日

| 收款人：广州光南运输公司 |
| 金　额：￥300.00 |
| 用　途：代垫运杂费 |
| 单位主管 林立　　会计 黄杰 |

图 2-38　中国工商银行支票存根

3）商业汇票的结算方式：销售企业在发生货物、开出发票账单并收到购货企业交来的商业汇票时确认收入。

【活动案例 2.35】　2014 年 6 月 6 日，广州美雅服装有限公司向珠海欣欣商场销售 100

件女上装，开出增值税专用发票为价款 12 000 元、增值税税额 2 040 元，收到两个月期限不带息商业承兑汇票一张。相关凭证见图 2-39 和图 2-40。

4401872360　　**广东增值税专用发票**　　No 89454955

此联不作报销、扣税凭证使用

开票日期：2014 年 6 月 6 日

购货单位	名　　　称：珠海欣欣商场 纳税人识别号：440203567890904 地址、电话：珠海市滨海路 618 号　2232××× 开户行及账号：中国建设银行珠海分行滨海路支行 075-661-356	密码区	（略）

货物及应税劳务名称	规格型号	单位	数量	单价	金额	税率	税额
女上装		套	100	120.00	12 000.00	17%	2 040.00
合　计					￥12 000.00		￥2 040.00

价税合计（大写）　⊗壹万肆仟零肆拾元整　　　　　（小写）￥14 040.00

销货单位	名　　　称：广州美雅服装有限公司 纳税人识别号：440104356789090 地址、电话：广州市天河北路 138 号　8755××× 开户行及账号：中国工商银行广州分行天河支行 0254612352	备注	广州美雅服装有限公司 440104356789090 发票专用章

收款人：何宜　　复核：姜河　　开票人：陈大山　　销货单位（盖章）：

图 2-39　广东增值税专用发票

商业承兑汇票　　2

出票日期　贰零壹伍年零陆月零陆日　　　　No 2400878

付款人	全　称：珠海欣欣商场 账　号：075-261-356 开户银行：中国建设银行珠海分行滨海支行　行号 186	收款人	全　称：广州美雅服装有限公司 账　号：0254612352 开户银行：中国工商银行广州分行天河支行　行号 794

出票金额　人民币（大写）　壹万肆仟零肆拾元整　　　千百十万千百十元角分　￥1 4 0 4 0 0 0

汇票到期日　贰零壹伍年零陆月零陆日　　交易合同号码 1814321

本汇票已经承兑，到期无条件支付票款。

财务专用章　承兑人盖章　何云　　　财务专用章　出票人盖章　马力

承兑日期 2015 年 6 月 6 日

图 2-40　商业承兑汇票

企业账务处理如下：

借：应收票据——珠海欣欣商场   14 040

  贷：主营业务收入——女上装   12 000

    应交税费——应交增值税（销项税额）   2 040

（2）采用预收货款方式销售的账务处理

预收款销售商品是购买方在商品尚未收到前按合同或协议约定分期付款，销售方在收到最后一笔款项时才交货的销售方式。预收款销售方式下，销售方直到收到最后一笔款项才将商品交付购货方，表明商品所有权上的主要风险和报酬只有在收到最后一笔款项时才转移给购货方，销售方通常应在发出商品时确认收入，在此之前预收的货款应确认为预收账款。

【活动案例2.36】2015年6月6日，广州美雅服装有限公司收到广州兴华有限公司订金5 000元支票，送存银行。相关凭证见图2-41。

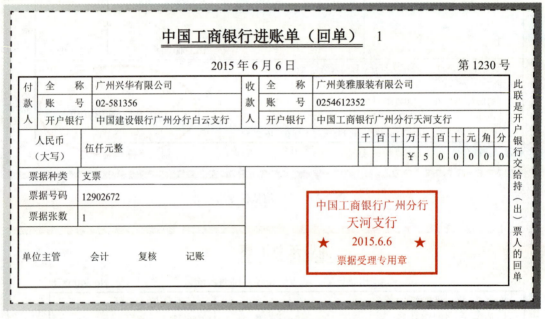

图2-41　中国工商银行进账单（回单）

企业账务处理如下：

借：银行存款   5 000

  贷：预收账款——广州兴华公司   5 000

【活动案例2.37】2015年6月15日，广州美雅服装有限公司向广州兴华有限公司发出棉布100匹。相关凭证见图2-42。

4401872360　　**广东增值税专用发票**　　No 89454958

此联不作报销、扣税凭证使用联

开票日期：2015 年 6 月 15 日

购货单位	名　　　称：广州兴华有限公司 纳税人识别号：440108435679090 地址、电话：广州市白云大道 1456 号　8604×××× 开户行及账号：中国建设银行广州分行白云支行 02-581356	密码区	（略）

货物及应税劳务名称	规格型号	单位	数量	单价	金　额	税率	税额
棉布		匹	100	200.00	20 000.00	17%	3 400.00
合　计					￥20 000.00		￥3 400.00

价税合计（大写）	⊗贰万叁仟肆佰元整	（小写）￥23 400.00

销货单位	名　　　称：广州美雅服装有限公司 纳税人识别号：440104356789090 地址、电话：广州市天河北路 138 号　8755×××× 开户行及账号：中国工商银行广州分行天河支行 0254612352	备注	广州美雅服装有限公司 440104356789090 发票专用章

收款人：何宜　　复核：姜河　　开票人：陈大山　　销货单位（盖章）：

图 2-42　广东增值税专用发票

企业账务处理如下：

借：预收账款——广州兴华有限公司　　　　　　　　　　　　23 400

　　贷：其他业务收入——棉布　　　　　　　　　　　　　　　　20 000

　　　　应交税费——应交增值税（销项税额）　　　　　　　　　3 400

🔖 **小贴士**

企业销售原材料、包装物等存货实现的收入通过"其他业务收入"账户核算，结转的相关成本通过"其他业务成本"账户核算。

【活动案例 2.38】2015 年 6 月 18 日，广州美雅服装有限公司收到广州兴华有限公司补付货款 18 400 元支票，送存银行。相关凭证见图 2-43。

企业账务处理如下：

借：银行存款　　　　　　　　　　　　　　　　　　　　　　18 400

　　贷：预收账款——广州兴华有限公司　　　　　　　　　　　　18 400

结转材料销售成本的账务处理见活动案例 2.10。

中国工商银行进账单（回单）　1

2015 年 6 月 18 日　　　　　　　第 1235 号

付款人	全　称	广州兴华有限公司	收款人	全　称	广州美雅服装有限公司
	账　号	02-581356		账　号	0254612352
	开户银行	中国建设银行广州分行白云支行		开户银行	中国工商银行广州分行天河支行

人民币（大写）	壹万捌仟肆佰元整	千	百	十	万	千	百	十	元	角	分
				¥	1	8	4	0	0	0	0

票据种类	支票
票据号码	12902672
票据张数	1

中国工商银行广州分行
天河支行
★ 2015.6.18 ★
票据受理专用章

此联是开户银行交给持（出）票人的回单

单位主管	会计	复核	记账	收款人开户行盖章

图 2-43　中国工商银行进账单（回单）

（3）分期收款销售方式的账务处理

分期收款销售，是指商品已经交付，货款分期收回的一种销售方式。一般地，销售价值较大的商品可以采用这种销售方式。

1）短期内的分期收款销售。在这种销售方式下，企业应当按照合同约定的收款日期确认销售收入。同期，按商品全部销售成本与全部销售收入的比率，计算结转商品的销售成本。企业采用分期收款销售方式下，商品发出的实际成本和商品销售成本的结转情况，应通过"发出商品"账户核算。

小贴士

分期收款销售计算公式为

$$本期应结转商品的销售成 = 本期确认的销售收入 \times \frac{商品全部销售成本}{商品全部销售收入}$$

【活动案例 2.39】 2015 年 6 月 10 日，广州美雅服装有限公司采用分期收款销售方式向北京华安商场销售发出 600 套女西服，价款为 126 000 元，增值税税额 21 420 元，实际成本为 90 000 元。购销合同中约定分 3 个月等额结清货款，合同约定的收款日期为每月的 20 日。相关凭证见图 2-44。

产品出库单

提货部门：北京华安商场　　　　　2015 年 6 月 10 日　　　　No. 0067200

产品			单位	数量	单价	成本总额							产品明细账		说明	
编号	名称	规格				万	千	百	十	元	角	分	号	页		第三联
8827	女西服		套	600	150	9	0	0	0	0	0	0			各色	记账

部门主管：江虹　会计：黄杰　记账：陆明　保管：李进　提货人：黄军　制单：陈丹

图 2-44　产品出库单

企业账务处理如下：

　　借：发出商品——北京华安商场　　　　　　　　　　　　　　　90 000
　　　　贷：库存商品——女西服　　　　　　　　　　　　　　　　　　90 000

　　【活动案例 2.40】承活动案例 2.39，2015 年 6 月 20 日，广州美雅服装有限公司收到北京华安商场汇来的第一期货款 49 140 元。相关凭证见图 2-45 和图 2-46。

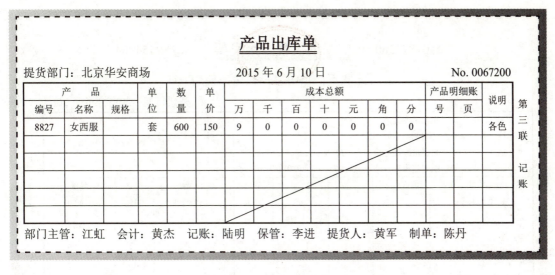

图 2-45　中国工商银行广州（广州电子资金转账系统）

图 2-46　广东增值税专用发票

企业账务处理如下。

① 2015 年 6 月 20 日合同约定日收款时：

借：银行存款 49 140

　　贷：主营业务收入——女西服 42 000

　　　　应交税费——应交增值税（销项税额） 7 140

② 2015 年 6 月末结转销售成本＝ 42 000×（90 000÷126 000）＝ 30 000（元）。

借：主营业务成本——女西服 30 000

　　贷：发出商品——北京华安商场 30 000

 小贴士

　　2015 年 7 月 20 日、8 月 20 日确认销售收入、结转销售成本的账务处理与上面相同。

　　2）具有融资性质的分期收款销售。企业销售产品采用分期收款方式，若货款回收期较长（通常为超过 3 年），则此延期收取的货款具有融资性质，那么企业应当按照应收的合同或协议价款的公允价值确定收入金额。此公允价值通常应当按照其未来现金流量现值或商品现销价格计算确定。

应收的合同或协议价款与其公允价值之间的差额，采用实际利率法在合同或协议期间内进行摊销。

【活动案例 2.41】　2011 年 1 月 1 日，广州美雅服装有限公司采用分期收款方式向乙公司售出大型设备一套，合同约定销售价格为 10 000 万元，从销售当年末分 5 年分期收款，每年 2 000 万元。暂不考虑增值税，该设备实际成本为 7 800 万元，在现销方式下，该大型设备的销售价格为 8 000 万元，实际利率为 7.93%（采用内插法算出）。每期计入财务费用的金额见表 2-5。

表 2-5　财务费用和已收本金计算表　　　　　　　　　　　　　单位：万元

日期	未收本金①＝上期①－上期③	财力费用②＝①×7.93%	已收本金③＝④－②	总收现④
2011 年 1 月 1 日	8 000.00	—	—	—
2011 年 12 月 31 日	8 000.00	634.40	1 365.60	2 000
2012 年 12 月 31 日	6 634.40	526.11	1 473.89	2 000
2013 年 12 月 31 日	5 160.51	409.23	1 590.77	2 000
2014 年 12 月 31 日	3 569.74	283.08	1 716.92	2 000
2015 年 12 月 31 日	1 852.82	147.18*	1 852.82	2 000
总额		2 0000	8 000	10 000

注：* 为尾数调整。

根据表 2-5 的计算结果，甲公司的各期账务处理如下。

1）2011 年 1 月 1 日销售实现：

借：长期应收款　　　　　　　　　　　　　　　　　　　　　　10 000

　　贷：主营业务收入　　　　　　　　　　　　　　　　　　　　8 000

　　　　未实现融资收益　　　　　　　　　　　　　　　　　　　2 000

借：主营业务成本　　　　　　　　　　　　　　　　　　　　　7 800

　　贷：库存商品　　　　　　　　　　　　　　　　　　　　　　7 800

2）2011 年 12 月 31 日收取货款：

借：银行存款　　　　　　　　　　　　　　　　　　　　　　　2 000

　　贷：长期应收款　　　　　　　　　　　　　　　　　　　　　2 000

借：未实现融资收益　　　　　　　　　　　　　　　　　　　　634.40

　　贷：财务费用　　　　　　　　　　　　　　　　　　　　　　634.40

3）2012 年 12 月 31 日收取货款：

借：银行存款　　　　　　　　　　　　　　　　　　　　　　　2 000

　　贷：长期应收款　　　　　　　　　　　　　　　　　　　　　2 000

借：未实现融资收益　　　　　　　　　　　　　　　　　　　　526.11

　　贷：财务费用　　　　　　　　　　　　　　　　　　　　　　526.11

4）2013 年 12 月 31 日收取货款：

借：银行存款　　　　　　　　　　　　　　　　　　　　　　　2 000

　　贷：长期应收款　　　　　　　　　　　　　　　　　　　　　2 000

借：未实现融资收益   409.23

   贷：财务费用   409.23

5）2014 年 12 月 31 日收取货款：

借：银行存款   2 000

   贷：长期应收款   2 000

借：未实现融资收益   283.08

   贷：财务费用   283.08

6）2015 年 12 月 31 日收取货款：

借：银行存款   2 000

   贷：长期应收款   2 000

借：未实现融资收益   147.18

   贷：财务费用   147.18

（4）商业折扣与现金折扣的账务处理

商业折扣是在出售商品时从售价中扣减一定数额的款项。一般是为了促销，对于购买商品数量比较大的客户所给予的价格的优惠，商业折扣只是用以计算确定商品发票价格的工具，商品是以减去折扣后的价格成交的。因此，买卖双方的会计记录中都无须反映商业折扣。

现金折扣是企业为了鼓励顾客在一定期限内及早付款而从售价中给予顾客少付一定数额款项的优惠。例如，现金折扣的标记为"2/10，n/30"，它的意思表示允许在 30 天内付清货款，但如果在 10 天内付款，可获得 2% 的现金折扣，即少付 2% 的款项。按规定，我国对现金折扣的处理采用总价法，即按总售价确认收入，按总售价和增值税税额作为应收账款的入账价值。当顾客在折扣期内支付货款时才确认现金折扣，将现金折扣作为财务费用计入当期损益。

【活动案例 2.42】 2015 年 6 月 22 日，广州美雅服装有限公司向南宁东宝商场销售女时装 300 件，增值税专用发票上注明：售价 60 000 元，增值税税额 10 200 元。为了早日收回货款，在合同中规定的现金折扣条件为 2/10、1/20、n/30（按售价计算折扣）。相关凭证见图 2-47。

企业账务处理如下：

借：应收账款——南宁东宝商场   70 200

   贷：主营业务收入——女时装   60 000

       应交税费——应交增值税（销项税额）   10 200

【活动案例 2.43】 承活动案例 2.42，广州美雅服装有限公司于 2015 年 6 月 25 日收到南宁东宝商场汇来的货款 69 000 元。相关凭证见图 2-48。

4401872360　　广东增值税专用发票　　№ 89454972

此联不作报销、扣税凭证使用

开票日期：2015 年 6 月 22 日

购货单位	名　称：南宁东宝商场 纳税人识别号：452905670408435 地　址、电话：南宁市中山路 146 号　8384×××× 开户行及账号：商业银行南宁分行中山支行 3322478145	密码区	（略）

货物及应税劳务名称	规格型号	单位	数量	单价	金额	税率	税额
女时装		件	300	200.00	60 000.00	17%	10 200.00
合　计					￥60 000.00		￥10 200.00

价税合计（大写）　⊗柒万零贰佰元整　　　　　　　　　（小写）￥70 200.00

销货单位	名　称：广州美雅服装有限公司 纳税人识别号：440104356789090 地　址、电话：广州市天河北路 138 号　8755×××× 开户行及账号：中国工商银行广州分行天河支行 0254612352	备注	广州美雅服装有限公司 440104356789090 发票专用章

收款人：何宜　　　复核：姜河　　　开票人：陈大山　　　销货单位（盖章）：

第一联 记账联 销货方记账凭证

图 2-47　广东增值税专用发票

中国工商银行　广州（广州电子资金转账系统）　凭证号：463

汇入行交换行号：00170098　　　2015 年 6 月 25 日　　　凭证提交号：Z20031079955

发报行行号行名	23-478241 商业银行南宁分行中山支行	汇出行行号	230116	收报行行号	0204570	汇入行行号	006781
付款人	名称 南宁东宝商场		收款人	名称 广州美雅服装有限公司			
	账号 3322478145			账号 0254612352			
金额 陆万玖仟元整			金额 ￥69 000.00				

事由：货款

备注：

中国工商银行 广州分行天河支行 2015.6.25 转讫（2）

账户（贷）　5　　对方账户（借）

复核：　　　　　　记账：

第三联 交收款人

图 2-48　中国工商银行广州（广州电子资金转账系统）

企业账务处理如下：

借：银行存款 69 000

　　财务费用 1 200

　　贷：应收账款——南宁东宝商场 70 200

（5）销售退回的账务处理

销售退回是指企业售出的商品在质量、品种等方面不符合客户要求而被退回。如果销售退回发生在销售收入确认之前，则只要将已记入"发出商品"账户的商品成本转回到"库存商品"账户即可；如果在销售收入确认之后发生的销售退回，不论是当年销售的还是以前年度销售的，除特殊情况外，都应在实际发生时冲减当期的收入，按规定允许扣减当期销项税额的，应同时用红字冲减"应交税费——应交增值税（销项税额）"账户的"销项税额"专栏，同时冲减当期的销售成本。

【活动案例2.44】 2014年6月14日，广州美雅服装有限公司于6月4日向广州万佳商场销售的20套男西服（开出红字增值税专业发票：价款10 000元，增值税税额1 700元）被发现有质量问题，对方要求全部退货，同意办理并收到税务部门开出的退货证明。相关凭证见图2-49～图2-52。

图2-49　广州市国家税务局企业进货退出及索取折让证明单

广东增值税专用发票

4401872360　　No 89454957

此联不作报销、扣税凭证使用

开票日期：2015 年 6 月 14 日

购货单位	名　　称：广州万佳商场		密码区	（略）	
	纳税人识别号：440108909043567				
	地址、电话：广州市解放北路 1318 号　8335××××				
	开户行及账号：中国工商银行广州分行解放支行 0213566128				

货物及应税劳务名称	规格型号	单位	数量	单价	金　额	税率	税额
男西服		套	−20	−500.00	−10 000.00	17%	−1 700.00
合　　计					￥−10 000.00		￥−1 700.00

价税合计（大写）	⊗壹万壹仟柒佰元整	（小写）￥−11 700.000

销货单位	名　　称：广州美雅服装有限公司		备注	广州美雅服装有限公司 44010435678909 发票专用章
	纳税人识别号：440104356789090			
	地址、电话：广州市天河北路 138 号　8755××××			
	开户行及账号：中国工商银行广州分行天河支行 0254612352			

收款人：何宜　　　复核：姜河　　　开票人：陈大山　　　销货单位（盖章）：

第一联　记账联　销货方记账凭证

图 2-50　广东增值税专用发票

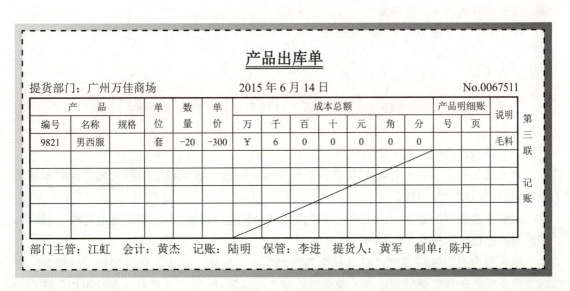

产品出库单

提货部门：广州万佳商场　　　　2015 年 6 月 14 日　　　　No.0067511

产品			单位	数量	单价	成本总额							产品明细账		说明
编号	名称	规格				万	千	百	十	元	角	分	号	页	
9821	男西服		套	−20	−300	￥	6	0	0	0	0	0			毛料

部门主管：江虹　会计：黄杰　记账：陆明　保管：李进　提货人：黄军　制单：陈丹

第三联　记账

图 2-51　产品出库单

中国工商银行支票存根（粤）

$\frac{BC}{20}$ 12305690

附加信息 _____

_____

_____

出票日期　2015 年 6 月 14 日

| 收款人：广州万佳商场 |
| 金　额：￥11 700.00 |
| 用　途：退货款 |

单位主管　林立　　会计　黄杰

图 2-52　中国工商银行支票存根

企业账务处理如下。

1）退货款时：

借：主营业务收入——男西服　　　　　　　　　　　　　　　　11 700

　　贷：银行存款　　　　　　　　　　　　　　　　　　　　　　10 000

　　　　应交税费——应交增值税（销项税额）　　　　　　　　　1 700

2）产品入库时：

借：库存商品——男西服　　　　　　　　　　　　　　　　　　6 000

　　贷：主营业务成本——男西服　　　　　　　　　　　　　　　6 000

> **小贴士**
>
> 如果企业在月末才结转销售产品的成本，则不需要产品入库的账务处理。

（6）商品销售税金及附加的核算

企业销售收入实现后，不但要结转销售成本，而且要根据税法的相关规定计算和结转应负担的销售税金及附加。

销售税金及附加是指应由销售收入补偿的各种税金及附加费，主要包括消费税、资源税、城市维护建设税和教育费附加等。

销售税金及附加应通过"营业税金及附加"账户核算。月末，计算结转营业活动（包括主营业务活动和其他经营活动）应负担的税金及附加时，借记"营业税金及附加"账户，贷记"应交税费"账户。同时，月末应将销售税金及附加从"营业税金及附加"账户转入"本年利润"账户。结转后，"营业税金及附加"账户无余额。

小贴士

销售商品时要交纳的增值税是"价外税"，销售税金及附加不包括增值税。因此，增值税不能通过"营业税金及附加"账户核算。

【**活动案例 2.45**】 广州美雅服装有限公司 2015 年 6 月销售商品应交增值税 500 000 元，销售材料应交增值税 30 000 元，月末计算结转本月销售税金及附加。税费计算表见表 2-6。

表 2-6 税费计算表

2015 年 6 月

税种	应税项目	计税依据	税（费）率 /%	税额 / 元
城市维护建设税	产品销售应交增值税	500 000	7	35 000
	材料销售应交增值税	30 000	7	2 100
	合计			37 100
教育费附加	产品销售应交增值税	500 000	3	15 000
	材料销售应交增值税	30 000	3	900
	合计			15 900

企业账务处理如下：

借：营业税金及附加   53 000

    贷：应交税费——应交城市维护建设税   37 100

        ——应交教育费附加   15 900

活动 2.3.2 提供劳务收入的核算

1. 劳务收入的确定

劳务收入是指企业对外提供劳务所发生的收入，如旅游、运输（包括交通运输、民航运输等）、饮食、广告、理发、照相、洗染、咨询、代理、培训、产品安装等。由于提供劳务的内容不同，完成劳务的时间也不等，有的劳务一次就能完成，且一般为现金交易，如饮食、理发、照相等，有的劳务需要花较长一段时间才能完成，如安装、旅游、培训、远洋运输等。因此，企业提供劳务的收入应分别下列情况确认和计量。

1）提供劳务交易结果能够可靠估计的。企业在资产负债表日提供劳务交易的结果能够可靠估计的，应当采用完工百分比法确认提供劳务收入。

提供劳务交易的结果能够可靠估计，是指同时满足下列条件：①收入的金额能够可靠地计量；②相关的经济利益很可能流入企业；③交易的完工进度能够可靠地确定；④交易中已发生和将发生的成本能够可靠地计量。

在完工百分比法下，收入和相关的费用应按下列公式计算：

本期确认的收入＝劳务总收入 × 本期末止劳务的完工进度 － 以前期间已确认的收入

本期确认的费用＝劳务总成本 × 本期末止劳务的完工进度 － 以前期间已确认的费用

小贴士

在劳务总收入和总成本能够可靠计量的情况下，关键是确定劳务的完成程度。企业应根据所提供劳务的特点，选择适宜的劳务完工程度来确定方法。

2）提供劳务交易结果不能够可靠估计的。企业在资产负债表日提供劳务交易结果不能够可靠估计的，即不能满足上述四个条件中的任何一个时，企业应分别进行会计处理。

① 已经发生的劳务成本预计能够得到补偿的，应按已经发生的劳务成本金额确认提供劳务收入，并按相同金额结转已经发生的劳务成本。

② 已经发生的劳务成本预计不能得到补偿的，应将已经发生的劳务成本计入当期损益，不确认提供劳务收入。

2. 劳务收入的账务处理

劳务收入在确认时，应按确定的收入金额，借记"应收账款"、"银行存款"等账户，贷记"主营业务收入"等账户；结转成本时，借记"主营业务成本"账户，贷记"劳务成本"账户。

【活动案例 2.46】 广州美雅服装有限公司下属公司广州美雅安装公司（独立核算）于2015 年 6 月 1 日接受广州联盈有限公司一条生产线的安装任务，安装期 6 个月，合同总收入 300 000 元，预收款项 120 000 元（至年底前），实际已发生成本 120 000 元（均为安装人员工资），估计完成全部劳务还将发生成本 80 000 元。按实际发生的成本占估计总成本的比例确定劳务的完成程度。相关凭证见图 2-53 和图 2-54。

中国工商银行进账单（回单）　1

2015 年 6 月 1 日　　　　　　　　　　第 12587 号

汇款人	全　称	广州联盈有限公司	收款人	全　称	广州美雅安装公司	此联是开户银行交给持（出）票人的回单
	账　号	02-1281378		账　号	02-35254612	
	开户银行	中国建设银行广州分行海珠支行		开户银行	中国工商银行广州分行越秀支行	

| 人民币（大写） | 壹拾贰万元整 | 千 | 百 | 十 | 万 | 千 | 百 | 十 | 元 | 角 | 分 |
| | | | ￥ | 1 | 2 | 0 | 0 | 0 | 0 | 0 | 0 |

票据种类	支票	收款人开户行盖章
票据号码	2693	
票据张数	1	

中国工商银行广州分行
越秀支行
★ 2015.6.1 ★
票据受理专用章

单位主管　　会计　　复核　　记账

图 2-53　中国工商银行进账单（回单）

图 2-54 中国工商银行支票存根

企业账务处理如下。

1）实际发生成本时：

借：劳务成本　　　　　　　　　　　　　　　　　　　　　　　　120 000

　　贷：银行存款　　　　　　　　　　　　　　　　　　　　　　　　120 000

2）预收账款时：

借：银行存款　　　　　　　　　　　　　　　　　　　　　　　　120 000

　　贷：预收账款——广州联盈有限公司　　　　　　　　　　　　　　120 000

3）12 月 31 日确认收入时：

实际发生的成本占估计总成本的比例＝120 000÷（120 000＋80 000）×100%＝60%

2015 年确认收入＝300 000×60%－0＝180 000（元）

借：预收账款——广州联盈有限公司　　　　　　　　　　　　　　180 000

　　贷：主营业务收入　　　　　　　　　　　　　　　　　　　　　　180 000

4）12 月 31 日结转成本时：

2015 年结转成本＝200 000×60%－0＝120 000（元）

借：主营业务成本　　　　　　　　　　　　　　　　　　　　　　120 000

　　贷：劳务成本　　　　　　　　　　　　　　　　　　　　　　　　120 000

【活动案例 2.47】 广州美雅服装有限公司下属公司美雅艺术设计公司（独立核算）于 2014 年 12 月 25 日接受大新公司委托，为其培训一批学员，培训期为 6 个月，2014 年 1 月 1 日开学。协议约定，大新公司应向美雅艺术设计公司支付的培训费总额为 60 000 元，分三次等额支付，第一次在开学时预付，第二次在 2015 年 3 月 1 日支付，第三次在培训结束时支付。

2015 年 1 月 1 日，大新公司预付第一次培训费。2015 年 2 月 28 日，美雅艺术设计公司发生培训成本 15 000 元（假定均为培训人员薪酬）。2015 年 3 月 1 日，美雅艺术设计公司得知大新公司经营发生困难，后两次培训费能否收回难以确定。

美雅艺术设计公司的账务处理如下。

1）2015年1月1日收到大新公司预付的培训费：

借：银行存款 20 000

　　贷：预收账款——大新公司 20 000

2）实际发生培训支出15 000元：

借：劳务成本 15 000

　　贷：应付职工薪酬 15 000

3）2015年2月28日确认劳务收入并结转劳务成本：

借：预收账款 20 000

　　贷：主营业务收入 20 000

借：主营业务成本 15 000

　　贷：劳务成本 15 000

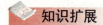 **知识扩展**

为了分别反映增值税一般纳税企业欠交增值税款和待抵扣增值税的情况，避免出现企业在以前月份欠交增值税，以后月份有未抵扣增值税时，用以前月份欠交增值税抵扣以后月份未抵扣的增值税的现象，确保企业及时足额上交增值税。企业应在"应交税费"账户下设置"未交增值税"明细账户，核算企业月份终了从"应交税费——应交增值税"账户中转入的当月未交或多交的增值税；同时，在"应交税费——应交增值税"账户下设置"转出未交增值税"和"转出多交增值税"专栏。

1）月份终了，企业计算出当月应交未交的增值税，账务处理如下：

借：应交税费——应交增值税（转出未交增值税）

　　贷：应交税费——未交增值税

2）当月多交的增值税，账务处理如下：

借：应交税费——未交增值税

　　贷：应交税费——应交增值税（转出多交增值税）

经过结转后，月份终了，"应交税费——应交增值税"账户的余额，反映企业尚未抵扣的增值税。"应交税费——未交增值税"账户的期末借方余额，反映多交的增值税；贷方余额，反映未交的增值税。

3）企业当月交纳当月的增值税，账务处理如下：

借：应交税费——应交增值税（已交税金）

　　贷：银行存款

4）当月交纳以前各期未交的增值税，账务处理如下：

借：应交税费——未交增值税

　　贷：银行存款

习　题

一、单项选择题

1. 存货入账价值应采用（　　）。

　　A. 重置成本　　　　　　　　　　B. 历史成本

　　C. 现净值　　　　　　　　　　　D. 计划成本或定额成本

2. 购入存货的买价是指（　　）。

　　A. 实际支付的价款　　　　　　　B. 发票上所列的合计金额

　　C. 发票上所列的不含增值税的金额　　D. 发票上所列的金额减取得的现金折扣

3. 企业接受捐赠的存货，按（　　）计价入账。

　　A. 发票账单所列的金额

　　B. 发票账单所列的金额加上企业负担的运输费、保险费、缴纳的税金等

　　C. 同类存货的市价

　　D. B 选项或 C 选项

4. 下列不能列入企业存货核算范围的是（　　）。

　　A. 原材料　　　　B. 产成品　　　　C. 自制半成品　　　D. 机器、设备

5. 下列外购材料业务中，在（　　）情况下产生在途物资。

　　A. 货款付清，同时收料　　　　　B. 付款在前，收料在后

　　C. 收料在前，付款在后　　　　　D. 根据合同规定预付货款

6. 材料采购途中的合理损耗应（　　）。

　　A. 记入"采购成本"账户　　　　B. 记入"管理费用"账户

　　C. 记入"财务费用"账户　　　　D. 由保险公司赔偿

7. 在物价持续上涨的情况下，用先进先出法对存货进行计价，会使（　　）。

　　A. 期末库存升高，当期利润增加　　B. 期末库存降低，当期利润减少

　　C. 期末库存降低，当期利润增加　　D. 期末库存升高，当期利润减少

8. 在加权平均法下，对于本期发出的存货，平时只登记（　　）。

　　A. 单价　　　　B. 金额　　　　C. 数量　　　　D. 以上都不对

9. 按计划成本进行材料日常核算的企业，为反映材料实际成本与计划成本的差额，应设置（　　）账户。

　　A."在途物资"　　B."原材料"　　C."材料采购"　　D."材料成本差异"

10. 低值易耗品是指（　　），按规定不作为固定资产核算的各种用具物品。

　　A. 单位价值较低，使用年限较长　　B. 单位价值较低，使用年限较短

　　C. 单位价值较高，使用年限较短　　D. 单位价值较高，使用年限较长

11. 随同产品销售单独计价的包装物，其作价取得的收入作为（　　）处理。

　　A."主营业务收入"　　　　　　　B."其他业务收入"

C．"营业外收入" D．"营业费用"

12．企业发生的存货盘亏和毁损，如属于自然灾害原因造成的非常损失的，扣除保险公司的赔款和残料价值后，记入（　　）账户。

    A．"管理费用" B．"其他业务支出"

    C．"营业外支出" D．"其他应收款"

13．企业对外销售商品 500 万元，现金折扣条件为（2/10，1/20，n/30），对方在 15 日内付款时，可以收取价款的金额为（　　）万元。

    A．490 B．492.5 C．495 D．500

14．在采用预收货款方式销售商品时，其商品销售收入的确认时点为（　　）。

    A．向购买方发出商品 B．收到购买方预付款时

    C．所售商品生产完工时 D．购买方收到商品时

15．销售商品发生的现金折扣，正确的处理方法是（　　）。

    A．增加"财务费用" B．记入"销售费用"账户

    C．冲减"财务费用" D．冲减"主营业务收入"

16．完工百分比法是确认收入的一种方法，这种方法主要适用于（　　）。

    A．销售商品收入的确认 B．劳务收入的确认

    C．让渡资产使用权所取得收入的确认 D．分期收款方式销售商品收入的确认

17．下列项目中应确认为收入的是（　　）。

    A．销售商品收取的增值税 B．出售飞机票时代收的保险费

    C．销售商品的价款 D．销售商品代垫的运杂费

18．企业销售商品、产品或提供劳务应向购货单位收取的价款、税金、代垫运杂费等，应当借记（　　）账户。

    A．"应收账款"

    B．"应收账款"和"其他应收款"

    C．"应收账款"、"应交税金"及"其他应收款"

    D．"应收账款"、"主营业务税金及附加"、"其他应收款"

19．按现行制度规定，企业销售商品时发生现金折扣的核算应采用（　　）。

    A．净价法 B．总价法 C．混合法 D．其他方法

20．下列税金中，不通过"主营业务税金及附加"核算的是（　　）。

    A．消费税 B．印花税

    C．城市维护建设税 D．营业税

21．技术转让的收入应记入（　　）账户。

    A．"主营业务收入" B．"其他业务收入"

    C．"营业外收入" D．"销售收入"

22．乙公司向甲公司销售一批产品，其售价金额为 100 000 元，由于是批量销售，公司给予 10% 的商业折扣，适用的增值税税率为 17%。则该公司应收账款的入账金额为（　　）元。

    A．100 000 B．105 300 C．117 000 D．107 000

23. E 公司为增值税一般纳税人（税率 17%），2015 年 3 月 5 日该公司销售一批产品，按价目表标明价格为 80 000 元。由于是成批销售，E 公司给予购货方按售价的 10% 的商业折扣，则营业收入为（　　）元。

    A. 80 000　　　　　B. 72 000　　　　　C. 84 240　　　　　D. 93 600

24. 某公司销售商品一批，增值税专用发票上标明的价款为 100 万元，适用的增值税税率为 17%，为购买方代垫运杂费 1 万元，款项尚未收回。该公司确认的应收账款为（　　）万元。

    A. 101　　　　　　B. 117　　　　　　C. 100　　　　　　D. 118

25. 企业销售产品时，以银行存款代购货方垫付的运杂费时，应借记（　　）账户。

    A."银行存款"　　B."其他应收款"　　C."应收账款"　　　D."销售费用"

二、多项选择题

1. 在确定存货的入账价值时，下列说法正确的是（　　）。

    A. 企业在折扣期内支付购货款所获得的折扣，应抵减存货的成本

    B. 企业在折扣期内支付购货款所获得的折扣，不减存货的成本，而作为财务费用的减项

    C. 小规模纳税人购进存货，不得抵扣进项税额

    D. 一般纳税人购进存货，取得增值税专用发票，可以抵扣进项税额

2. 委托外单位加工的材料、半成品，收回后的存货价值包括（　　）。

    A. 加工过程中耗用的材料或半成品的实际成本

    B. 加工费用

    C. 往返运杂费

    D. 应负担的税金（应税消费品的消费税）

3. 下列公式中，适用于加权平均法的是（　　）。

    A. 加权平均单价＝（期初结存存货成本＋本期购进存货成本）/（期初结存存货数量＋本期购进存货数量）

    B. 发出存货成本＝发出存货数量 × 加权平均单价

    C. 期末存货成本＝期末存货数量 × 加权平均单价

    D. 期末存货成本＝期初存货成本＋购进存货成本－发出存货成本

4. 对于货到单未到的购入材料，（　　）。

    A. 在月末将已入库的材料暂估入账

    B. 当天暂不作账务处理

    C. 对月末暂估入账的材料，下月初应当用红字冲回

    D. 暂估入账时，这批材料不能估算增值税进项税额

5. 原材料按计划成本核算时，应设置（　　）账户。

    A."在途物资"　　　　　　　　B."材料采购"

    C."原材料"　　　　　　　　　D."材料成本差异"

6．先进先出法的特点是（　　）。

    A．期末存货价值接近于市价

    B．发出存货的成本接近存货近期的成本水平

    C．每次发货都要计算其实际单位成本

    D．物价上涨时，已耗成本、已销货成本偏低，使收入与成本不配比

7．不纳入包装物账户核算的包装物包括（　　）。

    A．各种包装材料

    B．用于储存和保管产品、材料而不对外出售的包装物

    C．企业单独列为商品产品的自制包装物

    D．出租或出借的包装物

8．出借包装物与出租包装物的主要区别是（　　）。

    A．出借包装物只收取押金，不收租金

    B．出借包装物既收取押金，又收取租金

    C．出借包装物所发生的摊销，记入"销售费用"账户

    D．出借包装物所发生的摊销，记入"其他业务成本"账户

9．低值易耗品的特点是（　　）。

    A．单位价值较低、使用年限较短

    B．属于劳动资料

    C．可以多次参加周转而不改变其实物形态

    D．会计上将其归入流动资产，视同存货进行管理和核算

10．按计划成本计价核算的情况下，"材料成本差异"账户期末（　　）。

    A．一定为借方余额　　　　　　B．一定为贷方余额

    C．可能为借方余额　　　　　　D．可能为贷方余额

11．库存商品包括（　　）。

    A．自制半成品

    B．企业采用自备材料加工的商品产品

    C．企业接受外单位原材料加工制造的代制品

    D．为外单位加工修理的代修品

12．下列各项中，属于企业日常活动中取得的收入的是（　　）。

    A．销售商品的收入　　　　　　B．提供劳务的收入

    C．让渡资产使用权的收入　　　D．销售固定资产所取得的价款

13．销售商品收入确认的条件包括（　　）。

    A．企业已将商品所有权上的主要风险和报酬转移给购货方

    B．企业既没有保留通常与所有权相联系的继续管理权，也没有对已售出的商品实施控制

    C．与交易相关的经济利益能够流入企业

    D．相关的收入和成本能够可靠计量

14. 下列关于收入表述，符合《企业会计准则》中收入概念的是（　　）。

　　A. 收入是日常活动所形成的

　　B. 收入表现为经济利益的总流入

　　C. 收入将导致所有者权益的增加

　　D. 收入包括非日常活动所导致的经济利益的流入

15. 工业企业取得的下列收入中，属于其他业务收入的是（　　）。

　　A. 工业企业销售原材料收入

　　B. 固定资产变价收入

　　C. 内部运输部门对外提供货运劳务取得的收入

　　D. 出租包装物租金收入

16. "营业税金及附加"账户核算的税费包括（　　）。

　　A. 教育费附加　　　　　　　　　　B. 增值税

　　C. 城市维护建设税　　　　　　　　D. 消费税

17. 下列各项中，会计核算中应确认的收入有（　　）。

　　A. 委托收款方式销售产品，成本发出产品，办妥托收手续时

　　B. 分期收款方式销售产品，合同约定的收款期时

　　C. 预收款销售商品，商品发出时

　　D. 销售商品需要安装和检验的，在商品发出时

18. 存货按其存放地点可分为（　　）。

　　A. 库存存货　　　　B. 委托代销存货　　　　C. 在途存货　　　　D. 加工中存货

19. 原材料可以采用（　　）核算，也可采用（　　）核算。

　　A. 原始成本　　　　B. 历史成本　　　　C. 实际成本　　　　D. 计划成本

20. 企业购入材料等物资的采购成本由（　　）、入库前的挑选整理费用和其他费用等内容组成。

　　A. 买价　　　　　　B. 保险费　　　　　　C. 运杂费　　　　　　D. 包装费

21. 某企业销售商品一批，增值税专用发票注明售价 100 000 元、增值税税额 17 000 元，商品已发出，款项尚未收到。该批商品实际成本 70 000 元。以下会计分录正确的是（　　）。

　　A. 借：主营业务成本　　　　　　　　　　　　　　　　70 000

　　　　　　贷：主营业务收入　　　　　　　　　　　　　　　　　70 000

　　B. 借：银行存款　　　　　　　　　　　　　　　　　117 000

　　　　　　贷：主营业务收入　　　　　　　　　　　　　　　　100 000

　　　　　　　　应交税费——应交增值税（销项税额）　　　　　　17 000

　　C. 借：应收账款　　　　　　　　　　　　　　　　　117 000

　　　　　　贷：主营业务收入　　　　　　　　　　　　　　　　100 000

　　　　　　　　应交税费——应交增值税（销项税额）　　　　　　17 000

　　D. 借：主营业务成本　　　　　　　　　　　　　　　　70 000

　　　　　　贷：库存商品　　　　　　　　　　　　　　　　　　70 000

22. 某企业销售自产产品一批，该产品售价 500 000 元、成本 300 000 元、前有预收该货款 300 000 元。假设不考虑增值税等相关税费，下列关于此业务的账务处理正确的是（　　）。

    A. 借：预收账款   500 000

            贷：主营业务收入   500 000

    B. 借：库存商品   300 000

            贷：主营业务成本   300 000

    C. 借：应收账款   300 000

               预收账款   300 000

            贷：主营业务收入   500 000

    D. 借：主营业务成本   300 000

            贷：库存商品   300 000

三、判断题

1. 外购存货的入账价值中，应包括运输途中的所有损耗。　　　　　　　　　（　　）

2. 外购存货的市内运杂费不能计入存货的实际成本。　　　　　　　　　　　（　　）

3. 一般纳税企业购进原材料时可以按支付的外地运费的一定比例计算增值税进项税额，该进项税额应计入购进材料的采购成本。　　　　　　　　　　　　　　　　（　　）

4. 用于展出或委托代销的商品，均不属于企业的存货。　　　　　　　　　　（　　）

5. 企业接受外来原料加工制造的代制品，这部分产成品的成本包括外来原料的价值和加工成本。　　　　　　　　　　　　　　　　　　　　　　　　　　　　　　　（　　）

6. 加权平均法全部计算工作集中在月末进行，平时不能从账上反映发出和结存存货的单价及金额，不利于加强对存货的管理。　　　　　　　　　　　　　　　　　（　　）

7. 企业发出存货如采用先进先出法计价，在物价上涨时，会使库存存货的价值接近市场价格。　　　　　　　　　　　　　　　　　　　　　　　　　　　　　　　（　　）

8. 低值易耗品只能采用分次摊销法核算。　　　　　　　　　　　　　　　　（　　）

9. 企业可根据其情况选用存货计价方法，选定后，不能随意变更。　　　　　（　　）

10. 按计划成本进行材料日常核算，"材料采购"账户的借方发生额合计大于贷方发生额合计的差额，就是材料采购成本的超支差异。　　　　　　　　　　　　　　（　　）

11. 送往外单位加工的材料，因为它已离开企业，所以它不属于企业所有。　（　　）

12. 存货清查可采用实地盘点的方法。　　　　　　　　　　　　　　　　　　（　　）

13. 凡是资产的增加或负债的减少或二者兼而有之，同时引起所有者权益的增加，一定表明收入的增加。　　　　　　　　　　　　　　　　　　　　　　　　　　　（　　）

14. 企业在销售商品时，所有权上的主要风险和报酬的转移必须伴随着所有权凭证的转移或实物的转移而转移，才能确认收入。　　　　　　　　　　　　　　　　（　　）

15. 采用预收货款方式销售产品的，应在收到货款时确认收入的实现。　　　（　　）

16. 3 年以上分期收款销售方式下，企业应按合同规定的收款日期并收到货款时确认销售收入。　　　　　　　　　　　　　　　　　　　　　　　　　　　　　　（　　）

17. 不符合收入确认条件但商品已经发出的情况下,应将发出商品通过"分期发出商品"账户来核算。　　　　　　　　　　　　　　　　　　　　　　　　　　　　（　　）

18. 现金折扣应在实际发生时计入当期财务费用。　　　　　　　　　　　　（　　）

19. 如果成本不能可靠计量,相关的收入就不能确认。　　　　　　　　　　（　　）

20. 企业在销售商品时,如有商业折扣或现金折扣的,应按扣除商业折扣或现金折扣后的净额确认销售收入。　　　　　　　　　　　　　　　　　　　　　　　　（　　）

21. 只要提供劳务交易的开始和完成分属不同会计年度的,就应按完工百分比法确认其收入。　　　　　　　　　　　　　　　　　　　　　　　　　　　　　　（　　）

22. 财产是指企业在正常生产经营过程中持有以备出售的农产品或商品,或者为了出售仍然处在生产过程中的产品,或者将在生产过程或提供劳务过程中耗用的材料、物料等。　　　　　　　　　　　　　　　　　　　　　　　　　　　　　　（　　）

23. 如果购入材料时实际成本大于计划成本产生的差异,为节约,应记入"材料成本差异"账户的贷方;如果购入材料时实际成本小于计划成本,则为超支,应记入"材料成本差异"账户的借方。　　　　　　　　　　　　　　　　　　　　　　　　　　　　（　　）

四、业务核算题

1. 资料:鑫新公司为一般纳税人,材料按实际成本计价核算。该公司 2014 年 6 月发生以下业务。

1)5 日从本地购入 A 材料一批,增值税专用发票注明的材料价款为 60 000 元,增值税税额为 10 200 元,材料已验收入库,发票账单等结算凭证已收到,货款已通过银行支付。

2)8 日从外地采购 B 材料一批,发票账单等结算凭证已到,增值税专用发票注明的材料价款为 120 000 元,增值税税额为 20 400 元。货款已支付,材料尚未到达。

3)13 日,上述 B 材料已经运达,并验收入库。

4)17 日收到购买 C 材料的结算凭证并支付货款 38 000 和增值税税额 6 460 元。

5)19 日从外地购进 D 材料一批,价款 75 000 元,增值税税额为 12 750 元,运输费 1 000 元(取得增值税专用发票,增值税税率为 11%),签发一张 2 个月不带息的商业承兑汇票 87 750 元,结算原材料价款和运输费,材料尚未验收入库。

6)20 日据合同规定,向光明公司预付甲材料款 45 000 元。

7)23 日第 6 题中的甲材料已运到并验收入库,收到发票账单等结算凭证,材料价款 90 000 元,增值税税额为 15 300 元,补付余款 60 300 元。

8)25 日自制材料完工验收入库,实际成本 18 000 元。

9)30 日从外地购入 C 材料一批,材料已验收入库,但结算凭证未到,货款尚未支付,月末以暂估价 50 000 元入账。

要求:根据以上资料编制相关会计分录。

2. 资料:镇南公司为增值税一般纳税企业,原材料按实际成本计价核算,材料数量盘点采用永续盘存制。

该公司 2015 年 5 月 1 日库存甲材料 800 千克,每千克实际成本 250 元,6 月甲材料收入、发出的有关资料如下。

1）3 日,购入甲材料 1 000 千克,用银行存款支付买价 280 000 元,增值税税额 47 600 元,运输费 1 800 元（取得增值税专用发票,增值税税率为 11%）。当日实际验收入库 980 千克,经查明,短缺的 20 千克系运输途中合理损耗。

2）6 日,发出甲材料 1 200 千克,用于产品生产。

3）10 日,购入甲材料 1 500 千克,买价 405 000 元,增值税税额 68 850 元,运费 1 000 元（取得增值税专用发票,增值税税率为 11%）。当日已如数验收入库,货款尚未支付。

4）20 日,发出甲材料 900 千克,其中生产车间一般性耗用 500 千克,行政管理部门耗用 400 千克。

要求：

1）根据上述资料,逐项编制会计分录。

2）分别采用"先进先出法"和"加权平均法"计算本月发出甲材料的实际成本和月末结存甲材料的实际成本,并登记材料明细分类账。材料明细账见表 2-7。

表 2-7 材料明细账

类别：_____　　　　　　　　　　　　　　　　最高储备量：_____
名称：_____　　　　　　　　　　　　　　　　最低储备量：_____
存放地点：_____　　　　　　　　　　　　　　计量单位：_____

年		凭证号数	摘要	收入			发出			结存		
月	日			数量	单价	金额	数量	单价	金额	数量	单价	金额

3．资料：广州宏达公司为增值税一般纳税企业,材料按计划成本计价核算。

甲材料计划单位成本为每千克 20 元。该企业 2015 年 5 月有关资料如下。

"原材料"账户月初余额 11 000 元,"材料成本差异"账户月初贷方余额 1 000 元,"材料采购"账户月初借方余额 27 000 元（上述账户核算的均为甲材料）。

1）5 日,从外地新兴公司购入甲材料 6 000 千克,增值税专用发票注明的材料款为 13 200 元,增值税税额 2 244 元,运输费 600 元（取得增值税专用发票,增值税税率为 11%）,企业已用银行存款支付上述款项,材料已验收入库。

2）10日，上月从威达公司购入的甲材料到达，验收入库时发现短缺50千克，经查明为途中定额内自然损耗。按实收数量1 450千克验收入库。

3）12日从鸿星公司购入甲材料2 000千克，普通发票上标明价款42 000元，增值税税额7 140元，货款尚未支付，材料已验收入库。

4）20日从连山公司购入甲材料5 000千克，增值税专用发票注明的材料款为115 000元，增值税税额19 550元，该企业已代垫运费800元（取得增值税专用发票，增值税税率为11%），款项均已通过银行支付，材料尚未到达验收。

5）28日，根据发料凭证汇总表，本月领用甲材料10 500千克，其中生产产品领用7 500千克，车间一般性消耗1 000千克，销售部门领用1 500千克，厂部管理部门领用500千克。

要求：

1）根据上述经济业务编制会计分录。

2）计算5月材料成本差异率和发出材料应分摊的差异及发出材料的实际的成本。

4. 资料：广信公司周转材料采用实际成本核算，2015年6月有关经济业务如下。

1）5日，基本生产车间领用生产工具一批，实际成本1 600元，一次摊销其价值。

2）11日，厂部管理部门领用管理用具一批，实际成本4 800元，分6个月摊销其价值。

3）18日，基本生产车间领用专用工具一批，实际成本18 000元，摊销期限为15个月。

4）30日，本月基本生产车间报废低值易耗品一批，残料作价入库120元。

要求：根据以上资料编制相关会计分录。

5. 资料：金星液化气厂生产液化气，包装钢瓶用日常核算采用计划成本计价，本月成本差异率为－1%。2015年6月该厂发生下列有关业务。

1）2日，购入甲钢瓶1 500只，增值税专用发票注明的价款270 000元，增值税税额45 900元，已用银行存款支付。

2）5日，上述甲钢瓶如数验收入库，每只计划单位成本200元，并结转材料成本差异。

3）6日，生产领用甲钢瓶500只。

4）10日，将甲钢瓶100只出租给兴业公司，收到押金每只220元，共计22 000元，存入银行，该批钢瓶价值摊销采用分次摊销法，租期一年。

5）15日，收到明亮公司交来的本月租用钢瓶租金每只15元，共计1 500元，已存入银行。

6）17日，将甲钢瓶200只出借给宝山公司，收到押金每只210元，共计42 000元，已存入银行，该批钢瓶价值摊销采用一次摊销法。

7）20日向宏发公司销售液化气领用甲钢瓶180只，该钢瓶单独计价，每只售价250元，共计45 000元，增值税税额7 650元，款项已存入银行，并结转销售成本。

8）28日，向东风公司销售液化气领用甲钢瓶80只，该钢瓶不单独计价。

要求：根据以上资料编制相关会计分录。

6. 资料：光明公司委托飞达加工厂加工A材料一批，2015年7月发生下列经济业务。

1）3日，按合同规定将A材料拨付给飞达加工厂进行加工，拨付加工的A材料，实际成本为36 000元。

2）3日，以银行存款支付A材料运往加工厂的运输费1 200元（取得增值税专用发票，增值税税率为11%）。

3）5日，按合同规定以银行存款支付全部加工费用3 500元（其中准予扣除的增值税进项税额为595元）。

4）15日，现金支付收回A材料的运输费800元（取得增值税专用发票，增值税税率为11%）。

5）18日，委托加工完成的A材料收回，按实际成本入库。

要求：根据以上资料编制相关会计分录。

7．资料：容成公司2015年7月在存货清查中发生下列经济业务。

1）15日，A材料盘盈1 500千克，每千克成本为80元，原因待查。

2）18日，B材料盘亏760千克，每千克成本为110元，C材料毁损2 300千克，每千克成本为45元，原因待查。

3）上述A材料盘盈经查系发料差错所致，31日报批准后，冲减"管理费用"。

4）B材料盘亏经查是意外灾害所致，可收回残料240元。C材料毁损经查是由于经营管理不善造成，追究责任，由过失人负担50%，其余部分作为一般经营损失处理，30日报经批准后同意按上述原因进行账务处理。

要求：根据以上资料编制相关会计分录。

8．资料：甲企业为增值税一般纳税人，适用的增值税税率为17%，2015年6月发生的经济业务如下。

1）6月6日，甲企业向乙公司销售A商品10 000件，每件售价为20元，合同规定甲企业为乙公司提供10%的商业折扣，现金折扣条件为（2/10，1/20，n/30）。同日，甲企业发出此10 000件A商品，每件商品的销售成本为12元。

2）6月25日，甲企业收到乙公司支付的上述货款，并存入银行。假定计算现金折扣时不需考虑增值税。

要求：编制甲企业上述业务的有关会计分录。

9．资料：昌隆公司为增值税一般纳税人，增值税税率为17%。商品销售价格不含增值税，在确认销售收入时逐笔结转销售成本。假定不考虑其他相关税费。2015年6月发生如下业务。

1）6月2日，向A公司销售甲商品1 600件，价款800 000元，商品实际成本480 000元。为了促销，昌隆公司给予A公司15%的商业折扣并开具了增值税专用发票。昌隆公司已发出商品，并向银行办妥了托收手续。

2）6月10日，因部分商品的规格与合同不符，A公司退回甲商品800件。当日，昌隆公司按规定向A公司开具增值税专用发票（红字），税务部门也开出了相应的退货证明。退回商品已验收入库。

要求：根据以上资料编制相关会计分录。

10．资料：A公司为增值税一般纳税人，适用的税率为17%。2015年6月2日，与B公司签订协议，采用预收款销售方式销售一批商品给B公司，该批商品的销售价格为5 000万元。协议规定，B公司应于协议签订之日预付60%的货款（按销售价格计算），剩下的部分于6月30日付清，再将该批商品交付给B公司。

6月30日，A公司收到B公司支付的剩余货款及增值税款，并将该批商品交付给B公司，该批商品的实际成本为4 000万元。

要求：编制A公司上述业务的有关会计分录。

11．资料：某企业2015年6月21日销售K产品一批，售价80 000元，增值税税率17%，成本55 000元。合同规定现金折扣条件（货款部分）为2/10，1/20，n/30；购买方于6月29日付款。如果该批产品于7月20日因产品质量问题被退回，款项以存款划付，退回产品验收入库，产品销售成本按原来数额结转。

要求：根据以上资料编制商品销售、收款及销售退回业务的会计分录。

12．资料：某企业为一般增值税纳税人企业，增值税税率为17%，2015年6月发生以下经济业务。

1）2日向本市某单位销售A产品一批，售价500 000元，增值税税额85 000元，款项已收存银行。已将提货单交付对方，该批产品成本价为380 000元。

2）5日向外地甲企业销售B产品一批，售价320 000元，增值税税额54 400元，成本240 000元。发货时，以银行存款代垫运杂费2 000元（取得增值税专用发票，增值税税率为11%），当日办妥委托银行收款的相关手续。

3）8日接到银行通知，上述向甲企业托收的款项376 400元已收到。

4）9日向外地的乙公司销售C产品一批，成本600 000元，售价800 000元，合同规定发货后于当天和一个月后分两次收款，货已发出。当天收取第一次货款468 000元（包含增值税税额68 000元）。

5）15日销售多余D材料一批，售价1 500元，增值税税额255元，价税款均已收存银行。该批材料的本为1 050元。

6）24日销售A产品一批，售价380 000元，随货销售包装箱35个，每个成本价50元，售价60元。对方以一张3个月的商业汇票支付全部货款，面额为447 057元。

要求：根据上述资料编制相关会计分录。

13．资料：东华公司为一般增值税纳税人企业，增值税税率为17%，商品销售价格不含增值税，在确认销售收入时逐笔结转销售成本。假定不考虑其他相关税费。2015年6月发生以下经济业务。

1）6月3日，向甲企业赊销A产品50件，单价为20 000元，单位销售成本为10 000元。

2）6月12日，向丙企业销售材料一批，价款为700 000元，该材料成本为500 000元。当日收取面值为819 000元的商业汇票一张。

3）6月20日，因发货错误，丁企业要求退回本年度11月25日购买的20件B产品。该产品销售单价为30 000元，单位销售成本为20 000元。其销售收入600 000元已确认入账，价款尚未收取。经协商，东华公司同意了丁企业的退货要求，并办理了相关手续，开具了红字增值税专用发票，该批退回的产品已验收入库。

4）6月23日，收到外单位租用本公司办公用房的下一年度租金300 000元，款项已收存银行。

要求：根据上述资料编制相关会计分录。

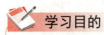

单元 3

往来业务核算实务

学习目的

1. 掌握生产企业往来业务的种类、流程和会计核算工作。
2. 掌握生产企业的不同往来业务会计核算应设置的账户及基本的核算方法。
3. 掌握生产企业的应收／预收、应付／预付、应收／应付票据业务和其他往来的主要账务处理的方法。

任务 3.1　应收及预收账款的核算

活动资料

每个企业的生产经营活动都是社会生产的一个组成部分，都不能孤立地存在，在经营活动中因业务往来及在买方市场的作用下，必然会发生各种结算款项。如企业之间的商品交易、劳务供应的结算业务，企业与上级机关及国家财税部门有拨款、缴款的结算业务，企业内部各部门及和个人之间有备用金、工资与其他应收款、应付款的结算业务等。所以企业的财务部门必须按照企业会计制度的有关规定，设置往来账进行反映和核算。

活动指导——设置账户

企业的应收、预收账款业务通常是在销售环节的会计核算中，主要涉及以下账户。

"应收账款"账户：属于资产类账户，核算企业因销售商品、产品、提供劳务等经营活动，应向购货单位或接受劳务单位收取的款项。

"坏账准备"账户：属于资产类账户，是"应收账款"、"应收票据"等资产类账户的备抵账户，核算企业应收款项的坏账准备。

"资产减值损失"账户：属于损益类账户，核算企业计提各项资产减值准备所形成的损失。

"预收账款"账户：属于负债类账户，属于企业的短期性负债，是指企业按合同规定向购货单位预收的款项。

活动 3.1.1　应收账款的核算

1. 应收账款概述

企业的应收账款是企业因对外销售商品、产品、提供劳务等主要经营业务而应向客户收取的款项，包括价款、增值税及各种代垫的运杂费等款项。从其回收期来看，它通常是指应在一年（可跨年度）内收回的短期债权。企业在非主要经营业务活动中产生的应收款项，如企业与外单位之间的各种应收赔款、罚款、存出保证金，以及企业向职工收取的各种垫付款项等，均不属于应收账款而应作为其他应收款；企业在销售商品、产品或提供劳务时，因采用商业汇票结算方式而形成的应收款项，也不属于应收账款而应作为应收票据。

2. 应收账款的确认与计量

应收账款应于收入实现时予以确认，即以收入确认的时间作为入账时间。收入的确认条件及时间在前面章节已经述及。应收账款的入账价值一般情况下即指实际发生额，也就是按企业销售商品、提供劳务的实际金额入账。具体来说包括销售货物或提供劳务的价款，增值税销项税额及代购买方垫付的包装费、运杂费等。

3. 应收账款的核算方法

应收账款业务的核算应设置"应收账款"账户，该账户一般按债务人设置明细账。借方登记因销售货物或提供劳务应收未收的款项，贷方登记应收账款的收回数，期末余额在借方，表示应收未收的货款数。销售实现，款项尚未收到时，借记"应收账款"账户，贷记"应交税费——应交增值税（销项税额）"、"主营业务收入"等账户。

【活动案例 3.1】2015 年 6 月 8 日，广州美雅服装有限公司向武汉星光商场销售 500 套女西服，开出增值税专业发票：价款 500 000 元、增值税税额 85 000 元。另外以现金垫付运费 2 000 元。货款尚未收到。相关凭证见图 3-1 ～图 3-4。

企业账务处理如下：

借：应收账款——武汉星光商场	587 220
贷：主营业务收入——女西服	500 000
应交税费——应交增值税（销项税额）	85 000
库存现金	2 220
借：主营业务成本	400 000
贷：库存商品——女西服	400 000

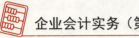

4401872360　　广东增值税专用发票　　No 89457396

此联不作报销扣税凭证使用

开票日期：2015 年 6 月 8 日

购货单位	名　称：	武汉星光商场				密码区	（略）		第一联
	纳税人识别号：	440108909043567							
	地址、电话：	武汉市中山大道 1318 号　83355128							
	开户行及账号：	中国工商银行武汉分行中山路支行 0273566128							

货物及应税劳务名称	规格型号	单位	数量	单价	金　额	税率	税额
女西服		套	500	1 000.00	500 000.00	17%	85 000.00
合　计					￥500 000.00		￥85 000.00
价税合计（大写）	⊗伍拾捌万伍仟元整						（小写）￥585 000.00

销货单位	名　称：	广州美雅服装有限公司	备注	
	纳税人识别号：	440104356789090		
	地址、电话：	广州市天河北路 138 号　87551288		
	开户行及账号：	中国工商银行广州分行天河支行 0254612352		

广州美雅服装有限公司 440104356789090 发票专用章

收款人：何宜　　　　复核：姜河　　　　开票人：陈大山　　　　销货单位（盖章）：

图 3-1　广东增值税专用发票

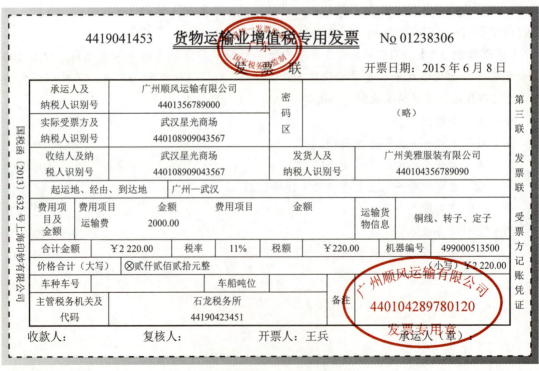

图 3-2　货物运输业增值税专用发票

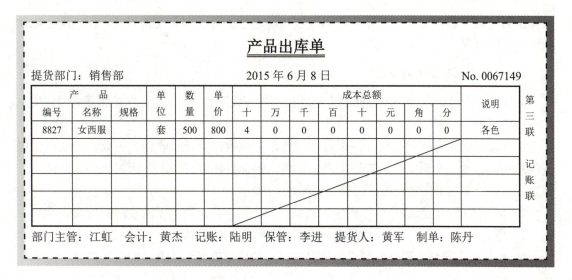

图 3-3 产品出库单

图 3-4 现金支出凭单

活动 3.1.2 坏账损失的核算

应收账款主要是企业对购货单位或接受劳务单位提供赊销而形成的，是企业为了扩大销售、增加盈利而进行的一种商业信用投资。这种投资具有一定的风险，如果这些应收账款不能及时、足额地收回，就会形成坏账损失，从而影响企业流动资金周转的连续性和流动资产的完整性。因此，应加强对应收账款的管理，对应收账款可能取得的收益与承担的风险进行全面分析衡量，对应收账款的回收情况进行监督，加大收款力度，保证应收账款投资目标的实现。

1. 坏账及坏账损失的确认

坏账是指企业无法收回或收回的可能性极小的应收账款。由于发生坏账而造成的损失，称为坏账损失。

企业采用赊销方式销售商品，很可能导致部分应收账款无法收回。因此，企业应根据应收款项的特性、金额大小、信用期限、债务人的信誉和经营情况等因素来确认坏账。一般来说，符合下列条件之一的，应确认为坏账。

1）债务人破产，按破产清算程序以其破产财产偿债后，确实无法收回的应收款项。

2）债务人死亡，以其遗产偿债后，确实无法收回的应收款项。

3）因债务人逾期未履行偿债义务超过三年，经核查确实无法收回的应收款项。

2. 坏账损失的核算方法

企业应定期或者至少每年年度终了，对应收款项进行检查，对于没有把握能够收回的应收款项，应按规定确认坏账，进行坏账损失处理。按规定，我国企业采用备抵法核算坏账损失。备抵法是指按期估计坏账损失，计提并形成坏账准备，计入当期的资产减值损失。当某一应收款项全部或部分被确认为坏账时，应根据其余额冲减坏账准备，同时转销相应的应收款项的一种核算方法。

坏账准备的计提范围包括应收账款、应收票据、预付账款、其他应收款、长期应收款和应收分保账款。上述这些应收款项只要有确凿证据表明确实部分或全部无法收回，按管理权限报经批准后应作为坏账，冲减计提的坏账准备。坏账准备的计提方法有应收账款余额百分比法、账龄分析法、销货百分比法和个别认定法，具体采用何种方法由企业自行确定。当期应计提的坏账准备的计算公式为

当期应计提的坏账准备＝当期按应收款项计算的应保持坏账准备余额－"坏账准备"

账户贷方余额（或＋"坏账准备"账户借方余额）

 小贴士

应收账款余额百分比法，是按应收款项余额的一定比例计算应提取坏账准备的方法。即

当期按应收款项计算的应保持坏账准备的余额＝企业应收账款年末余额 × 所估计的坏账准备提取比率

本单元仅以应收账款余额百分比法来举例说明。

【活动案例3.2】 广州美雅服装有限公司 2010 年年末应收账款余额为 600 000 元，估计的坏账准备提取比率为 5%，由此计算的当年年末应保持坏账准备余额为 30 000 元，而该年末 "坏账准备" 账户尚有贷方余额 10 000 元，则当年末该企业应补提的坏账准备为

$$30\,000 － 10\,000 ＝ 20\,000（元）$$

企业账务处理如下：

借：资产减值损失——计提坏账准备　　　　　　　　　　　　　　　　20 000
　　贷：坏账准备　　　　　　　　　　　　　　　　　　　　　　　　　　　20 000

2011 年 3 月，企业发现有 15 000 元的应收账款有确凿证据表明无法收回，按规定确认为坏账损失。企业账务处理如下：

借：坏账准备　　　　　　　　　　　　　　　　　　　　　　　　　　15 000
　　贷：应收账款　　　　　　　　　　　　　　　　　　　　　　　　　　　15 000

那么该笔业务记账后，坏账准备的余额为

$$30\,000 - 15\,000 = 15\,000（元）$$

2011 年年末按应收账款余额 200 000 元计算的当年年末应保持的坏账准备余额为 10 000 元，则 2008 年度应计提的坏账准备为

$$10\,000 - 15\,000 = -5\,000（元）$$

即本年度应冲回坏账准备 5 000 元。企业应作相反的账务处理：

借：坏账准备　　　　　　　　　　　　　　　　　　　　　　　　　　5 000
　　贷：资产减值损失——计提坏账准备　　　　　　　　　　　　　　　　5 000

2014 年 5 月，上年已冲销的坏账 15 000 元由于对方企业经济情况好转又重新收回，款项已存入银行。此时企业账务处理如下：

1）将以前确认为坏账的应收账款冲转回来：

借：应收账款　　　　　　　　　　　　　　　　　　　　　　　　　　15 000
　　贷：坏账准备　　　　　　　　　　　　　　　　　　　　　　　　　　　15 000

2）应收账款收回，银行存款的账务处理：

借：银行存款　　　　　　　　　　　　　　　　　　　　　　　　　　15 000
　　贷：应收账款　　　　　　　　　　　　　　　　　　　　　　　　　　　15 000

2014 年年末，该企业应收账款余额达 700 000 元。则按此余额计算的当年年末坏账准备余额应保持为

$$700\,000 \times 5\% = 35\,000（元）$$

2014 年年末应计提的坏账准备 = 35 000 - （10 000 + 15 000）= 10 000（元）

即 2014 年年末应补提坏账准备 10 000 元。

企业账务处理如下：

借：资产减值损失——计提坏账准备　　　　　　　　　　　　　　　　10 000
　　贷：坏账准备　　　　　　　　　　　　　　　　　　　　　　　　　　　10 000

■ 活动 3.1.3　预收账款的核算

1. 预收账款概述

预收账款是企业按照合同或协议规定，在实际销货之前预先向购买方收取的一部分定金，应在一年内用产品或劳务来偿还的一项负债。企业发生的预收账款业务通常设置"预

收账款”账户进行核算，此账户应按购货单位（债权人）设置明细账。预收账款业务不多的企业，也可以简化核算，不设置“预收账款”账户，当企业发生预收货款业务时，就通过“应收账款”账户核算。那么，月末编制资产负债表时，应将“应收账款”账户明细账户的贷方余额列入“预收账款”报表项目。

2. 预收账款的核算方法

1）企业收到购货单位的预付款，即收到预收货款时：

借：银行存款

　　贷：预收账款（实际收到的款项）

2）交付产品或提供劳务时：

借：预收账款（应收取的货款及税款合计）

　　贷：主营业务收入（应收取的全部货款）

　　　　应交税费——应交增值税（销项税额）

3）退还多收取的货款时：

借：预收账款（应退还的多余货款）

　　贷：银行存款

4）收到购货方补付的货款时：

借：银行存款

　　贷：预收账款（实际收到的补付货款）

【活动案例 3.3】 广州美雅服装有限公司向上海大新百货有限公司售出男西服一批，2015 年 6 月 4 日按合同规定通过电汇收到款项 100 000 元。相关凭证见图 3-5。

中国工商银行电汇凭证（回单） 3

委托日期 2015 年 6 月 4 日

汇款人	全　称	上海大新百货有限公司			收款人	全　称	广州美雅服装有限公司	
	账号或住址	1148976109				账号或住址	404612352	
	汇出地点	上海市	汇出行全称	中国工商银行上海南京路支行		汇入地点	广州市	汇入行全称：中国工商银行广州分行天河支行
金额	人民币（大写）	壹拾万元整						百 十 万 千 百 十 元 角 分 ¥ 1 0 0 0 0 0 0 0
款项已汇入收款人账户	中国工商银行广州分行 天河支行 ★ 2015.5.4 ★ 票据受理专用章			汇出行签章	支付密码			
					附加信息及用途			
					复核　　记账			

此联是汇出银行给付款人的回单

图 3-5　中国工商银行电汇凭证（回单）

企业账务处理如下：

借：银行存款　　　　　　　　　　　　　　　　　　　　　　　100 000

　　贷：预收账款——上海大新百货有限公司　　　　　　　　　　100 000

【活动案例3.4】 2015 年 6 月 25 日，广州美雅服装有限公司向上海大新百货有限公司发出男西服 75 套，每套 1 100 元。相关凭证见图 3-6。

企业账务处理如下：

借：预收账款——上海大新百货有限公司　　　　　　　　　　　96 525

　　贷：主营业务收入——男西服　　　　　　　　　　　　　　　82 500

　　　　应交税费——应交增值税（销项税额）　　　　　　　　　14 025

【活动案例3.5】 2015 年 6 月 28 日，广州美雅服装有限公司将上海大新百货有限公司多付货款 3 475 元以支票退回，送交前来办理手续的业务员。相关凭证见图 3-7。

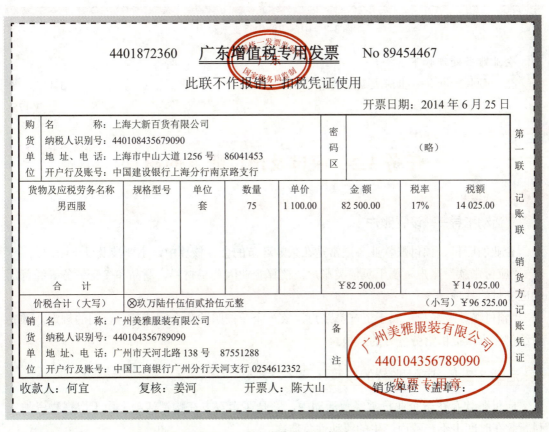

图 3-6　广东增值税专用发票

中国工商银行支票存根（粤）

$\dfrac{BC}{20}$ 12305678

附加信息 _____

_____

_____

出票日期　2015 年 6 月 28 日

| 收款人：上海大新百货有限公司 |
| 金　额：￥3 475.00 |
| 用　途：退回多余货款 |

单位主管 林立　　会计 黄杰

图 3-7　中国工商银行支票存根

企业账务处理如下：

借：预收账款——上海大新百货有限公司 　　　　　　　　　　　　　3 475

　　贷：银行存款 　　　　　　　　　　　　　　　　　　　　　　　　3 475

任务 3.2　应付及预付账款的核算

活动指导——设置账户

企业的应付、预付账款业务通常是在采购环节的会计核算中，主要涉及以下账户。

"应付账款"账户：属于负债类账户，核算企业因购买材料、商品和接受劳务等经营活动应支付的款项。

"预付账款"账户：属于资产类账户，核算企业按照购货合同或劳务合同的规定，预先付给供应方或提供给劳务方的款项。

活动 3.2.1　应付账款的核算

应付账款存在于企业日常经营活动中，它是买卖双方在购销活动上由于取得物资与支付货款在时间上不一致而产生的流动性负债。

1. 应付账款的入账时间

应付账款的入账时间，应为所购买物资的所有权发生转移或接受劳务已发生的时间。具体说来，结算凭证的取得就意味着购买物资的所有权已经转移。因此，应付账款的入账时间就是结算凭证的取得时间。

在实际工作中，还应根据不同情况分别进行处理。

1）在货物与发票账单同时到达的情况下，应付账款一般在货物验收入库后，按发票账单所列金额登记入账。这样可以保证物品的数量、质量、规格及品种等符合合同的要求。

2）在货物已经到达入库而发票账单尚未到达的情况下，应付账款可暂不入账，等月内收到发票账单后再进行账务处理；如果到月末仍未收到发票账单，应按估计价格或计划价格将所购货物和应付账款暂估入账，下月初用红字冲回，待实际收到发票账单时再进行处理。

2. 应付账款的入账价值

由于应付账款是一种流动负债，往往在短期内就需付款结清债务，因此应付账款一般按发票账单上载明的应付金额入账，而不按到期应付金额的现值入账。如有现金折扣条件的，按我国现行会计制度规定应按总价法进行处理，即初始确认计量按发票上所记载的未扣除折扣前的金额入账，待实际发生折扣时，再将折扣金额冲减当期财务费用。

3. 应付账款的核算方法

应付账款业务的核算应设置"应付账款"账户，该账户一般按债权人设置明细账。该账户的贷方登记因购买财产物资和接受劳务应付未付的款项，借方登记应付账款的归还数，期末余额在贷方，表示尚未归还的货款数。

1）企业购买的材料、货物等已经验收入库，发票账单已到但尚未支付货款的，根据相关的发票账单入账。企业账务处理如下：

借：原材料（材料或物资的采购成本）
　　应交税费——应交增值税（进项税额）
　　贷：应付账款（应付的价税合计数额）

2）对于货物已到且已验收入库，但期末尚未收到发票账单的收料凭证，应按合同或计划价格暂估入账。企业账务处理如下：

借：原材料、周转材料（估计的采购成本）
　　贷：应付账款——暂估应付款（估计的应付价款额）

3）接受供应单位提供的劳务而发生的应付未付款项，根据供应单位的发票账单入账。企业账务处理如下：

借：生产成本、制造费用（生产车间发生的劳务款）
　　管理费用（行政管理部门发生的劳务款）
　　贷：应付账款（应支付的劳务款）

4）确实无法支付的应付账款，经确认后作为营业外收入处理。企业账务处理如下：

借：应付账款
　　贷：营业外收入

【活动案例 3.6】2015 年 6 月 20 日，广州美雅服装有限公司向深圳鸿运有限公司购买人造丝一批，取得的增值税专用发票上注明的价款为 180 000 元，增值税税额为 30 600 元，材料已验收入库，但款项尚未支付。相关凭证见图 3-8 ～图 3-10。

4403031196　　**广东增值税专用发票**　　No 02188048

此联不作报销、扣税凭证使用

开票日期：2015 年 6 月 20 日

购货单位	名　　称：广州美雅服装有限公司 纳税人识别号：440104356789090 地 址、电 话：广州市天河北路 138 号　87551288 开户行及账号：中国工商银行广州分行天河支行 0254612352				密码区	（略）	
货物及应税劳务名称	规格型号	单位	数量	单价	金 额	税率	税额
人造丝	36 号	匹	1500	120.00	180 000.00	17%	30 600.00
合　计					￥180 000.00		￥30 600.00
价税合计（大写）	⊗贰拾壹万零陆佰元整						（小写）￥210 600.00
销货单位	名　　称：深圳鸿运有限公司 纳税人识别号：440214530204138 地 址、电 话：深圳市深南路 178 号　27872646 开户行及账号：中国建设银行深圳分行深南路支行 248976150				备注	深圳鸿运有限公司 440214530204138 发票专用章	

第二联　发票联　购货方记账凭证

收款人：张丽芳　　复核：林展新　　开票人：杜清　　销货单位（盖章）：

图 3-8　广东增值税专用发票

现金折扣合同

甲方：广州美雅服装有限公司　　乙方：深圳鸿运有限公司

甲方于 2014 年 6 月 20 日向乙方购买 36 号人造丝 1 500 匹，单价 120 元，货款 180 000 元，税率 17%。经双方商定，实现现金折扣，具体付款条件为：2/10，1/20，*n*/30。

以上条件，甲乙双方共同遵守。

甲方：（广州美雅服装有限公司 合同专用章）　　乙方：（深圳鸿运有限公司 合同专用章）

图 3-9　现金折扣合同

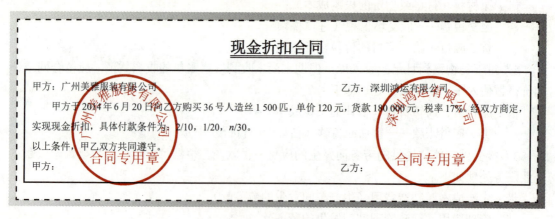

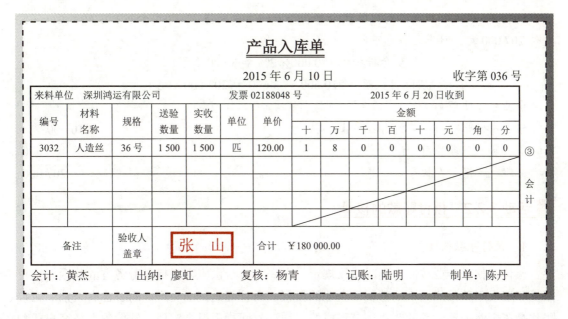

图 3-10 产品入库单

企业账务处理如下：

借：原材料——人造丝 180 000

应交税费——应交增值税（进项税额） 30 600

贷：应付账款——深圳鸿运有限公司 210 600

【活动案例 3.7】 承活动案例 3.6，2015 年 6 月 28 日，以电汇形式向深圳鸿运有限公司支付货款。相关凭证见图 3-11。

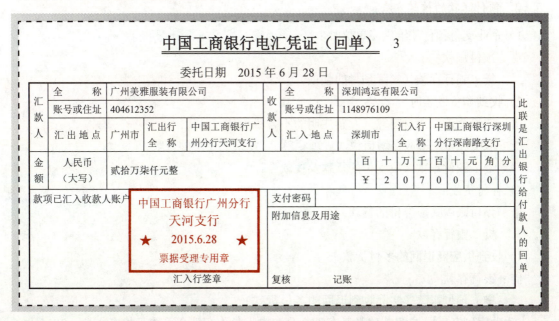

图 3-11 中国工商银行电汇凭证（回单）

2015 年 6 月 28 日付款时，按现金折扣合同的条款获得 2% 的现金折扣 3 600 元，实际支付 207 000 元。计算过程如下：

$$现金折扣 = 180\ 000 \times 2\% = 3\ 600（元）$$
$$实际付款额 = 210\ 600 - 3\ 600 = 207\ 000（元）$$

企业账务处理如下：

借：应付账款——深圳鸿运有限公司　　　　　　　　　　　　　　210 600
　　贷：财务费用　　　　　　　　　　　　　　　　　　　　　　　　3 600
　　　　银行存款　　　　　　　　　　　　　　　　　　　　　　　207 000

活动 3.2.2　预付账款的核算

1. 预付账款概述

预付账款是企业按照合同或协议规定，预先支付给供应方或提供劳务方的款项。预付账款和应收账款的相同点：都属于企业的债权，而且都是流动资产。两者也有区别：应收账款是在企业经营活动的销售环节形成的，通过收回货币资金实现，其债务人是客户即购买单位或接受劳务的单位；而预付账款是在企业的采购环节形成的通过收到货物或接受劳务实现，其债务人是供应商，即给企业提供原材料、商品或劳务的供应单位。

企业发生的预付账款业务通常设置"预付账款"账户进行核算，此账户按供应单位（债务人）设置明细账。预付账款业务不多的企业，也可以简化核算不设置"预付账款"账户，当企业发生预付货款业务时，就通过"应付账款"账户核算。那么，月末编制资产负债表时，应将"应付账款"账户明细账户的借方余额列入"预付账款"报表项目。

2. 预付账款的核算方法

1）企业支付预付款给供应单位时：

借：预付账款
　　贷：银行存款（实际预付的款项）

2）收到购货发票时：

借：在途物资、原材料算（发票注明的不含税价款）
　　应交税费——应交增值税（进项税额）（发票上注明的税款）
　　　　贷：预付账款（应支付的货款及税款合计）

3）补付货款：

借：预付账款（应补付的货款）
　　贷：银行存款

4）收到供应商退回的多付货款：

借：银行存款
　　贷：预付账款（实际收到退回的多付货款）

【活动案例 3.8】　广州美雅服装有限公司向中山华美有限公司购买棉布一批，2015 年 6 月 15 日按购销合同规定预付 30 000 元。相关凭证见图 3-12。

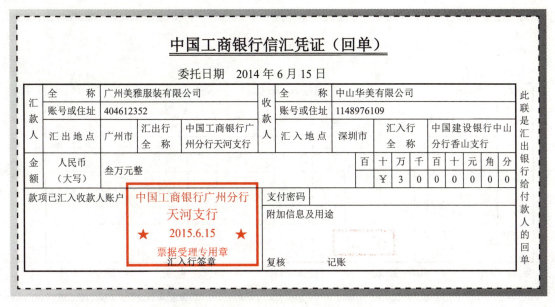

图 3-12 中国工商银行信汇凭证（回单）

企业账务处理如下：

借：预付账款——中山华美有限公司 　　　　　　　　　　　　30 000

　　贷：银行存款 　　　　　　　　　　　　　　　　　　　　　　30 000

【活动案例 3.9】 广州美雅服装有限公司于 2015 年 6 月 19 日收到中山华美有限公司发来的棉布一批，已经验收入库。相关凭证见图 3-13 和图 3-14。

图 3-13 广东增值税专用发票

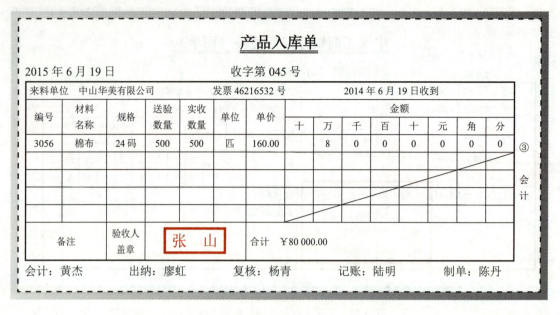

图 3-14　产品入库单

企业账务处理如下：

借：原材料——棉布　　　　　　　　　　　　　　　　　　　　　　80 000

　　应交税费——应交增值税（进项税额）　　　　　　　　　　　　13 600

　　贷：预付账款——中山华美有限公司　　　　　　　　　　　　　　93 600

【活动案例 3.10】　承活动案例 3.9，广州美雅服装有限公司于 2015 年 6 月 22 日通过信汇向中山华美有限公司补付款项 63 600 元。相关凭证见图 3-15。

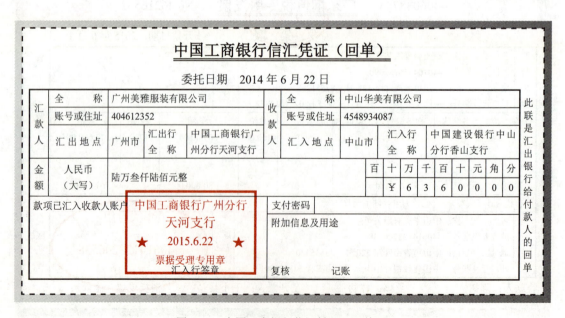

图 3-15　中国工商银行信汇凭证（回单）

企业账务处理如下：

借：预付账款——中山华美有限公司　　　　　　　　　　　　63 600

　　贷：银行存款　　　　　　　　　　　　　　　　　　　　　　63 600

任务 3.3　应收及应付票据的核算

活动指导——设置账户

企业应收及应付票据业务的核算主要涉及以下账户。

"应收票据"账户：属于资产类账户，核算企业因销售商品、提供劳务等而收到的商业汇票，包括银行承兑汇票和商业承兑汇票。

"财务费用"账户：属于损益类账户，核算企业为筹集生产经营所需资金等而发生的筹资费用，包括商业汇票贴现而支出的贴现利息。

"应付票据"账户：属于负债类账户，核算企业购买材料、商品和接受劳务供应等开出、承兑的商业汇票，包括银行承兑汇票和商业承兑汇票。

活动 3.3.1　应收票据的核算

1. 应收票据概述

应收票据是指企业因销售商品、产品或提供劳务等而收到的商业汇票，包括银行承兑汇票和商业承兑汇票。它是企业持有的、尚未到期兑现的票据。应收票据和应收账款作为企业的债权，都是为了扩大销售、增加盈利而做出的一种商业信用投资。所不同的是，应收票据有付款人承兑的书面付款承诺，具有较强的法律效力，是延期收款的证明，而且应收票据也更容易转让、贴现，具有较强的流动性；而应收账款只是未结清的债权。

商业汇票可以按不同的标准进行分类。按承兑人不同可以分为银行承兑汇票和商业承兑汇票。承兑是指汇票付款人承诺到期日支付汇票金额的票据行为。商业汇票必须经承兑后方可生效。银行承兑汇票的承兑人是承兑申请人的开户银行，商业承兑汇票的承兑人是付款人。

商业汇票按是否计息分为不带息商业汇票和带息商业汇票。不带息商业汇票是指商业汇票到期时，承兑人只按票面金额向收款人或被背书人支付票面款项的票据。带息商业汇票是指商业汇票到期时，承兑人除向收款人或被背书人支付票面金额款项外，还应按票面金额和票据规定的利息率支付自票据生效日至到期日利息的商业汇票。

商业汇票按是否带有追索权分类，可以分为带追索权的商业汇票和不带追索权的商业汇票。追索权是指企业在转让应收款项的情况下，接受应收款项方遭拒付或逾期时，向该应收款项转让方索取应收金额的权利。

小贴士

在我国，商业汇票可以背书转让，持票人可以对背书人、出票人及其他债务人行使追索权。在我国会计实务中，商业承兑汇票的贴现可能会使企业被追索，因此已贴现的商业承兑汇票是或有负债，而银行承兑汇票不会被追索，企业也就不会因其贴现而发生或有负债。

2. 应收票据的计价

在我国现行制度规定下，企业收到商业汇票，无论是否带息，均按应收票据的票面价值入账。带息的应收票据应于期末按票据的票面价值和确定的利息率计提利息，增加应收票据的账面余额，并同时计入当期损益。

3. 应收票据取得和到期收回的核算

企业在核算应收票据的取得和到期收回兑现时，就设置"应收票据"账户。该账户可按付款单位的名称设明细账户，借方登记发生即收到的应收票据款项，贷方登记应收票据的减少，包括到期收回的票款、票据贴现或转让的票面金额和票据不能收回而转为应收账款的金额。期末借方余额反映企业持有的商业汇票的票面价值和应计利息。

（1）不带息应收票据的核算

企业销售商品、产品或提供劳务收到商业汇票时：

借：应收票据（票面金额）
　　贷：主营业务收入（实收的销售收入）
　　　　应交税费——应交增值税（销项税额）

应收票据到期收回时：

借：银行存款（票面金额）
　　贷：应收票据（票面金额）

企业收到应收票据抵偿应收账款时：

借：应收票据
　　贷：应收账款

【活动案例3.11】　2014年6月18日，广州美雅服装有限公司向深圳万佳商场销售120套女裙，开出增值税专业发票：价款78 000元、增值税税额13 260元。收到3个月期限不带息商业承兑汇票一张。相关凭证见图3-16和图3-17。

4401872360　　**广东增值税专用发票**　　No 89456532

此联不作报销、扣税凭证使用

开票日期：2015 年 6 月 18 日

购货单位	名　　称：深圳万佳商场 纳税人识别号：440203567890904 地址、电话：深圳市滨海路 315 号　82326631 开户行及账号：中国工商银行深圳分行霞光路支行 2093-3546-2173				密码区	（略）		
货物及应税劳务名称	规格型号	单位	数量	单价	金额		税率	税额
女裙		套	120	650.00	78 000.00		17%	13 260.00
合　　计					￥78 000.00			￥13 260.00
价税合计（大写）	⊗玖万壹仟贰佰陆拾元整						（小写）￥91 260.00	
销货单位	名　　称：广州美雅服装有限公司 纳税人识别号：440104356789090 地址、电话：广州市天河北路 138 号　87551288 开户行及账号：中国工商银行广州分行天河支行 0254612352				备注	广州美雅服装有限公司 440104356789090 发票专用章		

第一联 记账联 销货方记账凭证

图 3-16　广东增值税专用发票

商业承兑汇票（存根）　　2

出票日期（大写）　　贰零壹伍年零陆月壹拾捌日　　　　汇票号码：2320

付款人	全　称	深圳万佳商场		收款人	全　称	广州美雅服装有限公司											
	账　号	2093-3546-2173			账　号	0254612352										
	开户银行	中国工商银行深圳霞光路支行			开户银行	中国工商银行广州分行天河支行	千	百	十	万	千	百	十	元	角	分
出票金额	人民币 （大写）	玖万壹仟贰佰陆拾元整						￥	9	1	2	6	0	0	0	0
汇票到期日 （大写）	贰零壹肆年零玖月壹拾捌日			付款人 开户行	账号											
					地址											
承兑协议编号：359				本汇票已经承对，到期由本行付款。												
本汇票承兑，到期无条件付款。		深圳万佳商场 财务专用章				广州美雅服装有限公司 财务专用章										
		出票人签章				出票人盖章										
承兑日期　2015 年 6 月 18 日																

此联由承兑人留存

图 3-17　商业承兑汇票（存根）

企业账务处理如下：

借：应收票据——深圳万佳商场 91 260

　　贷：主营业务收入——女裙 78 000

　　　　应交税费——应交增值税（销项税额） 13 260

【活动案例3.12】 2015年9月18日上述票据到期，广州美雅服装有限公司提示付款，收回票款，收到银行转来的委托收款凭证，见图3-18。

委邮	委托收款凭证（收账通知） 1														

委托日期 2015 年 9 月 18 日　　　　委托号码：第 4578 号

付款人	全　称	深圳万佳商场	收款人	全　称	广州美雅服装有限公司										此联是收款人开户银行给收款人的回单
	账号或住址	2093-3546-2173		账号或住址	0254612352										
	开户银行	中国工商银行深圳霞光路支行		开户银行	中国工商银行广州分行天河支行					行号	2456				

委收金额	人民币（大写）	玖万壹仟贰佰陆拾元整	千	百	十	万	千	百	十	元	角	分
					¥	9	1	2	6	0	0	0

款项内容	销货款	委托收款凭据名称	银行承兑汇票	附寄单证张数　1 中国工商银行广州分行 天河支行 ★ 2015.9.18 ★ 票据受理专用章 收款人开户银行盖章
付款人开户行邮政编码	510811	收款人开户行邮政编码　0254612352	款项收妥日期 年 月 日	
备注：				

单位主管		会计		记账

图 3-18　委托收款凭证（收账通知）

企业账务处理如下：

借：银行存款 91 260

　　贷：应收票据——深圳万佳商场 91 260

如果广州美雅服装有限公司持有的这张商业承兑汇票到期，因深圳万佳商场无力支付票款，企业收到银行退回的商业承兑汇票、委托收款凭证、未付票款通知书或拒绝付款证明等，则作如下账务处理。

借：应收账款——深圳万佳商场 91 260

　　贷：应收票据——深圳万佳商场 91 260

（2）带息应收票据的核算

带息应收票据到期收回时，收取的票款等于应收票据的票面价值加上票据利息。其公式为

票据到期价值＝应收票据票面价值＋应收票据利息

应收票据利息＝应收票据票面价值 × 利率 × 期限

式中，期限是指从票据签发日至到期日的时间间隔。

在实务中，票据的期限一般有以下两种表现方式。

1）按"月"表示，即不考虑各月份实际天数，统一按次月对日为整月计算，以到期月份中与出票日相同的一天为到期日。例如，3 月 15 日签发期限为 3 个月的票据，到期日应为 6 月 15 日。月末签发的票据，不论月份大小，统一以到期月份的最后一天为到期日。例如，1 月 31 日签发期限为 1 个月的票据，到期日则为 2 月 28 日（如遇闰年，则为 2 月 29 日），若签发的是 3 个月的票据，则到期日为 4 月 30 日。

2）按"日"表示，即统一按票据和实际天数计算，但出票日和到期日这两天中只计算一天，即"算头不算尾"或"算尾不算头"。例如，1 月 21 日签发期限为 60 天的票据，其到期日应为 3 月 22 日（当年 2 月为 28 天）。

带息应收票据到期，应当计算票据利息。对于尚未到期的带息应收票据，企业应于本期期末和年度终了，按规定计提票据利息，并增加应收票据的票面价值，同时冲减当期的财务费用。

【活动案例 3.13】　广州美雅服装有限公司 2014 年 10 月 1 日向中山大华服饰城销售男西服一批，价款 180 000 元，增值税税额 30 600 元，收到中山大华服饰城当日签发的面值为 210 600 元、期限为 6 个月的带息商业承兑汇票一张，票面利率为 6%。

1）收到票据时，编制会计分录如下：

借：应收票据——中山大华服饰城　　　　　　　　　　　　　210 600
　　贷：主营业务收入——男西服　　　　　　　　　　　　　　180 000
　　　　应交税费——应交增值税（销项税额）　　　　　　　　　30 600

2）年度终了，即 2014 年 12 月 31 日，计提票据利息：

$$票据利息 = 210\ 600 \times 6\% \div 12 \times 3 = 3\ 159（元）$$

借：应收票据——中山大华服饰城　　　　　　　　　　　　　　3 159
　　贷：财务费用　　　　　　　　　　　　　　　　　　　　　　3 159

3）2015 年 4 月 1 日票据到期收回款项时：

$$收款金额 = 210\ 600 \times （1 + 6\% \div 12 \times 6） = 216\ 918（元）$$

2015 年计提的票据利息 $= 210\ 600 \times 6\% \div 12 \times 3 = 3\ 159（元）$

借：银行存款　　　　　　　　　　　　　　　　　　　　　　216 918
　　贷：应收票据——中山大华服饰城　　　　　　　　　　　　213 759
　　　　财务费用　　　　　　　　　　　　　　　　　　　　　　3 159

如果带息应收票据到期不能收回，企业应按票据的账面余额转入"应收账款"账户核算，期末不再计提利息。

4. 应收票据贴现的核算

企业持有的应收票据在到期前，如果出现资金短缺，可持未到期的商业汇票背书后向开户银行申请贴现，以便获得所需资金。所谓贴现，是指银行受理票据后，从票据到期值中扣除按银行贴现利率计算的自贴现日起至到期日止的贴现利息，然后将余额付给持票人，作为银行对企业提供短期贷款的行为。因此，票据贴现是以票据向银行借入短期资金，其实质是企业融资的一种形式。

小贴士

根据《支付结算办法》的规定,商业汇票的持票人向银行办理贴现必须具备下列条件。

1）在银行开立存款账户的企业法人及其他组织。

2）与出票人或者直接前手之间具有真实的商品交易关系。

3）提供与其直接前手之间的增值税发票和商品发运单据复印件。

在票据贴现中,不带息商业票据的到期值就是其票面价值,带息商业票据的到期值是其票面价值加上到期利息。贴现天数是指票据贴现日至票据到期日的间隔期,通常是在贴现日与到期日两天中只计算一天,与前述的票据期限以日计算的方法原则是一样的。贴现中所使用的利率就是贴现率。相关计算公式为

$$贴现期＝票据期限－企业已持有票据期限＝贴现日至票据到期日实际天数－1$$

$$带息票据到期值＝票据面值×（1＋票面利率×票据期限）$$

$$不带息票据到期值＝票据面值$$

$$贴现利息（贴息）＝票据到期值×贴现率×贴现期$$

$$贴现收入（贴现额）＝票据到期值－贴现利息$$

【活动案例3.14】 广州美雅服装有限公司销售商品一批,收到票面额为50 000元,期限90天,签发日期为2015年6月17日的商业汇票一张。当年7月5日由于资金周转困难,该公司持票向银行申请贴现,贴现率为10%,票据为不带息商业票据。

先按前述计算天数原则,计算出该票据到期日为9月15日。其计算过程如下：

$$贴现天数＝（27＋31＋15）－1＝72天$$

$$票据到期值＝面值＝50 000（元）$$

$$贴现利息＝50 000×10%×72÷360＝1 000（元）$$

$$贴现收入＝50 000－1 000＝49 000（元）$$

企业账务处理如下：

借：银行存款　　　　　　　　　　　　　　　　　　　　　　49 000

　　财务费用　　　　　　　　　　　　　　　　　　　　　　1 000

　　贷：应收票据——广州美雅服装有限公司　　　　　　　　　　50 000

【活动案例3.15】 承活动案例3.14,广州美雅服装有限公司因急需资金,于2014年12月12日将持有的中山大华服饰城开具的带息商业汇票向开户银行申请贴现,贴现率为9%。有关计算过程如下：

$$贴现期＝（20＋31＋28＋31＋1）－1＝110（天）$$

$$票据到期值＝210 600×（1＋6%÷12×6）＝216 918（元）$$

$$贴现利息＝216 918×9%÷360×110≈5 965.25（元）$$

$$贴现收入＝216 918－5 965.25＝210 952.75（元）$$

企业账务处理如下：

借：银行存款　　　　　　　　　　　　　　　　　　　210 952.75

　　贷：应收票据——中山大华服饰城　　　　　　　　　　210 600

　　　　财务费用　　　　　　　　　　　　　　　　　　　352.75

承接活动案例 3.14，如果上述票据是不带息的商业汇票，其他条件和事项完全相同，则该相关计算和账务处理如下：

$$票据到期值＝面值＝210\ 600（元）$$

$$贴现利息＝210\ 600×9\%÷360×110＝5\ 791.5（元）$$

$$贴现收入＝210\ 600－5\ 791.5＝204\ 808.5（元）$$

借：银行存款　　　　　　　　　　　　　　　　　　　204 808.5

　　财务费用　　　　　　　　　　　　　　　　　　　5 791.5

　　贷：应收票据——中山大华服饰城　　　　　　　　　　210 600

我国的银行承兑汇票贴现不存在到期不能兑现的风险，因为承兑人是银行，所以贴现银行不会发生已贴现的票据到期后收不回票款的情况。但商业承兑汇票则不同，它到期有可能出现承兑人（作为付款人的企业、公司等）银行账户不足支付的情况，这时贴现银行即将已贴现的应收票据退回申请贴现的企业，同时从其账户中将票据本息划回；如果贴现企业的银行存款账户余额不足，银行将作为逾期贷款处理。

【活动案例 3.16】　承活动案例 3.13，2015 年 4 月 1 日广州美雅服装有限公司向开户银行贴现的 6 个月的商业承兑汇票到期，因中山大华服饰城的银行账户资金不足支付，贴现银行将已贴现的票据退回广州美雅服装有限公司，同时从广州美雅服装有限公司的银行账户中划回本息 216 918 元。

企业账务处理如下：

借：应收账款——中山大华服饰城　　　　　　　　　　216 918

　　贷：银行存款　　　　　　　　　　　　　　　　　　216 918

如果广州美雅服装有限公司的银行账户的余额不足支付票据本息额，则作为逾期贷款处理。企业账务处理如下：

借：应收账款——中山大华服饰城　　　　　　　　　　216 918

　　贷：短期借款　　　　　　　　　　　　　　　　　　216 918

【活动案例 3.17】　广州美雅服装有限公司 2015 年 8 月 16 日收到深圳天华公司同日开业并承兑的无息商业汇票用于抵付其 7 月 12 日的购贷款，该票据面值为 234 000 元，3 个月期限。9 月 25 日，广州美雅服装有限公司因资金紧张，持该票据向银行贴现，年贴现率为 7.2%。计算过程如下：

$$贴现期＝（6＋31＋16）－1＝52（天）$$

$$票据到期值＝面值＝234\ 000（元）$$

$$贴现利息＝234\ 000×7.2\%÷360×52＝2\ 433.6（元）$$

$$贴现收入＝234\ 000－2\ 433.6＝231\ 566.4（元）$$

企业账务处理如下。

8 月 16 日收到票据时：

借：应收票据——深圳天华公司   234 000

 贷：应收账款——深圳天华公司   234 000

9 月 25 日向银行贴现时：

借：银行存款   231 566.4

  财务费用   2 433.6

 贷：应收票据——深圳天华公司   234 000

活动 3.3.2　应付票据的核算

1. 应付票据概述

应付票据是指企业购买材料、商品和接受劳务供应等而开出、承兑的商业汇票，或者说是企业采用商业汇票结算方式延期支付货物价款的票据。在我国，应付票据的付款期比较短，最长为 6 个月，所以应付票据是作为流动负债进行管理和核算的。

应付票据的分类与商业汇票的分类是一致的，即按承兑人划分，可以分为银行承兑汇票和商业承兑汇票；按是否带息划分，分为带息的应付票据和不带息的应付票据。带息的应付票据在票据上注明了利息率，票据到期时，付款人支付的是票面价值与应付票据利息的和。不带息的应付票据到期只需支付票面金额。

2. 应付票据的账户设置与计价

进行应付票据的业务核算，应设置"应付票据"账户，按收款单位的名称设置明细。该账户贷方登记企业开出商业汇票抵付的货款数额，借方登记商业汇票到期的账面价值，期末余额在贷方，表示企业尚未支付的商业汇票款。同时还应设置"应付票据备查簿"，登记应付票据的签发与注销的详细资料。

无论是带息的应付票据还是不带息的应付票据，其入账价值均为面值。

3. 应付票据的核算方法

（1）应付票据签发的核算

企业购买材料、商品或接受劳务开出商业汇票支付货款或劳务费时，作如下财务处理：

借：原材料（在途物资、库存商品等）

  应交税费——应交增值税（进项税额）

 贷：应付票据

【活动案例 3.18】 2015 年 6 月 8 日，广州美雅服装有限公司向东莞海昌有限公司购买高级毛料一批，取得的增值税专用发票上注明的价款为 200 000 元，增值税税额为 34 000 元，开出面额为 234 000 元 3 个月期限的不带息银行承兑汇票一张，毛料已验收入库。相关凭证见图 3-19～图 3-21。

4400031120　**广东增值税专用发票**　№ 01886532

发票联

开票日期：2015 年 6 月 8 日

购货单位	名　　称：广州美雅服装有限公司				密码区	(略)			
	纳税人识别号：440104356789090								
	地址、电话：广州市天河北路 138 号　87551288								
	开户行及账号：中国工商银行广州分行天河支行 0254612352								
货物及应税劳务名称	规格型号	单位	数量	单价	金额		税率	税额	
毛料		匹	250	800.00	200 000.00		17%	34 000.00	
合　　计					￥200 000.00			￥34 000.00	
价税合计（大写）	⊗贰拾叁万肆仟元整						（小写）￥234 000.00		
销货单位	名　　称：东莞海昌有限公司				备注	东莞海昌有限公司　43050213896453　发票专用章			
	纳税人识别号：43050213896453								
	地址、电话：佛山市樟木头镇　2432587								
	开户行及账号：中国建设银行东莞分行樟木头支行 3548976109								

收款人：张丽　　　　　复核：李渊　　　　　开票人：赵小红　　　　　销货单位（盖章）：

图 3-19　广东增值税专用发票

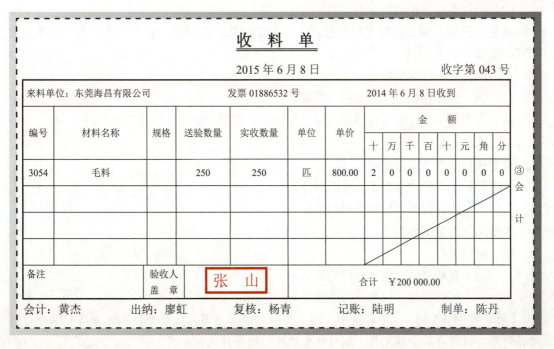

图 3-20　收料单

银行承兑汇票（存根）　3

出票日期（大写）　贰零壹伍年 零陆月零捌日		汇票号码：7634											
付款人	全　称	广州美雅服装有限公司	收款人	全　称	东莞海昌有限公司								此联由承兑人留存
	账　号	0254612352		账　号	3548976109								
	开户银行	中国工商银行广州分行天河支行		开户银行	中国建设银行东莞分行樟木头支行								
出票金额	人民币（大写）　贰拾叁万肆仟元整			千	百	十	万	千	百	十	元	角	分
						￥2	3	4	0	0	0	0	0
汇票到期日（大写）	贰零壹肆年零陆月零捌日		付款人开户行	账号									
				地址									
承兑协议编号：359			本汇票已经承对，到期由本行付款。										

图 3-21　银行承兑汇票

企业账务处理如下：

借：原材料——毛料　　　　　　　　　　　　　　　　　　200 000

　　应交税费——应交增值税（进项税额）　　　　　　　34 000

　　贷：应付票据——东莞海昌有限公司　　　　　　　　　　234 000

（2）应付票据到期的核算

承兑人到期有能力足额支付票据款时，商业承兑汇票和银行承兑汇票的会计处理完全相同，即如下：

借：应付票据（票据面值）

　　贷：银行存款（实际支付的票款）

承兑人到期不能足额支付票据款时，分别不同类型的商业汇票处理如下。

商业承兑汇票的处理：

借：应付票据（票据面值）

　　贷：应付账款（尚未支付的部分）

　　　　银行存款（已经支付的部分）

银行承兑汇票的处理：

借：应付票据

　　贷：短期借款（尚未支付的部分）

　　　　银行存款（已经支付的部分）

【活动案例 3.19】 承活动案例 3.18，2014 年 9 月 8 日，上述开给东莞海昌有限公司的票据到期，银行存款余额充足，划付相应款项，则会计处理如下：

借：应付票据——东莞海昌有限公司　　　　　　　　　　　　　234 000
　　贷：银行存款　　　　　　　　　　　　　　　　　　　　　　　234 000

如果银行存款余额只有 200 000 元，剩余款项 20 天后归还银行，银行按每日 5‰收取罚息 340 元，会计处理如下：

借：应付票据——东莞海昌有限公司　　　　　　　　　　　　　234 000
　　贷：银行存款　　　　　　　　　　　　　　　　　　　　　　　200 000
　　　　短期借款　　　　　　　　　　　　　　　　　　　　　　　34 000

20 天后归还剩余款项并支付罚息时，会计处理如下：

借：短期借款　　　　　　　　　　　　　　　　　　　　　　　　34 000
　　营业外支出　　　　　　　　　　　　　　　　　　　　　　　　340
　　贷：银行存款　　　　　　　　　　　　　　　　　　　　　　　34 340

任务 3.4　其他往来业务的核算

 活动指导——设置账户

企业其他往来业务的核算主要涉及以下账户。

"其他应收款"账户：属于资产类账户，核算企业除存出保证金、买入返售金融资产、应收票据、应收账款、预付账款、应收股利、应收利息、应收代位追偿款、应收分保账款、应收分保合同准备金、长期应收款等以外的其他各种应收及暂付款项。

"其他应付款"账户：属于负债类账户，核算企业除应付票据、预收账款、应付职工薪酬、应付利息、应付股利、应交税费、长期应付款等以外的其他各项应付及暂收款项。

活动 3.4.1　其他应收款的核算

1. 其他应收款概述

其他应收款是指除应收票据、应收账款、预付账款等以外的其他各种应收、暂付款项，主要包括以下几个。

1）应收的各种赔款、罚款，如企业财产等遭受非常损失而应向保险公司收取的赔款等。

2）应收的出租包装物租金。

3）存出的保证金，如租入包装物支付的押金。

4）应向员工收取的各种垫付款项，如为职工垫付的水电费、应由职工负担的医药费、房租费等。

5）备用金，如向企业内部有关部门拨出的备用金。

6）预付账款转入。

7）其他各种应收、暂付款项。

为反映和监督其他应收款的发生及结算情况，企业应设置"其他应收款"账户。该账户是资产类账户，借方登记各种其他应收款的发生额，贷方登记其收回额，期末余额在借方，表示尚未收回的其他应收款。该账户按债务人的名称或姓名设置明细账，进行明细核算。企业用于投资、购买物资的各种款项，不得在本账户中核算单位。

2. 备用金的核算

备用金，是指企业拨付给内部用款单位或职工个人作为零星开支而周转使用的备用款项，主要包括预付给科室、车间和非独立核算的经营单位等用于日常开支的款项。对于备用金，会计核算上企业应以"其他应收款——备用金"账户核算，如果企业的备用金业务较多，也可以单独设置"备用金"账户进行核算。

根据备用金的预付方式不同，备用金分为定额备用金和非定额备用金两种。备用金的形式不同，其会计处理方法也不一样。

（1）定额备用金的核算

定额备用金是指用款单位按定额持有的备用金。其具体方法是，根据用款单位的实际需要，核定备用金定额，由财会部门按定额将备用金支付给用款部门，待用款部门实际支用后，凭经财会部门审核后的有效单据报账领款，以补足定额备用金。这种方法便于企业控制对备用金的使用，一般适用于有经常性费用开支的内部用款单位。

【活动案例 3.20】 广州美雅服装有限公司的总务部实行定额备用金制度，2015 年 6 月 18 日，财会部门根据核定的备用金定额 2 000 元，开出现金支票拨付。相关凭证见图 3-22 和图 3-23。

企业账务处理如下：

借：其他应收款——备用金（总务部）　　　　　　　　　　　　　　　　2 000
　　贷：银行存款　　　　　　　　　　　　　　　　　　　　　　　　　　　2 000

【活动案例 3.21】 2015 年 6 月 30 日，总务部报销日常办公用品费 1 200 元。相关凭证见图 3-24 和图 3-25。

借 款 单

2015 年 6 月 18 日　　　　　　　　　　　　　　　　　　　字第 20 号

部　　门	总务部	借款理由	备用金
借款人	王 丽		
借款金额	贰仟元整	核准借款金额	人民币（大写）贰仟元整
审批意见：同意借支 赵勇 1.18		归还方式：凭有效单据报账领款	

主管：孙奇	会计：张波	出纳：陈艳	借款人：王丽

图 3-22　借款单

中国工商银行支票存根（粤）

$$\frac{B\ C}{2\ 0}12305678$$

附加信息 _____

_____

_____

_____

出票日期 2015 年 6 月 18 日

收款人：广州美雅服装有限公司
金　额：￥20 000.00
用　途：备用金
单位主管 孙青　　会计 张波

图 3-23　中国工商银行支票存根

国税　广州市好又多（广源）百货商业广场有限公司销售发票

发 票 联

发票代码 0600014730

发票号码 06-0287861

交易序号：0056

客户编号：

收银员 / 机：2063/0891

客户名称：广州美雅服装有限公司

日期 / 时间：2015/06/30　14:00

品名规格	单位	数量	含税单价	含税总价	备　注
纸、笔				500.00	
文件夹				400.00	
计算器				300.00	
合计人民币（大写）	⊗壹仟贰佰元整				￥1 200.00

广州好又多股份有限公司
440174678419138

制票：9002　　记账：　　复核：　　收款：　　发票专用章

商场地址及电话：广州市广源新村景泰直街 83 号　　邮编：510405　Tel：86386479

第二联 发票联

图 3-24　广州市好又多（广源）百货商业广场有限公司销售发票

现金支出凭单　　　　第 21 号

对方科目 编　　号	

附件 1 张　　　　2015 年 6 月 30 日

用款事项：购买办公用品（销售部门用）

人民币（大写）：壹仟贰佰元整　　现金付讫　　￥1 200.00

收款人　宋小红　　主管　胡珍　　会计　张波　　出纳员　陈艳 付讫

（签章）　　（签章）　　（签章）　　（签章）

图 3-25　现金支出凭单

企业账务处理如下：

借：管理费用——办公费　　1 200

　　贷：库存现金　　1 200

【活动案例 3.22】 2015 年 6 月 20 日，总务部不再需要备用金，将备用金退回。相关凭证见图 3-26。

收款收据

第三联：记账联　　2015 年 6 月 20 日　　No 15168789

交款单位或交款人	总务部王丽	收款方式	现金
事由　收回备用金 人民币（大写）贰仟元整　　￥2 000.00			备注：

不得作行政事业性收费收据使用

广州美雅服装有限公司 财务专用章

收款单位（盖章）：　　收款人（签章）：陈艳

图 3-26　收款收据

企业账务处理如下：

借：库存现金　　　　　　　　　　　　　　　　　　　　　　　　　　　　2 000

　　贷：其他应收款——备用金（总务部）　　　　　　　　　　　　　　　　　2 000

（2）非定额备用金的核算

非定额备用金是指用款单位为满足临时需要而不按定额持有的备用金。其具体方法是，根据用款单位的实际需要预付一定时期的备用金，用款单位支用后报账核销。备用金用完后，财会部门再根据需要拨付下一时期的备用金。这种备用金制度手续简单，但是不便于控制备用金的使用，适用于非经常性开支的单位。例如，用款部门或个人因进行零星采购、出差或其他日常开支需要备用金时，就是按需要逐次借用和报销的。

【活动案例 3.23】　采购员李辉因出差于 2015 年 6 月 12 日借支差旅费 1 500 元，以现金支付。相关凭证见图 3-27 和图 3-28。

借　据

部门：采购部　　　　　　　　　2015 年 6 月 12 日　　　　　　　　　第 3 号

今借到：现金

人民币（大写）：壹仟伍佰元整　　　　　　￥1 500.00　　　此据

借款用途说明：差旅费

主管人 批　准　　胡珍	财务负责 同意 人意见 胡珍	部门负责 同意 人意见 钱林	借款人 李辉 签　章

会计：张波　　　　　复核：王强　　　　　出纳：陈艳　　　　　经手：李辉

③

会计记账

图 3-27　借据

现金支出凭单　　　　　　　第 5 号

		对方科目	
附件 1 张	2015 年 6 月 12 日	编　号	

用款事项：李辉借支差旅费

人民币（大写）：壹仟伍佰元整　　　　　现金付讫　　　　　　　　　　￥1 500.00

收款人　李辉	主管　胡珍	会计　张波	出纳员　陈艳 付讫
（签章）	（签章）	（签章）	（签章）

图 3-28　现金支出凭单

企业账务处理如下：

借：其他应收款——备用金（李辉）   1 500

    贷：库存现金   1 500

【活动案例 3.24】 2015 年 6 月 9 日，李辉出差回来报销差旅费 1 430 元，同时交回现金 70 元。相关凭证见图 3-29 和图 3-30。

差 旅 费 报 销 单

名称   填报日期：2015 年 6 月 9 日

姓　名	李辉	出差地点		湖北武汉		出差日期		自 2015 年 6 月 2 日 至 2015 年 6 月 6 日	

事由	公差												

日　期			起讫地点		车船费		行程时间	在途补助		住勤补助			杂（宿）费	备注
年	月	日	起	讫	类别	金额		标准	金额	日数	标准	金额		
2015	6	2	广州	武汉		247 00	小时			4	100	400 00	331 00	
	6	6	武汉	广州		252 00	小时						200 00	
							小时							
							小时							

以上单据共　10　张　总计金额人民币（大写）壹仟肆佰叁拾元整

预支旅费人民币￥1 500 元，缴回现将人民币￥70 元

经领人盖章　李辉

主管：   审核：胡珍   出纳：陈艳   填报人：李辉

图 3-29　差旅费报销单

现金支出凭单　　　　第 11 号

附件 10 张   2015 年 6 月 9 日

对方科目
编　号

用款事项：交回多余差旅费

现金付讫

人民币（大写）：柒拾元整   ￥70.00

收款人　李辉   主管　胡珍   会计　张波   出纳员　陈艳
付讫

（签章）   （签章）   （签章）   （签章）

图 3-30　现金收入凭单

企业账务处理如下：

借：管理费用——差旅费　　　　　　　　　　　　　　　　　　　　1 430

　　库存现金　　　　　　　　　　　　　　　　　　　　　　　　　　70

　　贷：其他应收款——备用金（李辉）　　　　　　　　　　　　　1 500

3. 备用金以外的其他应收款的核算

企业发生备用金以外的其他应收款时，借记"其他应收款"账户，贷记"库存现金"、"银行存款"、"营业外收入"等账户；收回备用金以外的其他应收款时，借记"库存现金"、"银行存款"、"应付职工薪酬"等账户，贷记"其他应收款"账户。

【活动案例3.25】　2015年6月10日，广州美雅服装有限公司以银行存款代职工姚凡垫付应由其个人负担的住院医药费650元，拟从其工资中扣回。其会计账务处理如下。

垫支时：

借：其他应收款——姚凡　　　　　　　　　　　　　　　　　　　　650

　　贷：银行存款　　　　　　　　　　　　　　　　　　　　　　　650

扣款时：

借：应付职工薪酬——工资　　　　　　　　　　　　　　　　　　　650

　　贷：其他应收款——姚凡　　　　　　　　　　　　　　　　　　650

【活动案例3.26】　2015年6月14日，广州美雅服装有限公司租入包装物一批，以银行存款向出租方支付押金2 000元。

企业账务处理如下：

借：其他应收款——存出保证金　　　　　　　　　　　　　　　　2 000

　　贷：银行存款　　　　　　　　　　　　　　　　　　　　　　2 000

2015年9月10日，上述租入包装物按期如数退回，收到出租方退还的押金2 000元，已存入银行。

企业账务处事如下：

借：银行存款　　　　　　　　　　　　　　　　　　　　　　　　2 000

　　贷：其他应收款——存出保证金　　　　　　　　　　　　　　2 000

活动 3.4.2　其他应付款的核算

1. 其他应付款概述

其他应付款是指除应付账款、应付票据、预收账款、应付职工薪酬、应交税费、应付利息等经营活动以外的其他应付、暂收款项。主要包括以下几个。

1）应付经营租入固定资产和包装物租金。

2）存入保证金，如收取的包装物押金。

3）应付、暂收的单位或个人的款项。

4）职工未按期领取的工资。

5）其他应付、暂收款项。

2. 其他应付款的核算方法

发生其他应付款项或收到暂收的款项时：

借：银行存款（库存现金、管理费用、应付职工薪酬等）

    贷：其他应付款

支付其他应付款时：

借：其他应付款

    贷：银行存款（库存现金、管理费用、应付职工薪酬等）

【活动案例 3.27】 2015 年 6 月 10 日，广州美雅服装有限公司向中山华新商场销售高级毛料西服一批，随同租出包装箱 20 个，收取押金 600 元。2015 年 7 月 5 日，还回包装箱，退回押金。

企业账务处理如下。

1）收到押金时：

借：库存现金   600

    贷：其他应付款——中山华新商场   600

2）退回押金时：

借：其他应付款——中山华新商场   600

    贷：库存现金   600

【活动案例 3.28】 2015 年 6 月，广州美雅服装有限公司发放上半年奖金时，员工万子建因事假在外未能领取，其部门领导人将其资金 1 200 元退回给财务部。

企业账务处理如下：

借：库存现金   1 200

    贷：其他应付款——万子建   1 200

习　题

一、单项选择题

1. 对于预收货款业务不多的企业，可以简化核算不设"预收账款"账户，将其所发生的预收货款通过（　　）账户进行核算。

    A. "应收账款"   B. "应付账款"

    C. "预付账款"   D. "预收账款"

2. 企业销售商品时，为购货方代垫的运杂费应记入（　　）账户。

    A. "应收账款"   B. "预付账款"

    C. "其他应收款"   D. "应付账款"

3. 企业计提的坏账准备应计入（　　）账户。

    A. "管理费用"   B. "资产减值损失"

　　C．"财务费用"　　　　　　　　　　　D．"营业外支出"

4. 应收票据核算的是（　　　）。

　　A．银行本票　　　　　　　　　　　　B．银行汇票

　　C．支票　　　　　　　　　　　　　　D．商业汇票

5. 已贴现的商业承兑汇票到期，付款人无力付款，贴现银行应向（　　　）退票扣款。

　　A．付款人　　　　　　　　　　　　　B．付款人开户银行

　　C．收款人（申请贴现人）　　　　　　D．付款人或收款人（申请贴现人）

6. 企业的坏账损失应采用的核算方法是（　　　）。

　　A．直接转销法　　　　B．成本法　　　　C．备抵法　　　　D．间接法

7. 一张 4 月 25 日签发的 30 天的票据，其到期日为（　　　）。

　　A．5 月 25 日　　　　B．5 月 24 日　　　C．5 月 26 日　　　D．5 月 23 日

8. "预收账款"账户的贷方余额表示（　　　）。

　　A．企业多预收的需退回的款项　　　　B．企业预收的款项

　　C．企业尚需收取的款项　　　　　　　D．企业预收性费用

9. "预付账款"账户的贷方余额表示（　　　）。

　　A．企业预付的款项　　　　　　　　　B．企业尚未补付的款项

　　C．企业多预付的款项　　　　　　　　D．企业预付性费用

10. 下列应列为其他应收款核算的是（　　　）。

　　A．存入保证金　　　　　　　　　　　B．存出保证金

　　C．不设置"预付账款"账户企业预付的货款　　D．应收票据到期无法收回的票据款

11. 下列做法符合会计信息质量谨慎性原则的是（　　　）。

　　A．因为尚未收到货款，所以不确定销售收入

　　B．对应收款合理计提坏账准备

　　C．在对固定资产计提减值损失时，尽可能少地估算回收金额，以避免虚增财产

　　D．对存货进行期末清查

12. 甲公司期末按照应收账款余额的 5% 计提坏账准备，2014 年年末应收账款余额为 500 万元。2015 年由于赊销商品使得应收账款余额增加 100 万元，发生坏账损失 10 万元。则 2015 年应提取的坏账准备为（　　　）万元。（假设该公司不存在需要计提坏账准备的其他应收款项。）

　　A．29.5　　　　　　　B．30　　　　　　　C．14.5　　　　　　　D．15

13. 某公司年末调整"坏账准备"账户前，"应收账款"账户及"坏账准备"账户的余额分别为借方余额 200 000 元和贷方余额 10 000 元。该公司按应收账款余额百分比计提坏账准备，计提比例为 10%。则该公司年末应计提的坏账准备为（　　　）元。

　　A．10 000　　　　　　B．20 000　　　　　C．21 000　　　　　　D．30 000

14. 下列各项中，不属于公司应收款项的是（　　　）。

　　A．预收账款　　　　B．其他应收款　　　C．应收账款　　　　D．应收票据

15. 企业支付了采购材料的订金 90 000 元，款项已转入对方开户银行，该业务涉及的

会计分录是（　　　）。

    A．借：应收账款   90 000

        贷：银行存款   90 000

    B．借：在途物资   90 000

        贷：银行存款   90 000

    C．借：预付账款   90 000

        贷：银行存款   90 000

    D．借：预收账款   90 000

        贷：银行存款   90 000

16．长江公司 2015 年年初应收账款余额为 300 000 元，2015 年年末应收账款余额为 400 000 元，按照 5% 计提坏账准备。则本期计提坏账准备的分录正确的是（　　　）。

    A．借：资产减值损失   20 000

        贷：坏账准备   20 000

    B．借：资产减值损失   5 000

        贷：坏账准备   5 000

    C．借：坏账准备   5 000

        贷：资产减值损失   5 000

    D．借：坏账准备   20 000

        贷：资产减值损失   20 000

17．企业采用备抵法核算坏账损失，确认应收账款坏账时的会计分录为（　　　）。

    A．借：资产减值损失

        贷：应收账款

    B．借：坏账准备

        贷：应收账款

    C．借：营业外支出

        贷：应收账款

    D．借：管理费用

        贷：应收账款

18．核算企业对坏账所进行的账务处理，不必通过（　　　）账户。

    A．"资产减值损失"   B．"应收账款"

    C．"坏账准备"   D．"待处理财产损益"

19．企业不设"预付账款"账户，对于发生的少量预付账款业务应通过（　　　）账户核算。

    A．"应收账款"   B．"应付账款"

    C．"预收账款"   D．"其他应付款"

20．采购业务支付了采购材料的订金 90 000 元，款项已转入对方开户银行，该业务涉及的会计分录是（　　　）。

    A．借：应收账款   90 000

贷：银行存款　　　　　　　　　　　　　　　　90 000
　　　　B．借：在途物资　　　　　　　　　　　　　　　　90 000
　　　　　　　贷：银行存款　　　　　　　　　　　　　　　　90 000
　　　　C．借：预付账款　　　　　　　　　　　　　　　　90 000
　　　　　　　贷：银行存款　　　　　　　　　　　　　　　　90 000
　　　　D．借：预收账款　　　　　　　　　　　　　　　　90 000
　　　　　　　贷：银行存款　　　　　　　　　　　　　　　　90 000

21．企业会计制度规定，下列票据应通过"应收票据"账户核算的是（　　　）。

　　　A．银行汇票　　　　　B．银行本票　　　　　C．商业汇票　　　　D．银行支票

22．2015 年 10 月 1 日，某企业销售一批产品给甲公司，货已发出，专用发票上注明的销售收入为 100 000 元、增值税税额 17 000 元。收到甲公司交来的商业承兑汇票一张，面值 117 000 元，期限为 4 个月，票面利率为 5%。2015 年 12 月 31 日"应收票据"账户的借方余额为（　　　）元。

　　　A．100 000　　　　　B．118 462.50　　　　C．122 850　　　　D．117 000

23．2015 年 8 月 7 日，A 公司销售产品一批，计 117 000 元（价税合计），收到一张金额为 117 000 元的银行承兑汇票。以下会计分录错误的是（　　　）。

　　　A．借记"应收票据"账户 117 000 元

　　　B．贷记"主营业务收入"账户 100 000 元

　　　C．贷记"应交税费——应交增值税（销项税额）"账户 17 000 元

　　　D．借记"应付票据"账户 117 000 元

二、多项选择题

1．坏账准备的计提范围包括（　　　）。

　　　A．应收账款　　　　　B．应收票据　　　　　C．预付账款　　　　D．其他应收款

2．一般来讲，企业的应收款项符合下列（　　　）条件之一的，应确认为坏账。

　　　A．债务人死亡，以其遗产清偿后，仍然无法收回

　　　B．债务人破产，以其破产财产清偿后，仍然无法收回

　　　C．债务人较长时间内未履行偿债义务，并有足够的证据表明无法收回或收回的可能性很小

　　　D．超过一年的应收款项

3．下列各项应通过"应收账款"账户核算的有（　　　）。

　　　A．销货时代垫的运杂费

　　　B．销货应收的销项税额

　　　C．销售应收的价款

　　　D．不设"预收账款"账户的企业预收的货款

　　　E．出租固定资产、包装物应收的租金

4．下列属于预付账款，应列入"预付账款"账户核算的有（　　　）。

A. 预付性费用支出　　　　　　　　　　B. 企业购货预付的货款

C. 在建工程预付的工程价款　　　　　D. 企业内部单位的定额备用金

5. 不带息应收票据申请贴现时，影响贴现利息计算的因素有（　　　）。

    A. 票据的面值　　　　B. 票据贴现期　　　　C. 票据的种类　　　　D. 贴现利率

6. 下列各项中，应通过"其他应收款"账户核算的有（　　　）。

    A. 存出保证金　　　　　　　　　　　　B. 应收的各种罚款

    C. 预付购货款　　　　　　　　　　　　D. 应收而尚未收回的租金

7. 应付票据核算的是企业购买材料、商品和接受劳务供应等而开出、承兑的（　　　）。

    A. 银行汇票　　　　　B. 银行承兑汇票　　C. 商业承兑汇票　　D. 支票

8. 其他应收款主要包括（　　　）。

    A. 应收的各种赔款、罚款　　　　　　B. 应收的出租包装物租金

    C. 存入的保证金　　　　　　　　　　　D. 应向职工收取的各种垫付款项

9. 下列各项中，通过"应付账款"账户核算的是（　　　）。

    A. 购进材料、商品应付的价款

    B. 购进材料、商品支付的增值税

    C. 购进材料、商品已验收入库，但至月末仍未收到单证的暂估价款

    D. 应付包装物的租金

10. 下列项目中，应通过"其他应付款"账户核算的有（　　　）。

    A. 应付职工工资　　　　　　　　　　　B. 应付包装物租金

    C. 存入保证金　　　　　　　　　　　　D. 经营性租入固定资产的改良支出

11. 企业计提坏账准备时，应（　　　）。

    A. 借记"坏账准备"账户　　　　　　　B. 贷记"应收账款"账户

    C. 借记"资产减值损失"账户　　　　D. 贷记"坏账准备"账户

12. 企业在采用备抵法核算坏账损失时，估计坏账损失的方法有（　　　）。

    A. 账龄分析法　　　　　　　　　　　　B. 应收款项余额百分比法

    C. 销货百分比法　　　　　　　　　　　D. 总价法

13. 下列关于"坏账准备"账户的借方、贷方和余额，表述正确的是（　　　）。

    A. "坏账准备"账户的贷方登记计提的坏账准备

    B. "坏账准备"账户的借方登记计提的坏账准备

    C. "坏账准备"账户的借方登记实际发生的坏账损失

    D. "坏账准备"账户的余额表示已计提但尚未转销的坏账准备

14. 下列关于当期应计提坏账准备金额的计算，表述正确的是（　　　）。

    A. 当期应计提的坏账准备＝当期按应收账款期末余额 × 坏账准备计提率＋"坏账准备"账户的借方余额

    B. 当期应计提的坏账准备＝当期按应收账款期末余额 × 坏账准备计提率＋"坏账准备"账户的贷方余额

    C. 当期应计提的坏账准备＝当期按应收账款期末余额 × 坏账准备计提率－"坏

账准备"账户的贷方余额

  D. 当期应计提的坏账准备＝当期按应收账款期末余额 × 坏账准备计提率－"坏账准备"账户的借方余额

15. 企业发生坏账准备时，应（　　　）。

  A. 借记"资产减值损失"账户   B. 贷记"应收账款"账户

  C. 借记"管理费用"账户   D. 借记"坏账准备"账户

16. 2015 年 2 月 11 日，丙公司向甲公司购买材料，按合同规定向甲公司预付货款 400 000 元。2015 年 2 月 26 日，丙公司收到甲公司按合同发来的材料，发票显示货款为 600 000 元、增值税税额为 102 000 元，丙公司当即按合同规定用银行存款补付货款。丙公司对于该项经济业务的会计处理，正确的会计分录是（　　　）。

  A. 借：预付账款——甲公司   400 000

     贷：银行存款   400 000

  B. 借：原材料   600 000

     应交税费——应交增值税（进项税额） 102 000

     贷：预付账款——甲公司   702 000

  C. 借：原材料   600 000

     应交税费——应交增值税（进项税额） 102 000

     贷：预付账款——甲公司   400 000

  D. 借：预付账款——甲公司   30 2000

     贷：银行存款   30 2000

17. "预付账款"账户在贷方核算的内容是（　　　）。

  A. 收回多付的预付账款   B. 向供应商预付账款

  C. 收到供应商发来的材料   D. 补付货款

18. 企业预付款采购物资，下列业务中，应借记"预付账款"账户的是（　　　）。

  A. 收回多余的货款   B. 补付预付不足的款项

  C. 收到所购物资确认物资成本   D. 向供应单位预付款项

19. 甲公司于 2015 年 2 月 18 日向乙公司订购原材料 1 000 千克，货款为 234 000 元（含增值税税额 34 000 元）。按合同规定，甲公司当日向乙公司预付 100 000 元货款，2015 年 2 月 18 日甲企业会计处理错误的是（　　　）。

  A. 借：预付账款   100 000

     贷：原材料   100 000

  B. 借：原材料   200 000

     应交税费——应交增值税（进项税额） 34 000

     贷：银行存款   234 000

  C. 借：原材料   234 000

     贷：银行存款   100 000

      应付账款   134 000

D. 借：原材料 200 000

　　贷：银行存款 200 000

20. 按现行制度规定，以下各项应通过"其他应收款"账户核算的是（ 　　）。

A. 应收的各种赔款、罚款

B. 应收的出租包装物租金

C. 存出保证金

D. 应向职工收取的各种垫付款项和备用金

21. 下列关于"应付账款"账户表述正确的是（ 　　）。

A. 一般应按照债权人设置明细账户进行核算

B. 借方登记偿还的应付账款或已冲销的无法支付的应付账款

C. 期末贷方余额反映企业尚未支付的应付账款

D. 贷方登记企业购买材料、商品、接受劳务等发生的应付账款

22. 某企业收到客户交来的包装物押金（支票）5 000 元，账务处理为（ 　　）。

A. 借记"银行存款"账户 5 000 元

B. 贷记"其他应收款"账户 5 000 元

C. 借记"库存现金"账户 5 000 元

D. 贷记"其他应付款"账户 5 000 元

23. 海安公司将一台设备出租给贝利公司，租期 3 个月，收取押金 3 000 元，存入银行。3 个月后，贝利公司退还该设备，因管理不善，按约定扣除押金的 50% 作为罚款，其余押金退还公司。下列会计分录错误的是（ 　　）。

A. 借：银行存款 3 000
　　贷：其他应付款——贝利公司 3 000

B. 借：其他应付款——贝利公司 3 000
　　贷：其他业务收入 1 500
　　　　银行存款 1 500

C. 借：银行存款 3 000
　　贷：应付账款——贝利公司 3 000

D. 借：其他应付款——贝利公司 3 000
　　贷：营业外收入 1 500
　　　　银行存款 1 500

三、判断题

1. 应收账款是企业因销售商品、提供劳务等经营活动而形成的债务。 （ 　 ）

2. 预收账款是企业的一项负债，所以"预收账款"账户的期末余额一定是反映企业负债的。 （ 　 ）

3. 不带息应付票据和带息应付票据均应按票面金额计价入账，列入"应付票据"账户。 （ 　 ）

4．企业坏账准备提取的方法和提取的比例应由国家统一规定。　　（　　）

5．年末企业应直接按应收账款余额的一定比例计提坏账准备，借记"资产减值损失"账户，贷记"坏账准备"账户。　　　　（　　）

6．预付账款不多的企业，可以不设置"预付账款"账户，预付的货款在"应收账款"账户核算。　　　　（　　）

7．"应付账款"是负债类账户，所以它不会出现借方余额。　　（　　）

8．企业在签发并承兑的商业承兑汇票到期无力支付票款时，应当将"应付票据"账户转为"应付账款"账户。　　　　（　　）

9．存入保证金是一项其他应收款，存出保证金是一项其他应付款。　　（　　）

10．企业进行在建工程预付的工程价款，记入"预付账款"账户。　　（　　）

11．无论是带息的应付票据还是不带息的应付票据，其入账价值均为面值。　　（　　）

四、业务核算题

1．资料：某公司 2015 年 6 月发生如下经济业务。

1）2 日向 A 公司赊销商品一批，该批商品售价 100 000 元，增值税税率 17%，另外以银行存款代垫运杂费 500 元。

2）5 日收到 B 公司交来的一张商业汇票用以抵付前欠的货款，该票据面值 234 000 元，期限 60 天。

3）10 日收到 A 公司交来的前欠货款及运杂费 117 500 元，款项已存入银行。

4）12 日向 C 公司销售甲产品一批，按合同规定预收货款 80 000 元。

5）20 日收到上述预收货款后，向 C 公司发售甲产品，计货款 120 000 元，增值税税额 20 400 元，代垫运费 700 元，以现金支付。

6）22 日收到 C 公司开出的商业汇票一张，补付货款 61 100 元。

7）25 日向 D 公司销售乙产品一批，按合同规定预收货款 50 000 元。

8）28 日收到 D 公司交付的预收货款后，将乙产品发给 D 公司，货款 40 000 元，增值税税额 6 800 元，余款退回。

要求：根据以上资料编制相关会计分录。

2．资料：某公司 2015 年 7 月发生如下经济业务。

1）3 日，收到 A 公司交来前欠货款 30 000 元，款项已存银行。

2）5 日，向 B 公司销售甲产品一批，按合同规定预收货款 20 000 元。

3）20 日，按合同规定，向 B 公司发售甲产品，价款 100 000 元，增值税税额 17 000 元。另代垫运费 500 元，以现金支付。

4）22 日，收到 B 公司开出的商业汇票一张，补付货款 97 000 元。

要求：根据以上资料编制相关会计分录。

3．资料：坏账准备的练习。

1）乙企业 2013 年年末"应收账款"账户余额为 1 500 000 元，提取坏账准备的比例为 5‰。2014 年发生坏账损失 9 600 元，年末"应收账款"账户余额为 1 800 000 元。2015 年，上年已核销的应收账款 7 600 元重新收回，年末"应收账款"账户余额为 1 750 000 元。

要求：根据以上资料编制各年的会计分录，并写明时间和摘要信息。

2）宏华公司 2013 年年末的应收账款余额为 3 000 000 元，该企业按应收账款余额的 5‰ 计提坏账准备。2013 年年末计提坏账准备前，"坏账准备"账户无余额。2014 年发生了坏账 损失 10 000 元，年末"应收账款"账户的余额为 2 500 000 元。2015 年，上年已核销的 应收账款 5000 元又收回，年末应收账款的余额为 3 100 000 元。

要求：编制 2013 ～ 2015 年有关坏账准备的会计分录，写明时间和摘要信息。

4．资料：票据贴现的练习。

1）丙企业销售一批产品给 C 公司，货已发出，发票上注明价款 20 000 元，增值税税 额 3 400 元。收到 C 公司交来的不带息商业承兑汇票一张，出票日期为 2015 年 6 月 1 日， 期限为 6 个月。

2015 年 8 月 25 日，丙企业持上述所收的不带息商业承兑汇票到银行贴现，假设该企 业与承兑企业在同一票据交换区域内，银行年贴现率为 9%。

要求：计算贴现所得金额并编制有关会计分录。

2）昌达公司因销售商品收到宏发公司签发的无息商业汇票一张，面值为 400 000 元， 出票日期为 4 月 5 日，期限为 90 天。昌达公司于 6 月 20 日将该商业汇票向银行申请贴现， 贴现利率为 10%。到期日，宏发公司无力支付票款，银行将已贴现的票据退回给昌达公司， 同时将票款从昌达公司账户中划回。

要求：分别编制昌达公司、宏发公司有关的会计分录，写明相关分录摘要信息。

5．资料：应付及预付款项的练习。

2015 年新星公司发生如下业务。

1）6 月 3 日，企业购买丙材料一批，价款 20 000 元，增值税税额 3 400 元，款项尚未支付， 材料已验收入库。

2）6 月 15 日，用银行存款偿还上月所欠 B 公司货款 35 000 元。

3）6 月 26 日，公司从 Z 公司购入原材料一批，材料已验收入库，价款因发票账单尚 未收到而暂时无法支付。

4）6 月 30 日，向 Z 公司购入并验收入库的原材料仍未收到发票账单，按估计价款 36 000 元暂估入账。

5）7 月 1 日，将向 Z 公司购入材料的上月暂估应付款予以冲销。

6）7 月 10 日向 S 公司预付购买原材料的定金 30 000 元。三天后收到原材料并验收 入库，价款 40 000 元，增值税税率 17%，同时补付剩余款项。

7）7 月 15 日，向 PP 公司预付购买商品的定金 10 000 元，两天后收到商品并验收入库， 价款 70 000 元，次日收到 PP 公司退回的多付款项。

要求：根据以上资料编制相关会计分录。

6．资料：应收、应付票据的练习。

1）甲公司 2015 年 4 月 30 日销售商品一批，价款 100 万元，增值税税率 17%，产品已 经发出，次日收到已承兑带息银行承兑汇票一张，期限 6 个月。甲公司于 2015 年 6 月 9 日将票据贴现，该商业汇票贴现率 6%，票据到期时对方无力支付。

要求：编制销售商品、票据贴现和票据到期时的会计分录，写出相关计算过程。

2）企业购买丁材料一批，价款 20 000 元，增值税税额 3 400 元。签发不带息商业承兑汇票一张，金额 23 400 元，期限 6 个月，材料已验收入库。6 个月后，该商业承兑汇票的期限已满，银行通知企业付款，因企业银行存款账户无款支付，银行退回商业承兑汇票。

要求：根据上述经济业务编制有关的会计分录。

7．资料：其他应收及其他应付款的练习。

科达公司 2015 年 6 月发生如下业务。

1）3 日，职工王波因公出差，向财务科借支差旅费 2 000 元，出纳以现金给付。

2）7 日，企业总务科因工作需要，核定其定额备用金 3 000 元用于日常开支。出纳员开出现金支票给付。

3）14 日，王波出差归来，报销差旅费 1 750 元，余款交回。

4）18 日，总务科报销办公费用 2 600 元，报账时出纳员以现金补足其定额。

5）20 日，向 Z 公司出租包装物一批，收取押金 6 500 元存入银行。

6）26 日，企业收回对外出租给 Z 公司的包装物，用银行存款退回押金 6 500 元。

要求：根据上述经济业务编制有关会计分录。

8．资料:甲公司采用应收账款余额百分比法核算坏账损失,坏账准备的提取比例为 5%,有关资料如下。

1）该公司从 2012 年开始提取坏账准备，该年末应收账款余额为 200 000 元。

2）2013 年年末应收账款余额为 240 000 元，2011 年年末发生坏账损失。

3）2014 年 4 月，经有关部门确认发生一笔坏账损失，金额为 15 000 元。

4）2014 年年末应收账款余额为 220 000 元。

5）2015 年 6 月上述已核销的坏账又收回 10 000 元。

6）2015 年年末应收账款余额为 250 000 元。

要求：根据上述资料编制甲公司的有关会计分录（金额单位：元）。

9．资料:甲公司为增值税一般纳税人,增值税税率为 17%。2015 年 12 月 1 日,"应收账款"账户借方余额 200 万元,"坏账准备"账户贷方余额 25 万元,12 月发生的业务如下。

1）12 月 5 日，赊销商品价款 50 万元，增值税税额 8.5 万元，该批产品成本 28 万元。

2）12 月 9 日，某公司破产，有 20 万元不能收回。

3）12 月 20 日，收回应收账款 30 万元，并存入银行。

4）12 月 31 日，对应收账款进行减值测试，预计未来现金流量的现值为 170 万元。

要求：编制业务 1）的会计分录；编制业务 2）的会计分录；编制业务 3）的会计分录；计算 12 月计提的坏账准备的数额；编制计提坏账准备的会计分录。

单元 4

职工薪酬核算实务

学习目的

1. 掌握职工薪酬的概念及构成的内容。
2. 掌握计件工资和计时工资的计算
3. 熟练掌握职工薪酬的核算与分配的方法，以及生产企业的采购、存货、销售业务的主要账务处理的方法。
4. 掌握非货币性薪酬的核算方法。

活动资料

邓兰是北京市光明公司的一名老职工，2015 年 6 月，她拿到本月的工资单，见表 4-1。

表 4-1　6 月工资单

姓名	计时工资	岗位津贴	全勤奖	考核奖	煤气补贴		交通补贴
邓兰	5 544.00	113.00	100.00	60.00	20.00		100.00
通信补贴	应付工资	工会经费	养老保险	医疗保险	住房公积金	个人所得税	实发工资
30.00	5 967.00	12.7	693.4	329.2	467.53	29.3	4 434.87

如果你是一名财务人员，知道她的工资是如何计算出来的吗？对发生的这项业务该如何进行账务处理？

任务 4.1　职工薪酬的内容

活动指导——职工薪酬

职工薪酬，是指职工在职期间和离职后提供给职工的全部货币性薪酬和非货币性薪酬。凡是企业为获得职工提供的服务给予或付出的各种形式的对价，都构成职工薪酬，都应当作为一种耗费与这些服务产生的经济利益相匹配。

活动 4.1.1 职工薪酬的构成

职工主要包括以下三类人员：一是与企业订立劳动合同的人员，含全职、兼职和临时职工；二是未与企业订立劳动合同，但由企业正式任命的人员，如董事会成员、监事会成员等；三是在企业的计划和控制下，虽未与企业订立劳动合同，但为其提供与职工类似服务的人员。

职工薪酬包括：①职工工资、奖金、津贴和补贴；②职工福利费；③医疗保险费、养老保险费、失业保险费、工伤保险费和生育保险费等社会保险费；④住房公积金；⑤工会经费和职工教育经费；⑥非货币性福利；⑦因解除与职工的劳动关系给予的补偿；⑧其他与获得职工提供的服务相关的支出。

1. 工资、奖金、津贴和补贴

按有关规定，机关、社会团体、事业单位职工工资总额由职务工资、级别工资、基础工资、工龄工资、加班加点工资、津贴、补贴、奖金和特殊情况下支付的工资构成；企业职工工资总额由计时工资、计件工资、奖金、岗位工资、技能工资、特殊工资、津贴、补贴、加班加点工资、特殊情况下支付的工资构成，见表 4-2。

表 4-2 企业职工工资构成

序号	项 目	内 容
1	计时工资	按照计时工资标准和工作时间计算并支付给职工个人的劳动报酬
2	计件工资	按照计件单价和已完成件数计算并支付给职工个人的劳动报酬
3	奖金	支付给职工个人的超额劳动报酬和增收节支的劳动报酬
4	津贴和补贴	为补偿职工特殊或额外的劳动消耗和因其他特殊原因支付给职工的津贴，以及为保证职工工资水平不受物价影响而支付给职工的物价补贴
5	加班加点工资	加班支付的工资
6	特殊情况下支付的工资	按照国家的规定在职工因病、工伤、产假、计划生育、婚丧假、探亲假、定期休息和学习期间应支付给职工的工资，以及所支付的附加工资和保留工资

2. 职工福利费

职工福利费主要是指企业内部的医务室、职工浴室、理发室、托儿所等集体福利机构人员的工资、医务经费、职工生活困难补助、未实行医疗统筹企业职工医疗费用，以及按规定发生的其他职工福利支出。

3. 社会保险费

社会保险费是指医疗保险费、养老保险费、失业保险费、工伤保险费和生育保险费，企业和个人按照规定的标准及比例计算，向保险经办机构缴纳。

4. 住房公积金

住房公积金是指企业按照国务院《住房公积金管理条例》规定的标准和比例计算，企业和个人向住房公积金管理机构缴存的住房公积金。

5. 工会经费和职工教育经费

工会经费和职工教育经费是指企业为了改善职工文化生活、为职工学习先进技术和提高文化水平及业务素质，用于开展工会活动和职工教育及职业技能培训等相关支出。工会经费主要用于工会组织集体活动、工会自身建设、基层工会的办公差旅费等。职工教育经费主要用于职工教育事业的一项费用。主要列支范围包括职工上岗和转岗培训、各类岗位适应性培训、岗位培训、职工技术等级培训、高技能人才培训、专业技术人员继续教育、特种作业人员培训、职工参加的职业技能鉴定、职业资格认证等经费支出、职工岗位自学成才奖励费用、职工教育培训管理费用等。

6. 非货币性福利

非货币性福利是指企业以自己的产品或外购商品发放给职工作为福利，提供给职工无偿使用自己拥有的资产。例如，提供给企业高级管理人员使用的住房，免费为职工提供医疗保健服务等。

7. 因解除与职工的劳动关系给予的补偿

因解除与职工的劳动关系给予的补偿是指企业在职工劳动合同尚未到期之前解除与职工的劳动关系，或者为鼓励职工自愿接受裁减而提出补偿建议的计划中给予职工的经济补偿。

8. 其他与获得职工提供的服务相关的支出

其他与获得职工提供的服务相关的支出是指除上述七种薪酬以外的其他为获得职工提供的服务而给予的薪酬，如企业提供给职工以权益形式结算的认股权等。

活动 4.1.2　最低工资保障制度

最低工资是指劳动者在法定工作时间内提供了正常劳动的前提下，其所在企业应支付的最低劳动报酬。它不包括加班加点工资，中班、夜班、高温、低温、井下、有毒有害等特殊工作环境、条件下的津贴，以及国家法律法规、政策规定的劳动者保险、福利待遇和企业通过贴补伙食、住房等支付给劳动者的非货币性收入等。

《中华人民共和国劳动法》（以下简称《劳动法》）明确规定，国家实行最低工资保障制度，用人单位支付劳动者的工资不得低于当地最低工资标准。最低工资的确定实行政府、工会、企业三方代表民主协商的原则，主要根据本地区低收入职工收支状况、物价水平、职工赡养系数、平均工资、劳动力供求状况、劳动生产率、地区综合经济效益等因素确定。另外，还要考虑对外开放的国际竞争需要及企业的人工成本承受能力等。当上述因素发生变化时，应当适时调整最低工资标准，每年最多调整一次。最低工资保障制度适用于我国境内的所有企业，包括国有企业、集体企业、外商投资企业和私营企业等。目前，我国绝大部分省、自治区、直辖市建立并实施了最低工资保障制度，正式公布了最低工资标准，并有逐年增加趋势。

 小资料

各省市近年最低工资标准调整情况见表4-3。

表 4-3　各省市近年最低工资标准调整情况　　　　　　　　　　　　单位：元

地　　区	各年份标准		
	2013 年	2014 年	2015 年
北京	1 400	1 560	1 720
上海	1 620	1 820	2 020
天津	1 500	1 680	1 850
重庆	1 050	1 250	
广东	1 550	1 808	1 895（其中：深圳为 2 030）
福建	1 320		
湖北	1 300		
浙江	1 470	1 650	
山东	1 380	1 500	1 600
河北	1 320	1 480	
河南	1 240	1 400	
湖南	1 160	1 265	1 390
江西	1 230	1 390	
江苏	1 320	1 630	
山西	1 290	1 450	
安徽	1 260		
陕西	1 150	1 280	1 480
黑龙江	1 160		
吉林	1 320		
辽宁	1 300		
内蒙古	1 200	1 500	
宁夏	1 300		
甘肃	1 200	1 350	1 470
青海	1 070	1 270	
新疆	1 520		
西藏	950	1 200	1 400
四川	1 200	1 400	
贵州	1 030	1 250	
云南	1 265	1 420	
广西	1 200		
海南	1 050		1 270

注：2015 年最低工资标准统计时间为 2015 年 5 月。

任务 4.2　职工薪酬的计算

活动指导——职工薪酬的计算

　　职工薪酬是企业对使用职工的知识、技能时间和精力而给予职工的一种补充，是在确定各类职工工资标准的基础上，计量各个职工的实际劳动数量，把职工的工资等级标准与他们的劳动数量联系起来，计算出企业应当支付各职工的工资报酬量，并由企业按照预定的周期直接支付给职工。按不同的计算标准可以分为计时工资和计件工资。

活动 4.2.1　计件工资的计算

计件工资是按产量记录和计件单价进行计算的。产量包括合格品数量和料废品数量，料废品是因加工材料的缺陷而导致的废品。料废品数量应和合格品数量加在一起，按同一计件单价计算计件工资。如果是由于工人加工过失而造成的废品（工废），则工废品数量不计算计件工资，有的还应由工人赔偿相应的损失。计件工资的计算公式为

$$应付计件工资＝（合格品数量＋料废品数量）× 计件单价$$

【活动案例 4.1】　北京市光明公司工人李明 2015 年 6 月生产甲、乙两种产品。甲产品完工验收的合格品为 12 件、料废品为 3 件、工废品为 1 件，其计价单价为 35 元；乙产品完工验收的合格品为 30 件、料废品为 5 件、工废品为 1 件，其计价单价为 30 元。李明 10 月应得计件工资为

$$应付计件工资＝（12＋3）×35＋（30＋5）×30＝1\,575（元）$$

计件工资按计件对象不同分为个人计件工资和集体计件工资，集体计件工资以班组为计件对象，按上述方法计算出的计件工资为小组集体应得工资总额，集体计件工资还应在小组组员之间分配，计算出个人应得工资。

【活动案例 4.2】　北京市光明公司第一生产小组何天等三人 2014 年 6 月共同完成某项生产任务，共得计件工资 3 200 元。根据考勤记录，何天的工作时数为 260 小时，吴超的工作时数为 200 小时，刘为的工作时数为 180 小时。该生产小组各人应得计件工资计算见表 4-4。

表 4-4　集体计件工资分配表

集体单位：第一生产小组　　　　　　　　　　　　2015 年 6 月

工人姓名	工作时数 / 小时（1）	分配率（2）	各成员应得计件工资 / 元（3）＝（1）×（2）
何天	260		1 300
吴超	200		1 000
刘为	180		900
合计	640	5	3 200

其计算公式为

小组内部计件工资分配率＝3 200÷（260＋200＋180）＝5（元 / 小时）

何天应得计件工资＝260×5＝1 300（元）

吴超应得计件工资＝200×5＝1 000（元）

刘为应得计件工资＝180×5＝900（元）或

$$＝3 200－1 300－1 000＝900（元）$$

小贴士

集体计件工资应按按劳分配的原则，将小组计件工资总额在小组各成员之间进行分配，可以按工作时数（生产工时或机器工时）、个人标准基本工资标准等进行分配。分配率如果除不尽时，最后一人应用倒减法计算。

活动 4.2.2 计时工资的计算

计时工资是按照计时工资标准和工作时间支付给个人的劳动报酬。计时工资的形式主要有年薪制、月薪制、周薪制、日薪制等。这里重点介绍月薪制和日薪制的计算方法。

1. 月薪制

在月薪制（扣缺勤法）下，不论各月日历天数多少，只要职工出满勤，即可得到相同的标准工资，若遇有缺勤，缺勤工资应从标准工资中扣除。计算公式为

$$应付计时工资＝标准工资－缺勤应扣工资$$

缺勤应扣工资＝事假和旷工天数 × 日工资率＋病假天数 × 日工资率 × 扣款百分比

其中，日工资率是职工每日应得平均工资。

日工资率计算如下：按全年平均每月计薪天数 21.75 天计算，日工资率＝标准工资 /21.75。按照这种方法，职工在法定节假日休息仍有工资，而双休日休息则无工资，若事假或病假跨越双休日则不扣双休日工资。

 小贴士

我国劳动部于 2008 年 1 月 10 日发布了调整日工资折算办法。

$$日工资＝月工资收入 ÷ 月计薪天数$$
$$小时工资＝月工资收入 ÷ 月计薪天数 ÷8 小时$$
$$月计薪天数＝（365 天－104 天）÷12 个月＝21.75 天$$

折算日工资、小时工资时不剔除国家规定的 11 天法定节假日。

以病假时间和工龄长短来决定病假工资和疾病救济费与职工原工资的比例关系，见表 4-5 和表 4-6。

表 4-5 病假工资计发比例（在 12 个月内病假累计不满 6 个月）

连续工龄	计发比例 /%	扣款比例 /%
不满 5 年	45	55
满 5 年不满 10 年	50	50
满 10 年不满 20 年	55	45
满 20 年及以上	60	40

注：获得各级政府授予劳动模范（先进工作者）称号的职工，按 65% 发给。享受新中国成立前参加革命工作离休、退休待遇的职工按 70% 发给。

表4-6 病假工资计发比例（在12个月内病假累计满6个月）

连续工龄	计发比例 /%	扣款比例 /%
不满 10 年	40	60
满 10 年不满 20 年	45	55
满 20 年及以上	50	50

注：获得各级政府授予劳动模范（先进工作者）称号的职工，按55%发给。享受新中国成立前参加革命工作离休、退休待遇的职工按60%发给。从下年度起，单位按不低于本企业职工工资增长水平的70%，适当调整长期病休待遇。

【活动案例4.3】 北京市光明公司伍文的月工资标准为2 840元。2015年6月共30天，他请事假4天、病假2天，双休日休假10天，出勤14天。根据该工人的工龄，其病假工资计发比例按55%计算。该工人在病假和事假期间没有节假日。

按21.75天计算日工资标准：

$$日工资标准 = 2\,840 \div 21.75 \approx 130.57（元）$$

伍文6月应得工资 $= 2\,840 - 4 \times 130.57 - 2 \times 130.57 \times（1 - 55\%）\approx 2\,200.21（元）$

2. 日薪制（出勤法）

日薪制（出勤法）是指按照出勤天数支付工资，计算公式为

$$应付工资 = 出勤工资 + 病假应付工资$$

其中，

$$出勤工资 = 出勤天数 \times 日工资率$$

$$病假应付工资 = 病假天数 \times 日工资 \times 计发比例（支付标准）$$

活动案例4.3中

伍文6月应得工资 $= 14 \times 130.57 + 2 \times 130.57 \times 55\% \approx 1\,971.61（元）$

 想一想

职工周敏月工资标准为2 175元，本月请病假2天（没有跨越双休日）、事假4天（其中2天为双休日），双休日10天，出勤17天，其病假工资支付标准按50%计算，分别用月薪制和日薪制计算，周敏本月应得多少工资？

 小贴士

年薪制是以年度为单位，依据企业的生产经营规模和经营业绩，确定并支付经营者年薪的分配方式。

周薪制是薪酬支付形式的一种，指工资实行按周发放制度。周薪制最早在欧美等发达国家出现，美国有些行业实行周工资制，每周五发放薪水，人们领取一周的报酬。

活动4.2.3 加班加点工资的计算

劳动者加班加点工资的计算基数及在依法享受婚假、丧假、探亲假等有薪假期，工资的计算基数可以按以下原则确定。

1）劳动合同有约定的，按不低于劳动合同约定的劳动者本人所在岗位（职位）相对应的工资标准确定。

2）劳动合同没有约定的，可由用人单位与职工代表通过工资集体协商确定，在集体合同中明确。

小贴士

《劳动法》第五十一条规定："劳动者在法定休假日和婚丧假期间以及依法参加社会活动期间，用人单位应当依法支付工资。"因此，法定节假日，用人单位应当依法支付工资，即折算日工资、小时工资时，不剔除国家规定的 11 天法定节假日。一般加班工资按 150% 计算，休息日按 200% 计算，节假日则按 300% 计算。具体计算如下：

每天延长工作时间的加班工资＝（实际工作时间－8 小时）× 小时工资 ×150%

法定公休日的加班工资＝日工资 ×200%

法定节假日的加班工资＝日工资 ×300%

【活动案例 4.4】　张欣的日工资为 100 元，2015 年 6 月双休日加班 2 天，节日加班 1 天，晚上加班 30 小时，计算张欣 6 月加班工资。其计算过程如下：

张欣 6 月加班工资＝2×100×200％＋1×100×300％＋30×100÷8×150％＝1 262.5（元）

活动 4.2.4　代扣款项的计算

在每个人的工资单中都会出现代扣款项，常见的有养老保险、医疗保险、失业保险、住房公积金、个人所得税、会费等。这些被扣掉的钱都是属于由职工个人负担、单位代扣代交的款项。实发工资的计算公式为

实发工资＝应付工资－代扣款项

1. 社会保险的计算

社会保险指的是养老保险费、医疗保险费、失业保险费、工伤保险费、生育保险费等。其中养老保险费、医疗保险费和失业保险费由单位和职工个人共同缴纳，工伤保险费、生育保险费由单位缴纳，职工个人不需缴纳，具体如下。

（1）养老保险费

企业按照工资总额的一定比例缴纳基本养老保险费，个人也要按照一定比例缴纳。养老保险是企业出"大头"，职工出"小头"，职工退休后可以到社会保障部门领取养老金。

（2）医疗保险费

为了保证职工和退休人员患病时得到基本医疗服务，享受医疗保险待遇，企业、机关、事业单位按全部职工缴费工资基数之和的一定比例缴纳基本医疗保险费。职工也要按照一定的比例缴纳基本医疗保险费。

（3）失业保险费

为了保障失业人员失业期间的基本生活，促进其再就业，企业、事业单位应当缴纳失

业保险费。个人也要按照一定的个人月缴费基数和比例缴纳。

（4）工伤保险费

工伤保险费由用人单位按时缴纳，职工个人不缴纳工伤保险费。用人单位缴纳工伤保险费的数额为本单位职工工资总额乘以单位缴费费率之积。

（5）生育保险费

用人单位应当按照职工个人上年度月平均工资的一定比例按月缴纳生育保险费。职工个人不需缴纳生育保险费。

 小贴士

> 医疗保险费、养老保险费、失业保险费、工伤保险费、生育保险费等各种社会保险的缴纳比例，应按各省市具体规定执行。

2. 住房公积金的计算

住房公积金是由单位和职工个人共同缴纳的。其计算公式为

职工住房公积金月缴存额＝职工月平均工资 × 职工住房公积金缴存比例

单位住房公积金月缴存额＝职工月平均工资 × 单位住房公积金缴存比例

缴纳住房公积金的比例一般不应超过职工月平均工资的12%。财政部2006年发布了《关于基本养老保险费基本医疗保险费、失业保险费、住房公积金有关个人所得税政策的通知》，规定单位和个人分别在不超过职工本人上一年度月平均工资12%的幅度内，其实际缴存的住房公积金，允许在计算个人所得税时扣除。同时明确，单位和职工个人缴存住房公积金的月平均工资不得超过职工工作地所在城市上一年度职工月平均工资的3倍。一般情况下，各省也会对最低缴存比例作出规定。

3. 个人所得税的计算

个人的工资薪金所得，减除一定的费用标准后，要计算缴纳个人所得税，见表4-7。

表4-7　个人所得税率表（工资、薪金所得适用）

级数	全月应纳税所得额	税率 /%	速算扣除数
1	不超过1 500元的部分	3	0
2	1 500～4 500元的部分	10	105
3	4 500～9 000元的部分	20	555
4	9 000～35 000元的部分	25	1 055
5	35 000～55 000元部分	30	2 755
6	55 000～80 000元的部分	35	5 505
7	超过80 000元的部分	45	13 505

 小贴士

> 十一届全国人大常委会第二十一次会议于2011年6月30日下午表决通过了《关于修改＜中华人民共和国个人所得税法＞的决定》。个人所得税起征点自2011年9月1日起由2 000元提高到3 500元，适用七级累进税率，税率为3%～45%。

工资、薪金所得按以下步骤计算缴纳个人所得税。

1）每月取得工资收入后，先减去个人承担的基本养老保险金、医疗保险金、失业保险金，以及按标准缴纳的住房公积金，再减去费用扣除额 3 500 元 / 月，为应纳税所得额。

2）按 3% ～ 45% 的七级超额累进税率计算缴纳个人所得税。计算公式为

$$应纳个人所得税税额 ＝ 应纳税所得额 × 适用税率 － 速算扣除数$$

其中，

$$应纳税所得额 ＝ 工资 － "三险一金" － 起征点$$

"三险一金"是指个人承担的基本养老保险金、医疗保险金、失业保险金和住房公积金。

【活动案例4.5】　王双于 2015 年 6 月取得工资收入 9 000 元，当月个人承担住房公积金、基本养老保险金、医疗保险金、失业保险金共计 1 000 元，费用扣除额为 3 500 元。其计算过程如下：

$$王双 6 月应纳税所得额 ＝ 9 000 － 1 000 － 3 500 ＝ 4 500 （元）$$

$$王双 6 月应纳个人所得税税额 ＝ 4 500×10\% － 105 ＝ 345 （元）。$$

职工个人取得工资、薪金所得应缴纳的个人所得税，统一由支付人负责代扣代缴，支付人是税法规定的扣缴义务人。

4.　由企业代扣的工会经费

工会经费的来源包括：①工会会员交纳的会费；②建立工会组织的企业、事业单位、机关按每月全部职工工资总额的 2% 向工会拨缴的经费；③其他。作为工会会员，每个职工应向工会交纳一定数额的会费，会费通常也是一项代扣的款项。

任务 4.3　职工薪酬的核算与分配

活动指导——设置账户

企业在工资的会计核算中，主要涉及的账户是"应付职工薪酬"账户，其属于负债类账户，该账户应设置"工资"、"职工福利"、"社会保险费"、"住房公积金"、"工会经费"、"职工教育经费"、"非货币性福利"、"辞退福利"、"股份支付"等明细账户，进行明细核算。

活动 4.3.1　职工薪酬核算的原始记录

企业应根据车间的生产组织和工资计算要求及工资形式，设置相应的工资核算原始记录，作为工资结算和考核的依据。

1.　工资卡和工资花名册

工资卡主要是记录职工工资级别和工资标准的原始记录。工资卡是按每一个职工设立的，应当反映职工的进厂时间、担任工种、工资级别、工资金额、工资的调整变动，以及有关津贴等情况。工资卡通常由劳动工资部门或人事部门统一管理，并按车间、部门归类

保管。表 4-8 是北京市光明公司的员工花名册。

表 4-8　员工花名册

工号	姓名	部门	性别	职务	职称	教育程度	出生日期	到职日期	离职日期
0019	陈强	第一生产车间	男	主任	工程师	本科	1960	2001-05-07	
0022	段敏	销售部	女	顾问		硕士	1971	2005-05-21	
0039	冯深	人事部	男	经理		本科	1965	1998-08-10	
0048	高建	第二生产车间	男	组长	技师	高中	1979	2009-06-09	
0051	李靖	人事部	女	科员		本科	1986	2010-06-21	
...									

2. 考勤记录

考勤记录是登记和反映每一个职工出缺勤时间的原始记录，是计算职工工资的主要依据。考勤记录的形式以前通常使用考勤表，由专门人员进行管理。目前通常使用考勤机，通常要形成表 4-9 中的记录。

表 4-9　员工考勤记录表

项目	出勤	休假	假别						迟到	早退	旷工	公差
			事假	病假	公假	婚假	丧假					
	天数	天数	天数	天数	天数	天数	天数	天数	天数	天数	天数	天数
陈强	22											
段敏	20	2		2								
冯深	22											
高建	19	3	2	1								1
李靖	22											
...												2

3. 产量记录

产量记录是登记工人或小组在出勤时间内耗用工时和完成产量的原始记录。产量记录既是计算产品成本的依据，也是考核作业计划和定额执行情况，检查产品数量、质量完成情况和计算计件工资的依据。产量记录的格式和内容及登记程序，因企业生产类型和生产组织方式不同而不尽相同，通常使用的产量记录有工作通知单、工序进程单和工作班产量记录等。

在工资核算中，除上述工资卡、考勤记录和产量记录分别作为原始依据用以计算计时工资、计件工资之外，如果发生各种代扣款项，也都必须有原始记录作为依据。这些原始记录，应由企业的有关部门在每月结算工资以前送交财会部门，以便在结算时据以扣款。

4. 工资结算单

为了反映企业对每个职工的工资结算情况，每月应编制工资结算单。工资结算单通常按部门、车间或班组设置。

5. 工资结算汇总表

为了总括反映整个企业及各车间、部门的工资结算情况，便于进行工资核算，应根据工资结算单编制工资结算汇总表。工资结算汇总表的一般格式见表 4-10。

表 4-10　工资结算汇总表　　　　　　　　　　单元：元

车间及部门		计时工资	计件工资	奖金	津贴	缺勤扣款	应付工资	代扣款项					实发工资
								养老保险	医疗保险	失业保险	住房公积金	个人所得税	
第一车间	生产工人												
	管理人员												
第二车间	生产工人												
	管理人员												
厂部													
医务室、托儿所等福利部门													
专设销售机构人员													
合计													

活动 4.3.2　职工薪酬核算与分配案例

【活动案例 4.6】北京市光明公司 2015 年 6 月工资结算汇总情况见表 4-11 和图 4-1。

表 4-11　工资结算汇总表　　　　　　　　　　单位：元

2015 年 6 月

车间及部门		计时工资	计件工资	奖金	津贴	缺勤扣款	应付工资	代扣款项					实发工资
								养老保险	医疗保险	失业保险	住房公积金	个人所得税	
生产车间	生产工人	120 000	80 000	20 000	10 000	2 500	227 500	12 200	8 500	3 600	9 000	1 700	192 500
	管理人员	81 000	0	7 000	6 000	0	94 000	7 400	6 100	2 200	7 000	900	70 400
厂部管理人员		60 000	0	5 700	4 000	1 000	68 700	6 500	2 000	11 000	3 000	400	55 800
工程人员		80 000	0	6 000	2 000	1 000	87 000	7 900	4 000	3 000	5 000	800	66 300
合计		341 000	80 000	38 700	22 000	4 500	477 200	34 000	20 600	9 800	24 000	3 800	385 000

中国工商银行支票存根（京）

$\dfrac{B}{1} \dfrac{C}{0}$ 16723058

附加信息

_____

_____

出票日期　2015 年 06 月 08 日

收款人：北京市光明公司

金　　额：￥385 000.00

用　　途：备发工资

单位主管 张林　　会计 杜晴

图 4-1　中国工商银行支票存根

1）根据工资结算汇总表的实发金额 385 000 元，开出现金支票，从开户银行提取现金备发工资。企业账务处理如下：

借：库存现金　　　　　　　　　　　　　　　　　　　　　　385 000

　　贷：银行存款　　　　　　　　　　　　　　　　　　　　　　385 000

2）根据工资结算汇总表发放工资时，企业账务处理如下：

借：应付职工薪酬——工资　　　　　　　　　　　　　　　　385 000

　　贷：库存现金　　　　　　　　　　　　　　　　　　　　　　385 000

 小贴士

　　如果职工在规定期限未领取工资，应把现金交回，应通过"其他应付款——工资"账户核算；如果开出转账支票直接将职工工资转到职工个人账户，则借记"应付职工薪酬——工资"账户，贷记"银行存款"账户。

3）根据工资结算汇总表结转各种代扣款项：包括代扣的职工个人负担部分的养老保险、医疗保险和失业保险、住房公积金及代扣的个人所得税。

企业账务处理如下：

借：应付职工薪酬——工资　　　　　　　　　　　　　　　　92 200

　　贷：其他应付款——社会保险费　　　　　　　　　　　　　　64 400

　　　　　　　　　——住房公积金　　　　　　　　　　　　　　24 000

　　　　应交税费——个人所得税　　　　　　　　　　　　　　　3 800

如果企业以银行存款缴纳由职工个人负担各种社会保险费和住房公积金时，账务处理如下：

借：其他应付款——社会保险费　　　　　　　　　　　　　　64 400

　　　　　　　——住房公积金　　　　　　　　　　　　　　　24 000

| | 应交税费——个人所得税 | | | | 3 800 | |
| | 　贷：银行存款 | | | | 92 200 | |

4）分配工资。月末根据工资结算汇总表编制工资分配表，见表 4-12。

计入成本、费用的工资有的可直接计入，有的需要按照一定的标准分配计入。

表 4-12　工资分配表

2015 年 6 月　　　　　　　　　　　　　　　单位：元

项　　目		应分配计入工资			直接计入工资	合　计
		生产工时	分配率	分配的工资额		
生产成本	基本生产成本（甲产品）	24 000		109 200		109 200
	乙产品	26 000		118 300		118 300
	小计	50 000	4.55	227 500		227 500
制造费用	车间管理人员				94 000	94 000
管理费用	厂部管理人员				68 700	68 700
在建工程	工程人员				89 000	87 000
合　　计				227 500	249 700	477 200

 小贴士

工资费用在各产品之间可以按照多种标准进行分配，如实际工时标准、定额工时标准等。

企业应按受益对象分配工资，账务处理如下：

应由生产产品、提供劳务负担的职工薪酬，计入产品成本或劳务成本。

借：生产成本——基本生产成本——甲产品（直接人工）　　　　109 200

　　　　　　　　　　　　　　——乙产品（直接人工）　　　　118 300

　　制造费用　　　　　　　　　　　　　　　　　　　　　　　94 000

　　　贷：应付职工薪酬——工资　　　　　　　　　　　　　　321 500

应由在建工程、无形资产负担的职工薪酬，计入建造固定资产或无形资产成本。

借：在建工程　　　　　　　　　　　　　　　　　　　　　　87 000

　　　贷：应付职工薪酬——工资　　　　　　　　　　　　　　87 000

其他职工薪酬计入当期损益。

借：管理费用　　　　　　　　　　　　　　　　　　　　　　68 700

　　　贷：应付职工薪酬——工资　　　　　　　　　　　　　　68 700

5）职工福利费的处理。企业的职工除了领取工资以外，还可以享受一定的福利待遇。企业用于职工福利方面的费用称为职工福利费。对于职工福利费，企业应当根据历史经验数据和当期福利计划，预计当期应计入职工薪酬的福利费金额。企业可按不超过职工工资总额 14% 的比例计提职工福利费，也可按实际发生额进行分配。

北京市光明公司预计 2015 年应承担的职工福利费义务金额为职工工资总额的 14%。职工福利费计算表见表 4-13。

表 4-13　职工福利费计算表

2015 年 6 月

单位：元

项　　目	分　　类	工资总数	计提比例（14%）	计提的福利费
生产成本	基本生产成本（甲产品）	109 200		15 288
	基本生产成本（乙产品）	118 300		16 562
	小计	227 500		31 850
制造费用	车间管理人员	94 000		13 160
管理费用	厂部管理人员	68 700		9 618
在建工程	工程人员	87 000		12 180
	合计	477 200		66 808

企业账务处理如下：

借：生产成本——基本生产成本——甲产品（直接人工）　　　15 288

　　　　　　　　　　　　　　——乙产品（直接人工）　　　16 562

　　制造费用　　　　　　　　　　　　　　　　　　　　　　13 160

　　管理费用　　　　　　　　　　　　　　　　　　　　　　 9 618

　　在建工程　　　　　　　　　　　　　　　　　　　　　　12 180

　　贷：应付职工薪酬——职工福利　　　　　　　　　　　　　　 66 808

小贴士

　　如果企业有医务室、托儿所等的福利人员，其工资薪酬支出借记"应付职工薪酬——职工福利"账户，其计提的职工福利费则应借记"管理费用"账户。

　　如果企业出现发放职工困难补助、给职工支付医药费等支出，则借记"应付职工薪酬"账户。例如，支付职工工伤医药费 1 000 元，其会计处理如下：

借：应付职工薪酬——职工福利　　　　　　　　　　　　　　1 000

　　贷：银行存款　　　　　　　　　　　　　　　　　　　　　 1 000

　　6）企业应缴纳的各种社会保险费和住房公积金的处理。北京市光明公司按规定缴纳的各种社会保险费和住房公积金见表 4-14。

表 4-14　各种社会保险费和住房公积金计算表

2015 年 6 月

单位：元

项目	分类	工资总数	养老保险（20%）	基本医疗保险（10%）	失业保险（1%）	生育保险（0.8%）	工伤保险（0.3%）	住房公积金（12%）	小计
生产成本	基本生产成本（甲产品）	109 200	21 840	10 920	1 092	873.6	327.6	13 104	48 157.2
	基本生产成本（乙产品）	118 300	23 660	11 830	1 183	946.4	354.9	14 196	52 170.3
	小计	227 500	45 500	22 750	2 275	1 820	682.5	27 300	100 327.5
制造费用	车间管理人员	94 000	18 800	9 400	940	752	282	11 280	41 454

续表

项目	分类	工资总数	养老保险 （20%）	基本医疗保险 （10%）	失业保险 （1%）	生育保险 （0.8%）	工伤保险 （0.3%）	住房公积金 （12%）	小计
管理费用	厂部管理人员	68 700	13 740	6 870	687	549.6	206.1	8 244	30 296.7
在建工程	工程人员	87 000	17 400	8 700	870	696	261	10 440	38 367
合计		477 200	95 440	47 720	4 772	3 817.6	1 431.6	57 264	210445.2

注：1. 各种社会保险和住房公积金的缴纳比例，按北京市 2015 年规定执行。

　　2. 企业承担的社会保险和住房公积金是以该企业所在地上年平均工资为基数，假设本月工资总数与上年度月平均工资持平。

小贴士

"五险一金"即医疗保险费、养老保险费、失业保险费、工伤保险费、生育保险费和住房公积金。企业应当按照国务院、所在地政府或企业年金计划规定的标准，计量应付职工薪酬义务和应相应计入成本费用的薪酬金额。

企业应缴纳的各种社会保险费和住房公积金的账务处理如下：

借：生产成本——基本生产成本——甲产品（直接人工）　　48 157.2

　　　　　　　　　　　　　　——乙产品（直接人工）　　52 170.3

　　　制造费用　　　　　　　　　　　　　　　　　　41 454

　　　管理费用　　　　　　　　　　　　　　　　　　30 296.7

　　　在建工程　　　　　　　　　　　　　　　　　　38 367

　　贷：应付职工薪酬——社会保险费　　　　　　　153 181.2

　　　　　　　　　　——住房公积金　　　　　　　　57 264

如果企业以银行存款缴纳由企业负担各种社会保险费和住房公积金时，账务处理如下：

借：应付职工薪酬——社会保险费　　　　　　　　154 181.2

　　　　　　　　　——住房公积金　　　　　　　　57 264

　　贷：银行存款　　　　　　　　　　　　　　　　210 445.2

7）北京光明公司分别按照职工工资总额的 2% 和 2.5% 计提工会经费和职工教育经费，见表 4-15。

表 4-15　工会经费、职工教育经费计算表

2015 年 6 月　　　　　　　　　　　　　　　　　单位：元

车间及部门		工资总数	计提比例	计提的工会经费	计提比例	计提的职工教育经费	合计
生产成本	基本生产成本（甲产品）	109 200		2 184		2 730	4 914
	基本生产成本（乙产品）	118 300		2 366		2 957.5	5 323.5
制造费用	车间管理人员	94 000		1 880		2350	4 230
管理费用	厂部管理人员	68 700		1 374		1 717.5	3 091.5
在建工程	工程人员	87 000		1 740		2 175	3 915
合　计		477 200	2%	9 544	2.5%	11 930	21 474

借：生产成本——基本生产成本——甲产品（直接人工）　　　　　　4 914

　　　　　　　　——乙产品（直接人工）　　　　　　　5 323.5

　　制造费用　　　　　　　　　　　　　　　　　　　　　4 230

　　管理费用　　　　　　　　　　　　　　　　　　　　3 091.5

　　在建工程　　　　　　　　　　　　　　　　　　　　　3 915

　贷：应付职工薪酬——工会经费　　　　　　　　　　　　　9 544

　　　　　　　　——职工教育经费　　　　　　　　　　11 930

 小贴士

　　企业应当按照相关规定，分别按照职工工资总额的 2% 和 1.5% 的计提标准，计量应付职工薪酬（工会经费、职工教育经费）义务金额和应相应计入成本费用的薪酬金额；从业人员技术要求高、培训任务重、经济效益好的企业，可根据国家相关规定，按照职工工资总额的 2.5% 计量应计入成本费用的职工教育经费。按照明确标准计算确定应承担的职工薪酬义务后，再根据受益对象计入相关资产的成本或当期费用。

任务 4.4　非货币性薪酬的核算

 活动指导——非货币形式工资

　　非货币形式工资是指职工所获得的来自企业或工作本身的，与考核虽有关系但不受考核制约；不是以纯粹货币形式表现和计量的，能够给予职工以某种补偿或激励他们更积极投入工作。

　　企业有时会向职工发放自己生产的产品或者外购的商品作为福利，这些被称为非货币性薪酬。企业向职工提供的非货币性薪酬主要有以下两种情况。

活动 4.4.1　以自产产品或外购商品发放给职工作为福利

　　企业以自己生产的产品作为福利提供给职工的，应当按照该产品的公允价值和相关税费，借记相关成本费用账户，贷记"应付职工薪酬"账户，同时确认主营业务收入，并结转销售成本。

　　【活动案例 4.7】　北京市光明公司共有职工 200 名，生产产品为电暖气。2015 年 6 月 5 日，公司以其生产的成本为 1 000 元的电暖气作为福利发放给职工，该电暖气售价为每台 1 400 元，公司适用的增值税税率为 17%；200 名职工中有 170 名为直接参加生产的职工、30 名为总部管理人员（凭证从略）。其计算过程如下：

电暖气的售价总额 = $1\,400 \times 170 + 1\,400 \times 30 = 238\,000 + 42\,000 = 280\,000$（元）

电暖气的增值税销项税额 = $170 \times 1\,400 \times 17\% + 30 \times 1\,400 \times 17\%$

$$= 40\,460 + 7\,140 = 47\,600 \text{（元）}$$

1）公司决定发放非货币性福利时，应：

借：生产成本——基本生产成本（电暖气）　　　　　　　278 460

　　管理费用　　　　　　　　　　　　　　　　　　　　49 140

　　　贷：应付职工薪酬——非货币性福利　　　　　　　　　　327 600

同时：

借：应付职工薪酬——非货币性福利　　　　　　　　　327 600

　　　贷：主营业务收入——电暖气　　　　　　　　　　　　　280 000

　　　　　应交税费——应交增值税（销项税额）　　　　　　　47 600

2）实际发放电暖气时：

借：主营业务成本——电暖气　　　　　　　　　　　　200 000

　　　贷：库存商品——电暖气　　　　　　　　　　　　　　　200 000

【活动案例 4.8】 2015 年 6 月 20 日，北京市光明公司购入的每台不含税价格为 100 元的电风扇 200 台作为福利发放给公司每名职工。公司以银行存款支付购买电风扇的价款和增值税进项税额，并开具增值税专用发票，增值税税率为 17%。相关凭证见图 4-2。

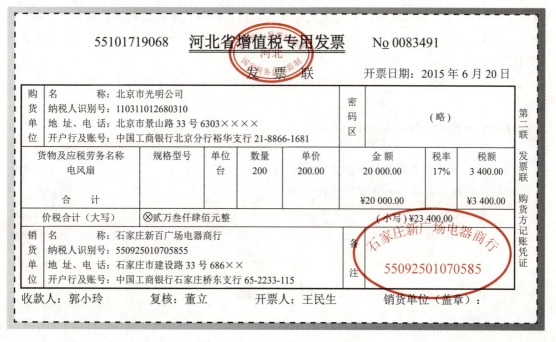

图 4-2　河北省增值税专用发票

其计算过程如下：

　　电风扇的售价总额 = 170×100 + 30×100 = 17 000 + 3 000 = 20 000（元）

电风扇的进项税额 = 170×100×17% + 30×100×17% = 2 890 + 510 = 3 400（元）

1）公司决定发放非货币性福利时，企业账务处理如下：

借：生产成本——基本生产成本（电暖气）　　　　　　　19 890

　　管理费用　　　　　　　　　　　　　　　　　　　　3 510

| | 贷：应付职工薪酬——非货币性福利 | | 23 400 |

2）购买电风扇时，企业账务处理如下：

借：库存商品——电风扇　　　　　　　　　　　　　　　23 400

　　贷：银行存款　　　　　　　　　　　　　　　　　　　　23 400

3）实际发放电风扇时，企业账务处理如下：

借：应付职工薪酬——非货币性福利　　　　　　　　　　23 400

　　贷：库存商品——电风扇　　　　　　　　　　　　　　　23 400

■ 活动 4.4.2　将拥有的房屋等资产无偿提供给职工使用

企业将拥有的房屋等资产无偿提供给职工使用的，应当根据受益对象，将住房每期应计提的折旧借记相关费用账户，贷记"应付职工薪酬"账户。租赁住房等资产供职工无偿使用的，应当根据受益对象，将每期应付的租金计入相关资产成本或当期损益，并确认应付职工薪酬。

【活动案例4.9】　北京市光明公司 2015 年 6 月为总部各部门经理级别以上职工提供汽车免费使用，同时为副总裁以上高级管理人员每人租赁一套住房。该公司总部共有部门经理以上职工 40 名，每人提供一辆汽车免费使用，假定每辆汽车每月计提折旧 1 500 元；该公司共有副总裁以上高级管理人员 10 名，公司为其每人租赁一套月租金为 9 000 元的公寓（凭证从略）。

分析：北京市光明公司汽车每月折旧额 1 500×40 = 60 000（元）

　　　　　　每月租金 = 9 000×10 = 90 000（元）

该公司每月应作如下账务处理：

借：管理费用　　　　　　　　　　　　　　　　　　　150 000

　　贷：应付职工薪酬——非货币性福利　　　　　　　　　150 000

借：应付职工薪酬——非货币性福利　　　　　　　　　150 000

　　贷：累计折旧　　　　　　　　　　　　　　　　　　　 60 000

　　　　其他应付款——租金　　　　　　　　　　　　　　 90 000

习　　题

一、单项选择题

1. 开具现金支票提取现金时，应按照（　　）的金额提取。

　　A. 实发工资　　　　　　　　　　　　B. 应发工资

　　C. 代扣款项　　　　　　　　　　　　D. 所得税

2. 车间管理人员的工资应记入（　　）账户。

　　A."生产成本"　　　　　　　　　　　B."制造费用"

　　C."管理费用"　　　　　　　　　　　D."主营业务成本"

3.（　　）的工资应在"管理费用"账户中列支。

A. 产品生产人员　　　　　　　　　B. 销售人员

C. 行政管理人员　　　　　　　　　D. 工程人员

4. 刘青当月取得工资收入8 000元，当月个人承担住房公积金、基本养老保险金、医疗保险金、失业保险金共计2 100元，个人所得税的费用扣除标准为3 500元，则他当月应纳税所得额为（　　）元。

A. 5 900　　　　　　　　　　　　B. 2 400

C. 4 500　　　　　　　　　　　　D. 8 000

5. 工资中代扣的个人负担养老保险费应作的分录是（　　）。

A. 借记"应付职工薪酬"账户，贷记"应交税费"账户

B. 借记"应付职工薪酬"账户，贷记"其他应收款"账户

C. 借记"应付职工薪酬"账户，贷记"应付账款"账户

D. 借记"应付职工薪酬"账户，贷记"其他应付款"账户

6. 职工全年月平均工作天数是（　　）天。

A. 30　　　　B. 21.75　　　　C. 22　　　　D. 31

7. 根据《劳动法》规定，安排劳动者在正常工作日加班加点，应支付不低于劳动者本人工资（　　）的工资报酬。

A. 300%　　　　B. 150%　　　　C. 200%　　　　D. 100%

8. 企业销售部门人员的工资应记入（　　）账户。

A. "生产成本"　　B. "财务费用"　　C. "管理费用"　　D. "销售费用"

9. 企业医务等福利人员的工资应记入（　　）账户。

A. "应付职工薪酬"　　　　　　　　B. "管理费用"

C. "生产成本"　　　　　　　　　　D. "制造费用"

10. 在实务中，每月职工的工资额计算是通过编制（　　）完成的。

A. 工资汇总表　　　　　　　　　　B. 工资分配汇总表

C. 工资结算表　　　　　　　　　　D. 工资结算汇总表

11. 发放工资的款项是从（　　）中提取的。

A. 一般存款账户　　　　　　　　　B. 临时存款账户

C. 基本存款账户　　　　　　　　　D. 结算存款账户

12. 职工休息日加班工资按（　　）比例计发。

A. 100%　　　B. 150%　　　C. 200%　　　D. 250%

13. 企业向职工支付职工福利费，借记（　　）账户。

A. "应付福利费"　　　　　　　　　B. "应付职工薪酬"

C. "库存现金"　　　　　　　　　　D. "银行存款"

14. 企业从职工工资中代扣代缴的职工个人所得税，应借记（　　）账户。

A. "其他应付款"　　　　　　　　　B. "应付职工薪酬"

C. "银行存款"　　　　　　　　　　D. "应交税费——应交个人所得税"

二、多项选择题

1. "应付职工薪酬"账户的借方登记（ ）。

    A. 实际发放的工资   B. 分配的工资

    C. 代扣的各种款项   D. 多付的工资

2. 下列各项中，应通过"应付职工薪酬"账户核算的是（ ）。

    A. 退休人员退休金   B. 车间管理人员困难补助

    C. 医药费   D. 行政管理人员经常性奖金

3. 下列事项属于工资结算单中的"代扣款项"的是（ ）。

    A. 代扣的住房公积金   B. 代扣的养老保险金

    C. 代扣的水电费   D. 代扣的个人所得税

4. 集体计件工资以班组为计件对象，先计算小组集体应得工资总额，还应在小组组员之间分配，计算出个人应得工资。分配标准可以采用（ ）。

    A. 生产工时   B. 生产产品数量

    C. 机器工时   D. 个人标准基本工资

5. 计时工资的形式主要有（ ）。

    A. 年薪制   B. 月薪制

    C. 周薪制   D. 日薪制

6. 职工教育经费主要用于职工教育和职业培训，主要列支范围为（ ）。

    A. 职工上岗和转岗培训   B. 岗位适应性培训

    C. 专业技术人员继续教育   D. 培训人员的工资

7. 下列不构成工资总额的有（ ）。

    A. 职工出差补助   B. 退休职工工资

    C. 加班工资   D. 一次性困难补助

8. 根据《劳动法》相关规定，（ ）应计发工资。

    A. 计划生育假   B. 婚假和产假

    C. 服兵役   D. 工伤假和丧假

9. 张霞的月基本工资为 3 696.20 元，应享受的保健津贴为 90 元，夜班津贴 86 元，综合奖金 180 元；代扣个人所得税 55.20 元、养老保险等社会保险费 475 元，住房公积金 369 元、水电费 45 元。其实发工资为（ ）元。

    A. 4 996.40   B. 3 108   C. 4 052.2   D. 3 633

10. 工资总额内的奖金包括（ ）。

    A. 安全奖   B. 节约奖   C. 年终奖   D. 超产奖

11. 按职工工资、薪金收入计算缴纳个人所得税，（ ）允许税前扣除。

    A. 定额扣除费用   B. 养老保险金和失业保险金

    C. 生育保险   D. 住房公积金和医疗保险金

12. 下列属于职工薪酬中所说的职工的是（ ）。

    A. 全职、兼职职工   B. 董事会成员

C．内部审计委员会成员　　　　　　　　D．临时工

13．下列各项中，应通过"应付职工薪酬"账户核算的项目有（　　　）。

　　A．职工工资　　　　　　　　　　　　　B．解除劳务关系给予的补偿

　　C．职工的社会保险费　　　　　　　　　D．职工离职后提供给职工的非货币性福利

14．下列各项开支中，不通过"应付职工薪酬"账户反映的是（　　　）。

　　A．诉讼费　　　　　　　　　　　　　　B．职工生活困难补助

　　C．职工食堂补助费用　　　　　　　　　D．业务招待费

15．企业专设销售机构人员的工资，应记入（　　　）。

　　A．"销售费用"账户的借方　　　　　　 B．"销售费用"账户的贷方

　　C．"管理费用"账户的借方　　　　　　 D．"应付职工薪酬"账户的贷方

16．甲公司为电器生产企业，共有职工 300 人，其中 250 人为直接参加生产人员，30 人为车间管理人员，20 人为厂部管理人员。2014 年 6 月 1 日，甲公司以其生产的电咖啡壶作为职工春节福利发放给职工，其成本为每台 300 元，市场售价为每台 500 元，甲公司适用的增值税税率为 17%，下列会计账户处理正确的是（　　　）。

　　A．借：生产成本　　　　　　　　　　　　　　　　146 250

　　　　　　制造费用　　　　　　　　　　　　　　　　17 550

　　　　　　管理费用　　　　　　　　　　　　　　　　11 700

　　　　　　　贷：应付职工薪酬——非货币性福利　　　　　　　175 500

　　B．借：生产成本　　　　　　　　　　　　　　　　87 750

　　　　　　制造费用　　　　　　　　　　　　　　　　10 530

　　　　　　管理费用　　　　　　　　　　　　　　　　7 020

　　　　　　　贷：应付职工薪酬　　　　　　　　　　　　　　　105 300

　　C．借：应付职工薪酬　　　　　　　　　　　　　　175 500

　　　　　　　贷：主营业务收入　　　　　　　　　　　　　　　150 000

　　　　　　　　　应交税费——应交增值税（销项税额）　　　　 25 500

　　D．借：主营业务成本　　　　　　　　　　　　　　90 000

　　　　　　　贷：库存商品　　　　　　　　　　　　　　　　　90 000

17．企业分配工资费用时，可能借记的账户有（　　　）。

　　A．"生产成本"　　　　　　　　　　　　B．"制造费用"

　　C．"管理费用"　　　　　　　　　　　　D．"销售费用"

　　E．"财务费用"

18．计时工资是按（　　　）支付给个人的劳动报酬。

　　A．计时工资标准　　　　　　　　　　　B．计时工资定额

　　C．工作时间　　　　　　　　　　　　　D．工作数量

19．社会保险通常包括医疗保险费、工伤保险费、生育保险费和（　　　）等。

　　A．养老保险费　　　　　　　　　　　　B．失业保险费

　　C．生育保险费　　　　　　　　　　　　D．财产保险费

20. 工会经费的用途主要是用于（　　　）等。

A. 工会组织集体活动　　　　　B. 工会自身建设

C. 基层工会的办公差旅费　　　D. 职工岗位培训

三、判断题

1. 工资的分配数只应包括实际发放的部分，而不应包括代扣的养老保险等各种款项。（　　）

2. 职工个人不用缴纳工伤保险费。（　　）

3. 社会保险费由单位和职工个人共同缴纳。（　　）

4. 某企业支付职工的伙食费，借记"应付职工薪酬"账户，贷记"库存现金"账户，这样处理是正确的。（　　）

5. 计算计件工资时，如果是由于工人加工过失而造成的废品，则工废品数量不计算计件工资，有的还应由工人赔偿。（　　）

6. 计时工资和计件工资两种计算方法，在企业里面可以单独使用，也可以同时使用。（　　）

7. 如果企业实行计件工资的计算办法，可以以低于最低工资标准的工资支付给职工。（　　）

8. 离退休人员工资不通过"应付职工薪酬"账户核算。（　　）

9. 计算缴纳个人所得税不得减除任何费用标准。（　　）

10. 企业有时会向职工发放自己生产的产品或者外购的商品作为福利，这些不能作为职工薪酬。（　　）

11. 我国《劳动法》明确规定，国家实行最低工资保障制度，用人单位支付劳动者的工资不得低于全国最低工资标准。（　　）

12. 缴纳的住房公积金的比例，单位和个人分别在不超过职工本人上一年度月平均工资的 20% 的幅度内。（　　）

四、业务核算题

1. 资料：职工王强月标准工资为 940 元，双休。2015 年 6 月，奖金 200 元，津贴和补贴 280 元，星期天加班 2 天，病假 3 天，工龄 8 年，6 月双休日 8 天，法定假日 1 天，代扣款项有养老保险等 120 元，住房公积金 45 元。

要求：根据上述资料，采用月薪制的扣缺勤法和日薪制的出勤法两种计算方法，分别计算王强 6 月的应付工资和实发工资。

2. 资料：职工张丽新 2015 年 6 月加工甲、乙两种产品，加工甲产品 300 件、乙产品 150 件。验收时发现甲产品有废品 30 件，其中料废 10 件、工废 20 件；乙产品全部合格。该职工的小时工资率为 5 元，甲产品的定额工时为 30 分钟，乙产品的定额工时为 2 小时。

要求：根据上述资料，计算张丽新 6 月的应付计件工资。

3. 资料：鑫新公司 2015 年 6 月工资结算汇总表见表 4-16。

表 4-16 2015 年 6 月工资结算汇总表

| 车间及部门 | | 计时工资 | 计件工资 | 奖金 | 津贴 | 缺勤扣款 | 应付工资 | 代扣款项 | | | | | 实发工资 |
								养老保险	医疗保险	失业保险	住房公积金	个人所得税	
基本生产车间	甲产品	240 000	61 000	20 000	10 000	3 500		12 200	8 500	3 600	9 800	1 500	
	第一车间管理人员	81 000	0	4 500	6 000	2 100		7 400	6 100	2 100	2 000	900	
	乙产品	110 000	47 000	18 000	8 000	900		23 200	6 500	5 600	5 200	1 000	
	第二车间管理人员	60 000	0	6 000	2 000	1 100		6 400	1 900	1 100	1 600	800	
销售机构人员		62 000	0	5 700	4 000	700		6 500	2 000	1 000	3 000	400	
厂部行政人员		77 000	0	2 100	1 000	500		7 900	4 000	3 000	5 000	800	
合计													

要求：

1）完成工资结算汇总表。

2）编制现金发放工资、代扣款项、分配工资等相关会计分录。

3）该公司预计 2015 年应承担的职工福利费金额为职工工资总额的 14%，编制本月职工福利费计算表（表 4-17），并编制相关会计分录。

表 4-17 职工福利费计算表

年　　月　　日

项　　目		工 资 总 额	计提比例 /%	计提的福利费
生产成本	基本生产成本（甲产品）			
	基本生产成本（乙产品）			
制造费用	第一车间			
	第二车间			
销售费用				
管理费用				
合计				

4）编制本月工会经费（计提比例为 2%）、职工教育经费（计提比例为 2.5%）计算表（表 4-18），并编制相关会计分录。

表 4-18 工会经费、职工教育经费计算表

年　　月　　日

项　　目		工 资 总 额	计提比例 /%	工会经费	计提比例 /%	职工教育经费
生产成本	基本生产成本（甲产品）					
	基本生产成本（乙产品）					
制造费用	第一车间					
	第二车间			制造费用		
销售费用				一车间		
管理费用						
合计						

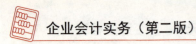

5）编制本月该公司负担的各种社会保险费和住房公积金计算表（表4-19），并编制相关会计分录。（该公司的社会保险和住房公积金的是以该企业所在地上年平均工资为基数，假设本月工资总数与上年度月平均工资持平）

表4-19 单位负担的各种社会保险费和住房公积金计算表

年　　月

项目	分类	工资总数	养老保险（20%）	基本医疗保险（10%）	失业保险（1%）	生育保险（0.3%）	工伤保险（1.5%）	住房公积金（12%）	小计
生产成本	基本生产成本（甲产品）								
	基本生产成本（乙产品）								
	小计								
制造费用	第一车间								
	第二车间								
销售费用									
管理费用									
	合计								

固定资产与其他资产实务

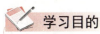

学习目的

1. 熟悉固定资产的确认标准与分类。
2. 了解无形资产的概念与分类。
3. 掌握固定资产、无形资产的账务处理。
4. 熟练固定资产折旧的核算。
5. 掌握交易性金融资产的账务处理的方法。

活动资料

任何企业都离不开固定资产，我们把企业的机器设备、运输设备、仪器仪表、房屋建筑物等称为固定资产。企业发生的固定资产业务一般包括固定资产的购进和建造、固定资产的减少、固定资产价值的摊销、固定资产的维修保养等，那么应怎样进行固定资产的账务处理呢？

广州东方机械制造厂为一般纳税人，产品主要是生产设备。

任务 5.1　固定资产实务

活动指导——设置账户

企业固定资产的会计核算主要涉及以下账户。

"固定资产"账户：属于资产类账户，核算企业所有固定资产的原始价值，以及固定资产的增减变动及结存情况。

"在建工程"账户：属于资产类账户，核算企业为建造或修理固定资产而进行的各项建筑工程、安装工程，包括固定资产新建工程、改扩建工程、大修理工程等所发生的实际支出，以及改扩建工程等转入的固定资产净值。

"累计折旧"账户：属于资产类账户，核算企业所提取的固定资产折旧及固定资产折旧的累计数额。期末贷方余额反映企业固定资产折旧的累计数。

"固定资产清理"账户：属于资产类账户，核算企业因出售、报废和毁损等原因转入清理的固定资产净值及其在清理过程中所发生的清理费用和清理收入等。

"以前年度损益调整"账户：属于损益类账户，核算企业本年度发生的调整以前年度损益的事项及本年度发现的重要前期差错更正涉及调整以前年度损益的事项。企业在资产负债表日至财务报告批准报出日之间发生的需要调整报告年度损益的事项，也可以通过本账户核算。

活动 5.1.1　固定资产的确认标准与分类

1.　固定资产的特征与确认标准

根据《企业会计准则第 4 号——固定资产》的规定，固定资产是指同时具有下列两个特征的有形资产。

1）为生产商品、提供劳务、出租或经营管理而持有。

2）使用寿命超过一个会计年度。

 小贴士

> 有些无形资产可能同时符合固定资产的其他特征，但是，由于其没有实物形态，因此不属于固定资产。

企业持有固定资产的目的是生产商品、提供劳务、出租或经营管理，而不是直接用于出售，从而明显区别于流动资产。

使用寿命，是指企业使用固定资产的预计期间，或者该固定资产所能生产产品或提供劳务的数量。

固定资产同时满足下列条件的，才能予以确认。

1）该固定资产包含的经济利益很可能流入企业。

2）该固定资产的成本能够可靠计量。

2.　固定资产的分类

企业应当根据固定资产的定义，结合本企业的具体情况，制定适合本企业的固定资产目录、分类方法、每类或每项固定资产的折旧年限、折旧方法和预计净残值，作为进行固定资产核算的依据，见表 5-1。

表 5-1　固定资产的分类

项　目	分　类	内　容
按经济用途划分	①生产经营用 ②非生产经营用	①生产经营用固定资产，是指直接服务于企业生产经营过程的各种固定资产，包括生产经营用的房屋建筑物、机器设备、器具、工具等； ②非生产经营用固定资产，是指不直接服务于企业生产经营过程的各种固定资产，如职工宿舍、食堂、浴室医务室等职工福利设施和有关的设备、器具等

项　目	分　类	内　容
按使用情况划分	① 使用中； ② 未使用； ③ 不需用	① 使用中固定资产，是指正在使用中的生产经营性固定资产和非生产经营性固定资产。由于季节性经营或大修理等原因暂时停用的固定资产，企业出租（经营性租赁）给其他单位使用的固定资产和内部替换用的固定资产，也属于使用中的固定资产； ② 未使用固定资产，包括已购建或已完工但尚未正式使用的新增的固定资产，因改建、扩建等原因暂时停用的固定资产，如企业购建的尚未正式使用的固定资产、经营任务变更停止使用的固定资产及主要的备用设备等； ③ 不需用固定资产，是指因本企业多余不用或不再适用，准备调配处理的固定资产
按所有权划分	① 自有； ② 租入	① 自有固定资产，是指企业拥有的可供企业自行支配使用的固定资产； ② 租入固定资产，是指企业采用租赁方式从其他单位租入的固定资产。租入固定资产可分为经营性租入固定资产和融资租入固定资产
综合分类	① 生产经营用； ② 非生产经营用； ③ 租出； ④ 未使用； ⑤ 不需用； ⑥ 土地； ⑦ 融资租入	① 租出固定资产，是指在经营性租赁方式下出租给外单位使用的固定资产； ② 土地，主要是指已经单独估价入账的土地。因征地而支付的补偿费，应计入与土地有关的房屋、建筑物的价值内，不单独作为土地价值入账。企业取得的土地使用权不能作为固定资产管理； ③ 融资租入固定资产，是指企业采取融资租赁方式租入的固定资产，在租赁期内应视同自有固定资产进行管理

3. 固定资产的计价

（1）固定资产的计价基础

固定资产的计价主要有以下两种方法。

1）按历史成本计价。历史成本也叫原始价值，是指企业购建某项固定资产达到预定可使用状态前所发生的一切合理、必要的支出。企业新购建固定资产的计价、确定计提折旧的依据等均采用这种计价方法。我国会计实务中，固定资产的计价均采用历史成本。

2）按净值计价。固定资产净值也叫折余价值，是指固定资产原始价值或重置价值减去已提折旧的净额。按净值计价可以反映固定资产实际占用的资金和固定资产的新旧程度。这种方法主要用于计算因盘盈、盘亏、毁损而发生的固定资产损溢等。

（2）固定资产初始成本的计量

1）外购固定资产的成本，包括购买价款、进口关税和其他税费，使固定资产达到预定可使用状态前所发生的可归属于该项资产的场地整理费、运输费、装卸费、安装费和专业人员服务费等。一般纳税人新购进设备所含的进项税额可以计算抵扣。

2）自制、自建的固定资产，按建造该项资产达到预定可使用状态前所发生的必要支出作为其成本。例如，企业自行建造一栋厂房，共支付料工费 500 000 元，建造完工交付使用。那么，该项固定资产的初始成本为 500 000 元。

3）投资者投入固定资产的成本，应当按照投资合同或协议约定的价值确定，但合同或协议约定价值不公允的除外。

4）融资租入的固定资产，将租赁开始日租赁资产公允价值与最低租赁付款额现值两者中较低者作为租入资产的入账价值。

5）接受捐赠的固定资产，以资产的公允价值加上支付的相关费用后作为入账价值。

6）盘盈的固定资产，按其市价或同类、类似固定资产的市场价格，减去按该项资产的新旧程度估计的价值损耗后的余额作为其成本。

7）经批准无偿调入的固定资产，按调出单位的账面价值（原值－累计折旧）加上发生的运输费、安装费等相关费用作为其成本。

 小贴士

对于特殊行业，确定固定资产成本时应考虑弃置费用。注意这里指的是特殊行业，如核电站、油田等要考虑弃置费用。弃置费用是一个折现值，此折现值要计入固定资产成本，形成预计负债，并且在折现时也要考虑。不属于弃置义务的固定资产报废清理费，应当在发生时作为固定资产处置费用处理。

活动 5.1.2　固定资产取得的核算

1. 购入固定资产的账务处理

企业外购固定资产的成本包括买价、增值税、进口关税等相关税费，以及为使固定资产达到预定可使用状态前发生的直接归属于该资产的其他支出，如场地整理费、运输费、装卸费、安装费和专业人员服务费等。企业购入的固定资产分为不需要安装的固定资产和需要安装的固定资产两种。

购入不需要安装的固定资产，按买价加上相关税费及使固定资产达到预定可使用状态前的其他支出作为入账价值，借记"固定资产"、"应交税费——应交增值税（进项税额）"账户，贷记"银行存款"等账户。

购入需要安装的固定资产，应先记入"在建工程"账户，待安装完毕交付使用时再转入"固定资产"账户。

【活动案例5.1】　广州东方机械制造厂于2015年6月20日购入一台不需要安装的设备，取得的增值税专用发票上注明的设备价款200 000元，增值税进项税额为34 000元，款项未付，设备已运到并交付使用（假定不考虑其他相关税费）。相关凭证见图5-1和图5-2。

企业账务处理如下：

借：固定资产——生产经营用固定资产（磨床）　　　　　　200 000
　　应交税费——应交增值税（进项税额）　　　　　　　　 34 000
　　　贷：应付账款——广州青云有限公司　　　　　　　　　　　 234 000

【活动案例5.2】　2015年6月25日，广州东方机械制造厂购入一台需要安装的设备，取得的增值税专用发票上注明的设备价款300 000元，增值税进项税额为51 000元，运输费2 000元，增值税税额220元。款项已付清，设备已运到并进行安装。假定不考虑其他相关税费。安装设备时，领用本公司原材料一批，价值2 500元，支付安装工人的工资为6 425元。相关凭证见图5-3～图5-8。

图 5-1　广东增值税专用发票

图 5-2　固定资产验收单

中国工商银行支票存根（粤）

$$\frac{BC}{20} \ 12303370$$

附加信息 _____

_____

_____

出票日期	2015 年 6 月 25 日	
收款人：	广州秦关有限公司	
金　额：	￥353 220.00	
用　途：	购买机器设备	

单位主管　周翔　　会计　刘劲

图 5-3　中国工商银行支票存根

4400705523　　**广东增值税专用发票**　　№ 79165432

发票联　　　　　　　　开票日期：2015 年 6 月 25 日

购货单位	名　　　称：广州东方机械制造厂	密码区	（略）
	纳税人识别号：440022462788835		
	地址、电话：广州市荔湾区玉泉路 138 号　6708××××		
	开户行及账号：中国工商银行广州分行玉泉支行		

货物及应税劳务名称	规格型号	单位	数量	单价	金　额	税率	税额
铣床		台	1	300 000.00	300 000.00	17%	51 000.00
合　　计					￥300 000.00		￥51 000.00

价税合计（大写）	⊗叁拾伍万壹仟元整	（小写）￥351 000.00

销货单位	名　　　称：广州秦关有限公司	备注	广州秦关有限公司 440234872456117 发票专用章
	纳税人识别号：440234872456117		
	地址、电话：广州市白云中路 2 号　8763××××		
	开户行及账号：中国工商银行广州分行白云支行		

收款人：张红　　　复核：郭映　　　开票人：李东　　　销货单位：（盖章）

图 5-4　广东增值税专用发票

4410509680　货物运输业增值税专用发票　№ 01239617

02115634　　　　　　　发 票 联　　　　　开票日期：2015 年 6 月 25 日

承运人及纳税人识别号	广州华旺运输有限公司 440226774713928	密码区	
实际受票方及纳税人识别号	广州东方机械制造厂 440224627888835		
收货人及纳税人识别号	广州东方机械制造厂 440224627888835	发货人及纳税人识别号	广州秦关有限公司 440234872456117

| 起运地、经由、到达地 | 东莞—广州公路运输 |

费用项目及金额	费用项目	金额	费用项目	金额	运输货物信息	
	运输费	2 000.00				铣床

合计金额	￥2 220 00	税率	11%	税额	￥220.00	机器编号	
价格合计（大写）	⊗贰仟贰佰贰拾元整						(小写)￥2220.00
车种车号			车船吨位				
主管税务机关及代码	广州市白云区地方税务局 441011703				备注		

广州华旺运输有限公司
441226774713928
发票专用章

收款人：　　　　复核人：　　　　开票人：王兵　　　　承运人：（章）

第三联　发票联　受票方记账凭证

图 5-5　货物运输业增值税专用发票

领 料 单

领用部门：机修车间

库　　号：1　　　　　　2015 年 6 月 26 日　　　　　　编号：4371

编号	类别	名称	规格	单位	数量		金额	
					请领	实发	单价	总额
		钢材	45#	吨	0.5	0.5	5 000.00	2 500.00
	合　计							￥2 500.00
用途	机器设备安装							

发料人：李金　　　　记账：张立　　　　领料部门负责人：王孔　　　　领料人：齐声

第三联　交会计

图 5-6　领料单

工资分配表

部门	总账账户	明细账户	金额
机修车间	在建工程	机器设备	6 425.00

图 5-7　工资分配表

固定资产验收单

安装部门：机修车间　　　　　　　　2015 年 6 月 26 日　　　　　　　　单位：元

固定资产名称	计量单位	数量	金额	预计可使用年限	备注
铣床	台	1	310 952	10	购进
安装部门			使用部门		
签章： 账务：萧莉 经办：许海			签章： 账务：刘劲 经办：王喜		

图 5-8　固定资产验收单

企业账务处理如下。

1）支付设备价款、增值税、运输费时：

借：在建工程　　　　　　　　　　　　　　　　　　　　　　　302 000

　　应交税费——应交增值税（进项税额）　　　　　　　　　　51 220

　　　贷：银行存款　　　　　　　　　　　　　　　　　　　　353 220

2）领用原材料，支付安装工人工资等费用时：

借：在建工程　　　　　　　　　　　　　　　　　　　　　　　8 925

　　　贷：原材料——钢材　　　　　　　　　　　　　　　　　2 500

　　　　　应付职工薪酬——工资　　　　　　　　　　　　　　6 425

3）设备安装完毕达到预定可使用状态，固定资产的入账价值为

$$302\,000 + 8\,925 = 310\,952（元）$$

借：固定资产——生产经营用固定资产（铣床）　　　　　　　310 952

　　　贷：在建工程　　　　　　　　　　　　　　　　　　　　310 952

 小贴士

　　新会计准则规定，已达到预定可使用状态但尚未办理竣工决算的固定资产，应当按照估计价值确定其成本，并计提折旧，待办理竣工决算后，再按实际成本整理原来的暂估价值，但不需要调整原已计提的折旧额。

2. 自建固定资产的账务处理

企业自行建造的固定资产，按建造该项资产达到预定可使用状态前所发生的必要支出，作为入账价值。这里所讲的"建造该项资产达到预定可使用状态前所发生的必要支出"，包括工程物资成本、人工成本、应予以资本化的固定资产借款费用、缴纳的相关税金及应分摊的其他间接费用等。企业自行建造固定资产包括自营建造和出包建造两种方式。

（1）自营方式建造固定资产

企业自营方式建造固定资产，其入账价值应当按照建造该项固定资产达到预定可使用状态前所发生的必要支出确定。工程项目较多且工程支出较大的企业，应当按照工程项目的性质分别核算各工程项目的成本。

企业自营方式建造的固定资产，按照建造该项资产达到预定可使用状态前所发生的必要支出，借记"在建工程"账户，贷记"银行存款"、"原材料"、"应付职工薪酬——工资"等账户。工程达到预定可使用状态交付使用时，借记"固定资产"账户，贷记"在建工程"账户。

【活动案例5.3】　2015年3月，广州东方机械制造厂准备自行建造一座库房，发生了下列经济业务，相关凭证见图5-9～图5-17。

1）购入工程物资一批，价款为100 000元，增值税税额为17 000元，款项以银行存款支付。工程物资全部用于库房建造工程。

2）支付工程人员工资50 000元。

3）领用生产用原材料圆钢一批，价值为2 000元，购进该批圆钢时支付的增值税进项税额为340元；领用库存工程物资水泥4 680元、沙子640元。

4）维修车间为工程提供有关的劳务支出为3 000元。

5）6月工程达到预定可使用状态交付使用。

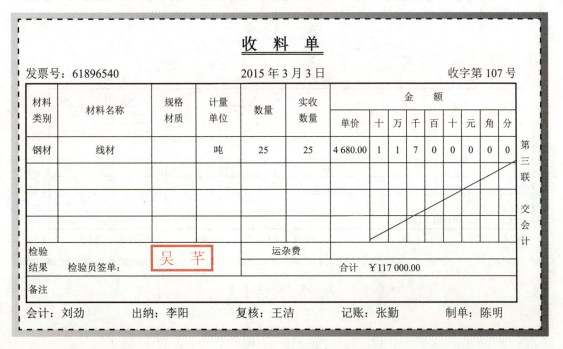

图 5-9　收料单

广东增值税专用发票

4409020517　　　广东增值税专用发票　　　No 61896540

发票联

开票日期：2015 年 3 月 3 日

购货单位	名　　称：广州东方机械制造厂					密码区	（略）		
	纳税人识别号：440224627888835								
	地址、电话：广州市荔湾区玉泉路 138 号　6708××××								
	开户行及账号：中国工商银行广州分行玉泉支行								
货物及应税劳务名称	规格型号	单位	数量	单价	金　额	税率	税额		
钢材		吨	25	4 000.00	100 000.00	17%	17 000.00		
合　　计					￥100 000.00		￥17 000.00		
价税合计（大写）	⊗壹拾壹万柒仟元整						（小写）￥117 000.00		
销货单位	名　　称：广州冠英有限公司					备注	广州冠英有限公司　443456789123456　发票专用章		
	纳税人识别号：443456789123456								
	地址、电话：广州市中山南路 5 号　6789××××								
	开户行及账号：中国工商银行广州分行中山支行								

收款人：刘唯　　　复核：梁崖　　　开票人：林小　　　销货单位：（盖章）

第二联　发票联　购货方记账凭证

图 5-10　广东增值税专用发票

领 料 单

领用部门：基建工程

库　　号：3　　　　　　　2015 年 3 月 5 日　　　　　　　编号：4356

编号	类别	名称	规格	单位	数量		金额	
					请领	实发	单价	总额
		钢材	60#	吨	25	25	4 680.00	117 000.00
合　　计								￥11 7000.00
用途	工程材料用于基建工程							

发料人：陈明　　　记账：张勤　　　领料部门负责人：徐峥　　　领料人：王楠

第三联　交会计

图 5-11　领料单（1）

领　料　单

领用部门：基建工程

库　　号：1　　　　　　　　　　　2015 年 3 月 5 日　　　　　　　　　编号：4357

编号	类别	名称	规格	单位	数量		金额		
					请领	实发	单价	总额	第三联
		圆钢	8000#	吨	1	1	2 000.00	2 000.00	
									交
									会
合　　计							2 000.00	￥2 000.00	计
用途	工程材料用于基建工程								

发料人：陈明　　　　记账：张勤　　　　领料部门负责人：徐峥　　　　领料人：王楠

图 5-12　领料单（2）

工资分配表

部门	总账账户	明细账户	金额
基建部门	在建工程	库房	50 000.00

图 5-13　工资分配表

领　料　单

领用部门：基建工程

库　　号：2　　　　　　　　　　　2015 年 3 月 5 日　　　　　　　　　编号：4359

编号	类别	名称	规格	单位	数量		金额		
					请领	实发	单价	总额	第三联
		水泥	800#	袋	10	10	468.00	4 680.00	
		沙		立方	8	8	80	640.00	交
									会
合　　计								￥5 320.00	计
用途	工程材料用于基建工程								

发料人：王娟　　　　记账：张勤　　　　领料部门负责人：徐峥　　　　领料人：王楠

图 5-14　领料单（3）

辅助生产费用分配表

部门	会计账户	工时	分配标准	金额 / 元
基建部门	在建工程	100	30	3 000.00

图 5-15 辅助生产费用分配表

工程竣工验收决算报告

2015 年 6 月 26 日　　　　　　　　　单位：元　　编号：210

项目名称	工程批准号	工程预算数	工程决算数	其中设备费	材料费用	工资费用	其他直接费	施工管理费
库房		170 000.00	177 660		124 660	50 000.00	3 000.00	

新增固定资产				承建部门（盖章） 负责人：张扬	主管部门（盖章） 负责人：汪燕
固定	型号	单价			
				使用部门（盖章） 负责人：冯瑶	财会部门（盖章） 负责人：冯晓

图 5-16 工程竣工验收决算报告

固定资产验收单

建设部门：基建工程　　　　　　　2015 年 6 月 26 日　　　　　　　　　单位：元

固定资产名称	计量单位	数量	金额	预计可使用年限	备注
库房	幢	1	177 660	20	新建

建设部门	使用部门
签章： 财务：高洋 经办：赵华	签章： 财务：刘劲 经办：王喜

图 5-17 固定资产验收单

企业账务处理如下。

1）购入工程物资时：

借：工程物资——钢材　　　　　　　　　　　　　　117 000

　　贷：银行存款　　　　　　　　　　　　　　　　　　　　117 000

2）工程领用时：

借：在建工程——车房　　　　　　　　　　　　　　117 000

　　贷：工程物资——钢材　　　　　　　　　　　　　　　　117 000

3）支付工程人员工资时：

借：在建工程——车房　　　　　　　　　　　　　　50 000

　　贷：应付职工薪酬——工资　　　　　　　　　　　　　　50 000

4）领用生产用材料时：

借：在建工程——车房　　　　　　　　　　　　　　7 660

　　贷：原材料——圆钢　　　　　　　　　　　　　　　　　2 000

　　　　应交税费——应交增值税（进项税额转出）　　　　　340

　　　　工程物资——水泥　　　　　　　　　　　　　　　　4 680

　　　　　　　　——沙子　　　　　　　　　　　　　　　　640

5）维修车间提供工程劳务支出时：

借：在建工程——车房　　　　　　　　　　　　　　3 000

　　贷：生产成本——辅助生产成本（维修车间）　　　　　　3 000

6）工程达到预定可使用状态交付使用时：

固定资产初始成本为

$$117\,000 + 50\,000 + 7\,660 + 3\,000 = 177\,660（元）$$

借：固定资产——生产经营用固定资产（库房）　　　177 660

　　贷：在建工程——车房　　　　　　　　　　　　　　　　177 660

（2）出包方式建造固定资产

企业通过出包工程方式建造的固定资产，按支付给承包单位的工程价款作为该项固定资产的成本。预付工程价款时，借记"预付账款"账户，贷记"银行存款"账户。办理工程结算时，借记"在建工程"账户，贷记"预付账款"、"银行存款"账户。工程达到预定可使用状态交付使用时，借记"固定资产"账户，贷记"在建工程"账户。

【活动案例5.4】2015年3月6日，广州东方机械制造厂将一幢新建库房工程承包给广州市第二建筑公司承建，按规定首付工程款300 000元，以银行转账支付。2015年6月27日，工程达到预定可使用状态后，广州东方机械制造厂以银行存款转账支付剩余的250 000元工程款，该厂房交付使用（银行付款凭证、广州市第二建筑公司开具的发票从略）。相关凭证见图5-18和图5-19。

工程竣工验收决算报告

2015 年 6 月 27 日　　　　　　　　　编号：216

项目名称	工程批准号	工程预算数	工程决算数	其中设备费	材料费用	工资费用	其他直接费	施工管理费
库房		5550 000.00	550 000.00		400 000.00	100 000.00	50 000.00	
新增固定资产								
固定	型号	单价						

承建单位（盖章）负责人：李伟　　主管部门（盖章）负责人：王繁

使用单位（盖章）负责人：马瑶　　财会部门（盖章）负责人：冯晓

图 5-18　工程竣工验收决算报告

固定资产验收单

建设部门：广州市第二建筑公司　　2015 年 6 月 27 日　　　　　单位：元

固定资产名称	计量单位	数量	金额	预计可使用年限	备注
库房	幢	1	550 000.00	20	新建

建设部门　签章：　财务：董华　经办：赵琳　　使用部门　签章：　财务：刘劲　经办：王喜

图 5-19　固定资产验收单

企业账务处理如下。

1）支付第一期工程款时：

借：预付账款——广州市第二建筑公司　　　　　　　　　　　300 000

　　贷：银行存款　　　　　　　　　　　　　　　　　　　　300 000

2）工程完工后支付第二期工程款时：

借：在建工程——库房　　　　　　　　　　　　　　　　　550 000

　　贷：银行存款　　　　　　　　　　　　　　　　　　　　250 000

　　　　预付账款——市二建　　　　　　　　　　　　　　　300 000

3）达到预定使用状态交付使用时：

借：固定资产——生产经营用固定资产（库房）　　　　　　　　550 000

　　贷：在建工程——库房　　　　　　　　　　　　　　　　　　　550 000

3. 投资者投入固定资产的账务处理

投资者投入的固定资产，按投资各方确认的价值作为入账价值，借记"固定资产"、"应交税费——应交增值税（进项税额）"账户，贷记"实收资本"账户，溢价货记"资本公积"账户，折价借记"资本公积"账户。

 小贴士

对于接受固定资产投资的企业，在办理固定资产移交手续后，按投资各方确认的价值加上应支付的相关费用作为固定资产的入账价值；增值税记入"进项税额"账户；按投资各方确认的价值在其注册资本中所占的份额，确认为实收资本；按投资各方确认的价值与确认为实收资本的差额，确认为资本公积；按应支付的相关税费，确认为银行存款或应交税费。

【活动案例 5.5】 2015 年 6 月 28 日，广州东方机械制造厂接受深圳寰宇公司以三台铣床进行投资。双方经协商，确认增值税专用发票注明价值为 380 000 元，增值税税额 64 600 元。其中 400 000 元记入"实收资本"账户（原始凭证从略）。

企业账务处理如下：

借：固定资产——生产经营固定资产（铣床）　　　　　　　　　380 000

　　应交税费——应交增值税（进项税额）　　　　　　　　　　　64 600

　　贷：实收资本——深圳寰宇公司　　　　　　　　　　　　　　400 000

　　　　资本公积——资本溢价　　　　　　　　　　　　　　　　　44 600

4. 融资租入固定资产的账务处理

企业融资租入的固定资产，应当在"固定资产"账户下单独设置明细账户进行核算。在租赁期开始日，企业应当将租赁开始日租赁资产公允价值与最低租赁付款额现值两者中较低者作为租入资产的入账价值，借记"固定资产——融资租入固定资产"账户或"在建工程"账户；按最低租赁付款额，贷记"长期应付款——应付融资租赁款"账户；按发生的初始直接费用，贷记"银行存款"等账户；按其差额，借记"未确认融资费用"账户。

租赁期届满，企业取得该项固定资产所有权的，应将该项固定资产从"融资租入固定资产"明细账户转入有关明细账户。

5. 接受捐赠固定资产的账务处理

企业接受捐赠固定资产，以资产的公允价值加上支付的相关费用后作为入账价值，按发票注明价值及税金借记"固定资产"、"应交税费——应交增值税（进项税额）"账户，贷记"营业外收入——捐赠利得"账户；按支付的费用，贷记"银行存款"账户。

【**活动案例 5.6**】 2014 年 6 月 29 日，广州东方机械制造厂接受捐赠的新车床一台，增值税专用发票标明，该设备价值 80 000 元，增值税税额 13 600 元，发生的运杂费、包装费等共计 5 000 元（原始凭证从略）。

企业账务处理如下：

借：固定资产——生产经营用固定资产（车床）   85 000

     应交税费——应交增值税（进项税额）   13 600

   贷：营业外收入——捐赠利得   93 600

       银行存款   5 000

6. 盘盈固定资产的账务处理

盘盈的固定资产，按其市价或同类、类似固定资产的市场价格，减去按该项资产的新旧程度估计的价值损耗后的余额，借记"固定资产"账户，贷记"以前年度损益调整"账户。

1）同类或类似固定资产存在活跃市场的，按同类或类似固定资产的市场价格，减去按该项资产的新旧程度估计的价值损耗后的余额，作为入账价值。

2）同类或类似固定资产不存在活跃市场的，按该项固定资产的预计未来现金流量现值，作为入账价值。

【**活动案例 5.7**】 2015 年 6 月 30 日，广州东方机械制造厂进行盘点，发现有一台使用中的剪板机在账面上没有登记，该机器设备七成新，该型号机器设备存在活跃市场，市场价格为 140 000 元。

由于本案例中盘盈的固定资产存在活跃市场，因此，该厂盘盈的固定资产入账价值为 98 000 元（140 000×70%）。相关凭证见图 5-20。

固定资产验收单

性质	设备名称	规格型号	重置价值	成新率	入账价值	预计尚可使用年限
盘盈	剪板机		140 000.00	70%	98 000.00	4
盘盈的剪板机计入以前年度损益调整						
批准人：许帆		财务负责人：冯晓			经手人：罗玲	

图 5-20 固定资产盘盈报告表

企业账务处理如下。

1）发现盘盈：

借：固定资产——生产经营用固定资产（剪板机）   98 000

   贷：以前年度损益调整   98 000

2）调整应交所得税（98 000×25% = 24 500）：

借：以前年度损益调整   24 500

   贷：应交税费——应交所得税   24 500

3）结转以前年度损益调整（98 000 － 24 5000 ＝ 73 500）：

借：以前年度损益调整　　　　　　　　　　　　　　　　　　　　　73 500

　　贷：利润分配——未分配利润　　　　　　　　　　　　　　　　　　　73 500

活动 5.1.3　固定资产折旧的核算

企业的固定资产可长期参加生产经营而仍保持其原有的实物形态，但其价值将随着固定资产的使用而逐渐转移到生产的产品成本中，或构成企业的费用。

固定资产折旧，是指在固定资产使用寿命内，按照确定的方法对应计折旧额进行的系统分摊。

1. 固定资产折旧的影响因素

企业应当根据固定资产的性质和使用情况，合理确定固定资产的使用寿命和预计净残值。

固定资产的使用寿命、预计净残值和折旧方法的改变应当作为会计估计变更，作为计提折旧的依据。影响固定资产计提折旧的因素主要包括以下几个。

1）折旧的基数，即固定资产的原始价值或固定资产的账面净值。

2）固定资产的净残值，是指假定固定资产预计使用寿命已满并处于使用寿命终了时的预期状态，目前从该项资产处置中获得的扣除预计处置费用后的金额。

3）固定资产的使用寿命。企业确定固定资产的使用寿命时，应当考虑下列因素：①预计生产能力或实物产量；②预计有形损耗和无形损耗；③法律或者类似规定对资产使用的限制。

例如，一项固定资产原始价值 200 000 元，预计净残值 10 000 元，预计使用 10 年。这些就是影响固定资产折旧的因素。

企业应当至少于每年年度终了，对固定资产的使用寿命、预计净残值和折旧方法进行复核。

固定资产的使用寿命、预计净残值一经确定，不得随意变更。

使用寿命预计数与原先估计数有差异的，应当调整固定资产折旧年限。

预计净残值预计数与原先估计数有差异的，应当调整预计净残值。

2. 固定资产的折旧范围

企业应当对所属的固定资产计提折旧（已提足折旧仍继续使用的固定资产等除外）。因此，确定固定资产折旧的范围，一是要从空间范围确定哪些固定资产应提取折旧，哪些固定资产不应提取折旧；二是要从时间范围确定应提折旧的固定资产什么时间开始提取折旧，什么时间停止提取折旧。

（1）空间范围

除下列情况外，企业应对所有固定资产计提折旧。

1）已提足折旧仍继续使用的固定资产。

2）按照规定单独估价作为固定资产入账的土地。

小贴士

已达到预定可使用状态的固定资产，如果尚未办理竣工决算手续，应按估计价值确定其成本，并计提折旧；待办理竣工决算手续后，再按照实际成本调整原来的暂估价，但不需要调整原已计提的折旧额。

企业对固定资产进行改良后，应当根据调整后的固定资产成本，并根据本企业的使用情况合理估计折旧年限和净残值，提取折旧。

融资租入的固定资产，应当采用与自有应计提折旧固定资产相一致的折旧政策。

（2）时间范围

企业在实际工作中，应当按月计提折旧，并根据用途计入相关资产的成本或者当期损益。

 小贴士

当月增加的固定资产，当月不提折旧，从下月起提取折旧；当月减少的固定资产，当月照提折旧，从下月起不提取折旧。固定资产提足折旧后，不管是否继续使用，均不再提取折旧；提前报废的固定资产，不再补提折旧。

"提足折旧"是指已经提足该项固定资产的应计折旧总额。

"应计折旧额"是指应当计提折旧的固定资产的原价扣除其预计净残值后的金额。已计提减值准备的固定资产，还应当扣除已计提的固定资产减值准备累计金额。

例如，2014 年 6 月 15 日东方公司增加一项固定资产，原值 150 000 元，预计净残值 6 000 元。那么，该项固定资产的折旧应从 7 月开始提取，应计提的折旧总额为 144 000 元，如果该项固定资产已提取了 144 000 元折旧，不管该项固定资产是否继续使用，均不再提取折旧。

3. 固定资产折旧的方法

企业应当根据固定资产所含经济利益预期实现方式合理选择折旧方法，可选用的折旧方法包括年限平均法、工作量法、双倍余额递减法、年数总和法等。折旧方法一经确定，不得随意变更。如需变更，应将变更的内容及原因在变更当期会计报表附注中说明。

如果固定资产包含的经济利益预期实现方式有重大改变，应当改变固定资产折旧方法。

（1）年限平均法

年限平均法又称直线法，是将固定资产的应计折旧额平均地分摊到固定资产预计使用寿命内的一种方法。采用这种方法计算的每期折旧额都是相等的。其公式为

$$年折旧额 = \frac{固定资产原值 - 净残值}{预计使用年限}$$

$$年折旧率 = \frac{年折旧额}{固定资产原值}$$

$$月折旧额 = \frac{年折旧额}{12}$$

$$月折旧率 = \frac{年折旧率}{12}$$

【活动案例5.8】 2015年6月29日，广州东方机械制造厂购入一台设备，原值50 000元，预计净残值2 000元，预计使用年限5年。计算年折旧额、年折旧率、月折旧额、月折旧率。其计算过程如下：

$$年折旧额 = \frac{(固定资产原值 - 净残值)}{预计使用年限} = \frac{50\,000 - 2\,000}{5} = 960（元）$$

$$年折旧率 = \frac{年折旧额}{固定资产原值} = \frac{9\,600}{50\,000} = 19.2\%$$

$$月折旧额 = \frac{年折旧额}{12} = \frac{9\,600}{12} = 800（元）$$

$$月折旧额 = \frac{年折旧率}{12} = \frac{19.2\%}{12} = 1.6\%$$

（2）工作量法

工作量法，是根据实际工作量计提固定资产折旧额的一种方法。其计算公式为

单位工作量折旧额 = 固定资产原价 ×（1 - 预计净残值率）÷ 预计总工作量

某项固定资产月折旧额 = 该项固定资产当月工作量 × 单位工作量折旧额

【活动案例5.9】 2015年6月30日，广州东方机械制造厂的一台设备原值为480 000元，预计寿命期内生产产品产量为12 000件，预计净残值率为5%，本月生产产品50件。该台设备本月应提取的折旧额计算过程如下：

$$单位工作量折旧额 = \frac{480\,000 \times (1 - 5\%)}{12\,000} = 38（元/件）$$

$$该项固定资产月折旧额 = 38 \times 50 = 1\,900（元）$$

（3）双倍余额递减法

双倍余额递减法，是在不考虑固定资产预计净残值的情况下，根据每年年初固定资产净值和双倍的直线法折旧率计算固定资产折旧额的一种方法。应用这种方法计算折旧额时，由于每年年初固定资产净值没有扣除预计净残值，因此在计算固定资产折旧额时，应在其折旧年限到期前两年内，将固定资产的净值扣除预计净残值后的余额平均摊销。其计算方法如下：

年折旧率 = 2 ÷ 预计使用年限

月折旧率 = 年折旧率 ÷ 12

【活动案例5.10】 广州东方机械制造厂的一台机器设备原值为400 000元，预计使用寿命为5年，预计净残值率5%。按双倍余额递减法计算折旧，每年折旧额计算见表5-2。其计算过程如下：

$$净残值 = 400\,000 \times 5\% = 20\,000（元）$$
$$最后两年平均摊销 = (86\,400 - 20\,000) \div 2 = 33\,200（元）$$

表5-2　固定资产折旧计算表

单位：元

年数	年初账面净值	年折旧率	每年折旧额	累计已提折旧	年末账面净值
第1年	400 000.00	2/5	160 000.00	160 000.00	240 000
第2年	240 000.00	2/5	96 000.00	256 000.00	144 000
第3年	144 000.00	2/5	57 600.00	313 600.00	86 400
第4年	86 400.00		33 200.00	346 800.00	53 200
第5年	53 200.00		33 200.00	380 000.00	20 000

（4）年数总和法

年数总和法，又称合计年限法，是将固定资产的原价减去预计净残值后的余额，乘以一个以固定资产尚可使用寿命为分子，以预计使用寿命逐年数字之和为分母的逐年递减的分数计算每年的折旧额。其计算公式如下：

$$年折旧率 = 尚可使用寿命 \div 预计使用寿命的年数总和$$
$$月折旧率 = 年折旧率 \div 12$$
$$月折旧额 = (固定资产原价 - 预计净残值) \times 月折旧率$$

【活动案例5.11】　广州东方机械制造厂的一台机器设备原值为100 000元，预计使用寿命为5年，预计净残值率4%。按年数总和法计算折旧，每年折旧额计算见表5-3。其计算过程如下：

$$净残值 = 100\,000 \times 4\% = 4\,000（元）$$
$$原值 - 净残值 = 100\,000 - 4\,000 = 96\,000（元）$$

表5-3　固定资产折旧计算表

单位：元

年数	尚可使用寿命	原价－净残值	年折旧率	每年折旧额	累计折旧
第1年	5	96 000.00	5/15	32 000.00	32 000.00
第2年	4	96 000.00	4/15	25 600.00	57 600.00
第3年	3	96 000.00	3/15	19 200.00	76 800.00
第4年	2	96 000.00	2/15	12 800.00	89 600.00
第5年	1	96 000.00	1/15	6 400.00	96 000.00

企业选择不同的固定资产折旧方法，将影响固定资产使用寿命期间内不同时期的折旧费用，因此，折旧方法一经选定，不得随意调整。如果企业随意调整固定资产折旧方法，属于滥用会计政策。

4. 固定资产折旧的账务处理

固定资产应当按月计提折旧，并根据用途分别计入相关资产的成本或当期费用。

企业在实际工作中应按月提取折旧，并根据固定资产的用途，借记"制造费用"、"管理费用"等账户，贷记"累计折旧"账户。企业基本生产车间使用的固定资产提取的折旧应记入"制造费用"账户，企业管理部门使用的固定资产提取的折旧应记入"管理费用"账户。

【活动案例 5.12】 2015 年 6 月，广州东方机械制造厂固定资产计提折旧 20 000 元，具体情况见表 5-4。

表 5-4　固定资产折旧计算分配表

2014 年 6 月		单位：元
使用部门	账户名称	金　额
生产车间	制造费用	16 000.00
管理部门	管理费用	4 000.00

企业账务处理如下：

借：制造费用——折旧费　　　　　　　　　　　　　　　　　　16 000

　　管理费用——折旧费　　　　　　　　　　　　　　　　　　4 000

　　贷：累计折旧　　　　　　　　　　　　　　　　　　　　　　　　20 000

活动 5.1.4　固定资产后续支出的核算

固定资产的后续支出，是指企业的固定资产投入使用后，为了适应新技术的需要，或者为了维护或提高固定资产的使用效能，而对现有固定资产进行维护、改建、扩建或者改良等发生的各项必要支出。在发生这些支出时应对支出性质进行分析，确定这些支出是否应该计入固定资产成本，并分别采用不同的方法进行核算。

1. 资本化的后续支出

与固定资产有关的后续支出，符合固定资产确认条件的可以在后续支出发生时计入固定资产成本，借记"在建工程"等账户，贷记"银行存款"等账户。将发生的固定资产后续支出计入固定资产成本的，应当终止确认被替换部分的账面价值。

2. 费用化的后续支出

固定资产的后续支出中，按固定资产确认条件不能计入固定资产价值的部分，应于发生时确认为当期费用，直接计入当期损益。固定资产的大修理、中小修理等维护性支出就属于这种情况。根据固定资产的使用地点和用途，一次性直接计入当期的有关费用，即借记"管理费用"账户，贷记"银行存款"等账户。

【活动案例 5.13】 广州东方机械制造厂行政办公室有一台复印机需要进行维修，以银行存款支付维修费 2 000 元。

企业账务处理如下：

借：管理费用——维修费　　　　　　　　　　　　　　　　　　2 000

　　贷：银行存款　　　　　　　　　　　　　　　　　　　　　　　2 000

活动 5.1.5　固定资产处置的核算

如果一项固定资产处于处置状态或者该固定资产预期通过使用或处置不能产生未来经济利益。满足这两个条件其中之一就可以终止确认。

小贴士

企业持有待售的固定资产，应当对其预计净残值进行调整。

企业出售、转让、报废固定资产或发生固定资产毁损，应当将处置收入扣除账面价值和相关税费后的金额计入当期损益。

 小贴士

企业在生产经营过程中对不需要的固定资产可对外出售、对外投资，对遭受自然灾害或发生毁损不能继续使用的应及时进行清理。

1. 固定资产投资转出的账务处理

对外投资的固定资产转入清理，按转出固定资产的账面净值，借记"固定资产清理"账户；按投出固定资产已提折旧，借记"累计折旧"账户；按投出固定资产的账面原值，贷记"固定资产"账户，已计提减值准备的，还应同时结转减值准备。

投出固定资产的公允价值加上支付的相关税费作为长期股权投资的入账价值，借记"长期股权投资"账户，贷记"固定资产清理"账户；按支付的相关税费贷记"银行存款"、"应交税费"账户，固定资产公允价值与固定资产清理账面价值之间的差额作为非货币性资产交换利得或损失，记入"营业外收入"或"营业外支出"账户。

2. 固定资产出售的账务处理

企业因出售减少的固定资产，按减少的固定资产账面净值，借记"固定资产清理"账户；按已提折旧，借记"累计折旧"账户；按固定资产原值，贷记"固定资产"账户。

 小贴士

一般纳税人销售自己已经使用过的购进或自制的固定资产，按规定征收增值税：①2008年12月31日前取得且未抵扣进项税额（在2009年1月1日后取得，按规定已纳入可抵扣进项税额范围）的固定资产，按照4%征收率减半征收增值税；②2009年1月1日后取得，按规定已抵扣进项税额的固定资产，按照适用税率征收增值税。

企业销售或转让其购置的不动产或受让的土地使用权，以全部收入减去不动产或土地使用权的购置或受让原价后的余额为营业额计算营业税。

【活动案例5.14】 2015年6月30日，广州东方机械制造厂出售一座旧办公楼，原值400 000元，已提折旧80 000元，实际出售价格550 000元，款项已收到并存入银行，营业税率为5%。城市维护建设税、教育费附加分别按7%、3%计提。相关凭证见图5-21～图5-24。

企业账务处理如下。

1）将该项建筑物转入清理时：

借：固定资产清理   320 000

    累计折旧   80 000

      贷：固定资产——非生产经营用固定资产   400 000

2）收到款项时：

借：银行存款   550 000

      贷：固定资产清理   550 000

3）计算税金时：

$$营业税＝（550\,000－400\,000）×5\%＝7\,500（元）$$

$$城市维护建设税＝7\,500×7\%＝525（元）$$

$$教育费附加：7\,500×3\%＝225（元）$$

借：固定资产清理   8 250

      贷：应交税费——应交营业税   7 500

           ——应交城市维护建设税   525

           ——应交教育费附加   225

4）结转净收益时（550 000－320 000－7 500－525－225＝221 750）：

借：固定资产清理   221 750

      贷：营业外收入——非流动资产处置利得   221 750

注："营改增"后账务处理将有新变化。

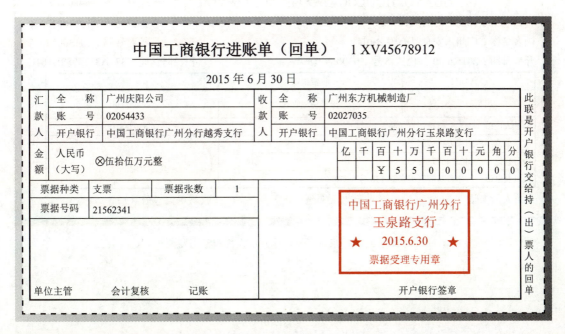

图 5-21 中国工商银行进账单（回单）

固定资产清理清单

名称	原值	已提折旧	残值收入			清理费用	
			保险公司等赔款	出售收入	残料作价入库	税费	其他清理费用
房屋	300 000.00	80 000.00		550 000.00		8 250	
清理净损失							
清理净收益 221 750							

图 5-22　固定资产清理清单

图 5-23　广东省广州市地方税收税控专用发票

中国工商银行进账单（收账通知） 3

2015 年 6 月 30 日

出票人	全　称	广州庆阳公司										
	账　号	02054433										
	开户银行	中国工商银行广州分行越秀支行										
金额	人民币（小写）		亿	千	百	十	万	千	百	十	元	角	分
						￥	5	5	0	0	0	0	0	0
收款人	全　称	广州东方机械制造厂										
	账　号	02027035										
	开户银行	中国工商银行广州分行玉泉路支行										
票据种类	支票											
票据号码	21562341											
备注：												
复核　　　　记账												

此联是收款人开户银行交给收款人的收账通知

中国工商银行广州分行
分行玉泉路支行
★ 2015.6.30 ★
票据受理专用章

图 5-24　中国工商银行进账单（收账通知）

3. 固定资产报废、毁损账务处理

企业因报废、毁损等原因减少的固定资产，按减少的固定资产账面净值，借记"固定资产清理"账户；按已提折旧，借记"累计折旧"账户；按固定资产原值，贷记"固定资产"账户。

固定资产的报废、毁损有的是正常的，有的属于非正常的报废、毁损。正常报废毁损是指使用磨损报废或技术进步而发生的提前报废。非正常报废毁损主要是指自然灾害和责任事故所致的报废、毁损。

【活动案例 5.15】 2015 年 6 月 25 日，广州东方机械制造厂有旧磨床一台，因使用期已满经批准报废。原值 200 000 元，已提折旧 190 000 元，在清理过程中，以银行存款支付清理费用 3 200 元，拆除的残料作价 5 000 元已入库。相关凭证见图 5-25 ～图 5-27。

固定资产清理清单

名称	原值	已提折旧	残值收入			清理费用	
			保险公司等赔款	出售收入	残料作价入库	税费	其他清理费用
磨床	200 000.00	190 000.00			5 000.00		3 200.00
清理净损失　8 200.00							
清理净收益							

图 5-25　固定资产清理清单

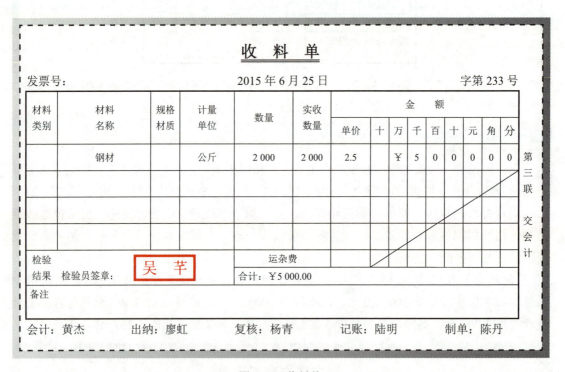

图 5-26　广州市劳动服务企业统一发票

收 料 单

发票号：　　　　　　　　2015 年 6 月 25 日　　　　　　字第 233 号

材料类别	材料名称	规格材质	计量单位	数量	实收数量	金额								第三联 交 会 计
						单价	十	万	千	百	十	元	角	分
	钢材		公斤	2 000	2 000	2.5		¥	5	0	0	0	0	0
检验结果　检验员签章：	吴 芊				运杂费								
					合计：¥ 5 000.00								
备注													

会计：黄杰　　出纳：廖虹　　复核：杨青　　记账：陆明　　制单：陈丹

图 5-27　收料单

企业账务处理如下。

1）固定资产转入清理时：

借：固定资产清理　　　　　　　　　　　　　　　　　　　　　10 000

累计折旧　　　　　　　　　　　　　　　　　　　　　　190 000

贷：固定资产——生产经营用固定资产（磨床）　　　　　　　200 000

2）发生清理费用时：

借：固定资产清理　　　　　　　　　　　　　　　　　　　　　　3 200

　　贷：银行存款　　　　　　　　　　　　　　　　　　　　　　　　3 200

3）残料作价入库时：

借：原材料　　　　　　　　　　　　　　　　　　　　　　　　　5 000

　　贷：固定资产清理　　　　　　　　　　　　　　　　　　　　　　5 000

4）结转清理净损失时：

借：营业外支出——非流动资产处置损失　　　　　　　　　　　　8 200

　　贷：固定资产清理　　　　　　　　　　　　　　　　　　　　　　8 200

【活动案例 5.16】 2015 年 6 月 27 日，广州东方机械制造厂运输卡车一辆，原价 160 000 元，已提折旧 50 000 元，在一次交通事故中报废，应收过失人张扬赔偿款 20 000 元，保险公司赔偿款 80 000 元，款项尚未收到。相关凭证见图 5-28。

固定资产清理清单

名称	原值	已提折旧	残值收入				清理费用	
			保险公司等赔款	个人赔偿	出售收入	残料作价入库	税金	其他清理费用
卡车	160 000.00	50 000.00	80 000	20 000				
清理净损失 10 000								
清理净收益								

图 5-28　固定资产清理清单

企业账务处理如下。

1）将卡车转入清理时：

借：固定资产清理　　　　　　　　　　　　　　　　　　　　　110 000

　　累计折旧　　　　　　　　　　　　　　　　　　　　　　　　50 000

　　贷：固定资产——生产经营用固定资产（运输工具）　　　　　160 000

2）结转应收到赔偿款时：

借：其他应收款——张扬　　　　　　　　　　　　　　　　　　　20 000

　　　　　　　　——广州太平洋保险公司　　　　　　　　　　　80 000

　　贷：固定资产清理　　　　　　　　　　　　　　　　　　　　100 000

3）结转清理净损失时：

借：营业外支出——非常损失　　　　　　　　　　　　　　　　　10 000

　　贷：固定资产清理　　　　　　　　　　　　　　　　　　　　　10 000

活动 5.1.6　固定资产清查的核算

企业对固定资产应当定期或者至少每年实地盘点一次。对盘盈、盘亏的固定资产，应当查明原因，写出书面报告，并根据企业的管理权限，经股东大会或董事会，或经厂长会议或类似机构的批准后，在期末结账前处理完毕。盘盈的固定资产按照其市价或同类、类似固定资产的市场价格，减去按该项固定资产的新旧程度估计的价值损耗后的余额入账。盘亏的固定资产造成的损失，在减去过失人或者保险公司的赔偿款和残料价值之后，计入当期营业外支出。

1. 固定资产盘盈账务处理

企业在盘盈固定资产时，首先，根据盘盈固定资产的同类市场价格和新旧程度计算净值，按净值借记"固定资产"账户，贷记"以前年度损益调整"账户；其次，计算应纳的所得税费用，借记"以前年度损益调整"账户，贷记"应交税费——应交所得税"账户；再次，用税后金额补提盈余公积，借记"以前年度损益调整"账户，贷记"盈余公积"账户；最后，调整利润分配，借记"以前年度损益调整"账户，贷记"利润分配——未分配利润"账户。

【活动案例 5.17】　2015 年 6 月 30 日，广州东方机械制造厂盘盈一台计算机，估计该项固定资产的市场价格为 5 000 元，估计七成新。相关凭证见图 5-29。

固定资产盘盈报告表

性质	设备名称	规格型号	重置价值	成新率	入账价值	预计尚可使用年限
盘盈	计算机		5 000.00	70%	3 500.00	2
盘盈的计算机计入以前年度损益调整						
批准人：许帆		财务负责人：冯晓			经手人：罗玲	

图 5-29　固定资产盘盈报告表

企业账务处理如下：

1）发生盘盈：（5 000×70% = 3 500）

借：固定资产——生产经营用固定资产——计算机　　　　　　　　　　　　3 500

　　贷：以前年度损益调整　　　　　　　　　　　　　　　　　　　　　　　　　3 500

2）调整应交所得税（3 500×25% = 875）：

借：以前年度损益调整　　　　　　　　　　　　　　　　　　　　　　　　　875

　　贷：应交税费——应交所得税　　　　　　　　　　　　　　　　　　　　　　875

3）结转以前年度损益调整（3 500 − 875 = 2 625）：

借：以前年度损益调整　　　　　　　　　　　　　　　　　　　　　　　　2 625

　　贷：利润分配——未分配利润　　　　　　　　　　　　　　　　　　　　　2 625

2. 固定资产盘亏账务处理

企业在盘盈固定资产时，首先，根据盘亏固定资产的原值、累计折旧和净值，借记"待处理财产损溢——待处理固定资产损溢"和"累计折旧"账户，贷记"固定资产"账户。待批准后，转让有关账户，借记"营业外支出——固定资产盘亏"账户，贷记"待处理财产损溢——待处理固定资产损溢"账户；如有属于责任人赔偿的，应将赔偿款部分记入"其他应收款"账户。同时将"固定资产卡片"注销，将它连同"固定资产盘亏报告单"一并归档保管。

【活动案例 5.18】 2015 年 6 月 30 日，广州东方机械制造厂盘亏一台空调机，账面原值为 8 000 元，已提折旧 2 000 元。相关凭证见图 5-30。

固定资产盘亏报告表

性质	设备名称	规格型号	原始价值	已提折旧	账面净值	预计尚可使用年限
盘盈	空调机		8 000.00	2 000.00	6 000.00	3

注：盘亏的空调机计入营业外支出。

批准人：许帆　　　　　账务负责人：冯晓　　　　　经手人：罗玲

图 5-30　固定资产盘亏报告表

企业账务处理如下：

1）发生盘亏时：

借：待处理财产损溢——待处理固定资产损溢　　　　　　　　　　6 000

　　累计折旧　　　　　　　　　　　　　　　　　　　　　　　　2 000

　　　贷：固定资产——非生产经营用固定资产——空调机　　　　　　　　8 000

2）批准后：

借：营业外支出——盘亏损失　　　　　　　　　　　　　　　　　6 000

　　　贷：待处理财产损溢——待处理固定资产损溢　　　　　　　　　　6 000

任务 5.2　无形资产与长期待摊费用实务

活动指导——设置账户

企业无形资产的会计核算主要涉及以下账户。

"无形资产"账户：属于资产类账户，核算企业持有的无形资产成本，包括专利权、非专利技术、商标权、著作权、土地使用权等。可按无形资产项目进行明细核算。

"研发支出"账户：属于成本类账户，核算企业进行研究与开发无形资产过程中发生的各项支出。可按研究开发项目，分别设置"费用化支出"、"资本化支出"明细账户进行明细核算。

"累计摊销"账户：属于资产类账户，核算企业对使用寿命有限的无形资产计提的累计摊销。可按无形资产项目进行明细核算。

活动 5.2.1　无形资产的核算

1. 无形资产的概念与特征

（1）无形资产的概念

无形资产是指企业拥有或者控制的没有实物形态的可辨认非货币性资产。商誉不属于无形资产。

资产满足下列条件之一的，符合无形资产定义中的可辨认性标准。

1）能够从企业中分离或者划分出来，并能单独或者与相关合同、资产或负债一起，用于出售、转移、授予许可、租赁或者交换。

2）源自合同性权利或其他法定权利，无论这些权利是否可以从企业或其他权利和义务中转移或者分离。

> **小贴士**
>
> 商誉的存在无法与企业自身分离，不具有可辨认性，不属于《企业会计准则第 6 号——无形资产》规范的内容。

（2）无形资产的特征

1）由企业拥有或者控制并能为其带来经济利益的资源。

2）不具有实物形态。

3）具有可辨认性。

4）属于非货币性资产。

2. 无形资产的内容

无形资产包括专利权、非专利技术、商标权、著作权、土地使用权、特许权等。

1）专利权。专利权是指权利人在法定期限内对某一发明创造所拥有的独占权和专有权。专利权的主体是依据专利法被授予专利权的个人或单位，专利权的客体是受专利法保护的专利范围。

《中华人民共和国专利法》第四十二条规定，发明专利的期限为 20 年，实用新型专利权和外观设计专利权的期限为 10 年，均自申请之日起计算。

2）非专利技术。非专利技术也称专有技术，是指发明人垄断的、不公开的、具有实用价值的先进技术、资料、技能、知识等。非专利技术具有经济性、机密性、动态性等特点。

由于非专利技术未经公开亦未申请专利权，因此不受法律保护，但事实上具有专利权的效用。

3）商标权。商标权是指企业专门在某种指定的商品上使用特定的名称、图案、标记的权利。根据《中华人民共和国商标法》（以下简称《商标法》）的规定，经商标局核准注册的商标为注册商标，商标注册人享有商标专利权，受法律保护。商标权的内容包括独占使用权和禁止使用权。商标权的价值在于它能使享有人获得较高的盈利能力。

我国《商标法》规定，商标权的使用期限为 10 年，自核准注册之日起计算。商标权的期限可以延续，每次续展注册的有效期为 10 年；商标权注销之日起 1 年内，商标局对与该商标相同、相近的申请，仍不予受理。

外购的商标，一次性支出费用较大的，可以将其资本化，作为无形资产管理。

4）著作权。著作权是指著作权人对其著作依法享有的出版、发行等方面的专有权利。著作权可以转让、出售或者赠予。著作权包括发表权、署名权、修改权、保护作品完整权、使用权和获得报酬权等。

5）土地使用权。土地使用权是指国家准许某一企业在一定期间对国有土地享有开发、利用、经营的权利。

6）特许权。特许权也称为专营权，指在某一地区经营或销售某种特定商品的权利，或是一家企业接受另一家企业使用其商标、商号、技术秘密等的权利。前者是由政府机构授权，准许企业使用或在一定地区享有经营某种业务的特许，如水、电、邮电通信等专营权、烟草专卖权，等等；后者是指企业间依照签订的合同，有限期或无限期使用另一家企业的某些权利，如连锁店的分店等。

 小贴士

> 企业自创商誉及内部产生的品牌、报刊名等，不应确认为无形资产。

3. 无形资产的初始计量

无形资产应当按照成本进行初始计量。

1）外购无形资产的成本，包括购买价款、相关税费及直接归属于使该项资产达到预定用途所发生的其他支出。

2）购买无形资产的价款超过正常信用条件延期支付，实质上具有融资性质的，无形资产的成本以购买价款的现值为基础确定。实际支付的价款与购买价款的现值之间的差额，除按照《企业会计准则第 17 号——借款费用》应予资本化的以外，应当在信用期间计入当期损益。

3）自行开发的无形资产，其成本包括自满足无形资产确认条件及开发开展资本化的条件后至达到预定用途前所发生的支出总额，但是对于以前期间已经费用化的支出不再进行调整。

4）投资者投入无形资产的成本，应当按照投资合同或协议约定的价值确定，但合同或协议约定价值不公允的除外。

4. 无形资产取得的核算

（1）购入无形资产的账务处理

购入无形资产按实际支付的价款作为实际成本，借记"无形资产"、"应交税费——应交增值税（进项税额）"账户，贷记"银行存款"等账户。

小贴士

如果相对价值较小，则无须单独核算，可以计入其他资产的成本，视为其他资产的组成部分核算。例如，只是作为电脑必不可少的附件随机购入的，金额相对较小的软件，就不必单独核算。

（2）投资者投入无形资产的账务处理

投资者投入的无形资产，按投资合同或协议约定的价值作为实际成本，借记"无形资产"账户，贷记"实收资本"等账户。但合同或协议约定价值不公允的除外。

（3）接受捐赠无形资产的账务处理

接受捐赠的无形资产，捐赠方提供有关凭据的，按凭据上标明的金额加上应支付的相关税费，作为实际成本；捐赠方没有提供有关凭据的，按其市价或同类、类似无形资产的市价作为实际成本，借记"无形资产"账户，贷记"营业外收入——捐赠利得"账户。

（4）企业自行开发的无形资产的阶段账务处理

1）自行开发的无形资产的阶段。企业自行研究开发项目，应当区分研究阶段与开发阶段分别进行核算，研究阶段的支出应当在发生时全部计入当期损益；开发阶段的支出，不符合资本化条件的，计入当期损益，满足资本化条件的，待开发项目完成达到预定用途形成无形资产时，再将其发生的实际成本转入无形资产。无法区分研究阶段和开发阶段的支出，应当在发生时作为管理费用，全部计入当期损益。

2）自行开发的无形资产的账务处理。企业自行开发无形资产发生的研发支出，无论是否满足资本化条件，均应先在"研发支出"账户中归集。

① 研究阶段发生的支出，借记"研发支出——费用化支出"账户，贷记"原材料"、"银行存款"、"应付职工薪酬"等账户。

② 开发阶段发生的支出，不满足资本化条件的，借记"研发支出——费用化支出"账户，满足资本化条件的，借记"研发支出——资本化支出"账户，贷记"原材料"、"银行存款"、"应付职工薪酬"等账户。

研究开发项目达到预定用途形成无形资产的，应按"研发支出——资本化支出"账户的余额，借记"无形资产"账户，贷记"研发支出——资本化支出"账户。

期（月）末，应将"研发支出——费用化支出"账户归集的费用化支出金额转入"管理费用"账户，借记"管理费用"账户，贷记"研发支出——费用化支出"账户。

【活动案例5.19】 2015年1月5日，广州东方机械制造厂自行研制开发一项专利技术。研究阶段发生调研费用21 000元，以银行存款支付；5月进入开发阶段，领用原材料60 000元，应转出的进项税额10 200元，发生人工费33 000元。经确认，开发阶段的支出不满足资本化条件。6月18日，该厂依法申请了专利，为此发生了注册费19 000元和律师费10 000元。相关凭证见图5-31～图5-35。

领 料 单

领料部门：研究开发部

库　　号：5　　　　　　　　　2015 年 5 月 6 日　　　　　　　　　编号：5612

编号	类别	名称	规格	单位	数量		金额		第三联 交会计
					请领	实发	单价	总额	
		圆钢	2#	吨	1	1	25 000.00	25 000.00	
		角钢	7#	吨	1	1	35 000.00	35 000.00	
	合　计							￥60 000.00	
用途	开发新产品								

发料人：张燕　　　　记账：张立　　　　领料部门负责人：林洁　　　　领料人：高雅

图 5-31　领料单

工资分配表

2015 年 5 月

部门	总账科目	明细科目	金额
研究开发部	研发支出	资本化支出	33 000.00

图 5-32　工资分配表

广东省行政事业性收费统一票据

缴费单位：广州东方机械制造厂　　　　2015 年 6 月 18 日　　　　　　编号：7923216

单位代码	项目编号	项目名称	计量单位	计费数量	收费标准	金额
00689	0202361	注册登记费				19 000.00
合计人民币	壹万玖仟零佰零拾零元零角零分					￥19 000.00
缴费通知书 合同编码	002368716	收款方式	柜台	备注		

图 5-33　广东省行政事业性收费统一发票

4409156801　**广东增值税专用发票**　No 63176205

发票联　　开票日期：2015 年 6 月 18 日

购货单位	名　　称：广州东方机械制造厂 纳税人识别号：440224627888835 地 址、电 话：广州市荔湾区玉泉路 138 号　6708×××× 开户行及账号：中国工商银行广州分行玉泉路支行	密码区	（略）

货物及应税劳务名称	规格型号	单位	数量	单价	金额	税率	税额
律师咨询费				10 000.00	10 000.00	6%	600.00
合　　计					￥10 000.00		￥600.00
价税合计（大写）	⊗壹万零陆佰元整					（小写）	￥10 600.00

销货单位	名　　称：广州市中信律师事务所 纳税人识别号：443105678912031 地 址、电 话：广州市华南路 71 号　6528×××× 开户行及账号：中国工商银行广州分行华南路支行	备注	广州中信律师事务所 443105678912031 发票专用章

收款人：高阳　　复核：魏燕　　开票人：张敏　　销货单位（盖章）：

第二联　发票联　购货方记账凭证

图 5-34　广东增值税专用发票

无形资产收入单

转入或购入单位：广州东方机械制造厂

转出或售出单位：本单位自行研制　　2015 年 6 月 18 日

名称	单位	数量	单价	金额 / 元	摊销期限 / 年
专利技术	项	1	29 000	29 000	10
合计		1		29 000	

单位主管：赵光　　制单：李玉

图 5-35　无形资产收入单

企业账务处理如下。

1）研究阶段发生调研费：

借：研发支出——费用化支出　　21 000

　　贷：银行存款　　21 000

2）调研费转入“管理费用”账户：

借：管理费用——研发费用　　21 000

　　贷：研发支出——费用化支出　　21 000

3）开发阶段发生的支出：

借：研发支出——费用化支出　　　　　　　　　　　　103 200

　　贷：原材料——圆钢　　　　　　　　　　　　　　　　　25 000

　　　　　　——角钢　　　　　　　　　　　　　　　　　35 000

　　　　应交税费——应交增值税（进项税额转出）　　　　10 200

　　　　应付职工薪酬——工资　　　　　　　　　　　　　33 000

借：研发支出——资本化支出　　　　　　　　　　　　　29 000

　　应交税费——应交增值税（进项税额）　　　　　　　　　600

　　贷：银行存款　　　　　　　　　　　　　　　　　　　29 600

4）研究开发项目达到预定用途形成无形资产：

借：管理费用——研发费用　　　　　　　　　　　　　103 200

　　贷：研发支出——费用化支出　　　　　　　　　　　　103 200

借：无形资产——专利技术　　　　　　　　　　　　　　29 000

　　贷：研发支出——资本化支出　　　　　　　　　　　　29 000

5. 无形资产摊销的核算

为了进行无形资产的摊销，应预计无形资产的使用寿命。

无形资产的使用寿命为有限的，应当估计该使用寿命的年限或者构成使用寿命的产量等类似计量单位数量；无法预见无形资产为企业带来经济利益期限的，应当视为使用寿命不确定的无形资产。

使用寿命有限的无形资产，其摊销金额应当在使用寿命内进行合理摊销；使用寿命不确定的不予摊销。

（1）无形资产使用寿命的判断

企业持有的无形资产通常来源于合同性权利或其他法定权利，且合同规定或法律规定有明确的使用年限。

来源于合同性权利或其他法定权利的无形资产，其使用寿命不应超过合同性权利或其他法定权利的期限；合同性权利或其他法定权利在到期时因续约等延续，且有证据表明企业续约不需要付出大额成本的，续约期应当计入使用寿命。

合同或法律没有规定使用寿命的，企业应当综合各方面因素判断，以确定无形资产能为企业带来经济利益的期限。

 小贴士

　　使用寿命有限的无形资产，其残值应视为零，除非有第三方承诺在无形资产使用寿命结束时愿意以一定的价格购买该项无形资产；或是存在活跃的市场，通过市场可以得到无形资产使用寿命结束时的残值信息，并且该市场在无形资产使用寿命结束时可能存在，无形资产可以存在残值。

（2）无形资产摊销的账务处理

企业摊销无形资产，应当自无形资产可供使用时起（取得当月起），至不再作为无形资产确认时止，无形资产的摊销金额一般应计入当期损益。摊销价值时，借记"管理费用"、"其他业务成本"账户，贷记"累计摊销"账户。处置无形资产还应同时结转累计摊销。

【活动案例 5.20】 2015 年 6 月 30 日，广州东方机械制造厂摊销专利技术成本，无形资产摊销计算表见图 5-36。

无形资产摊销计算表

项目：专利计技术　　　　　　　2015 年 6 月 30 日

名称	原始成本	摊销期限 / 年	月摊销金额	记入账户
专利技术	132 200	10	1 102	管理费用
合计			1 102	

单位主管：赵光　　　　　　　　　　　　　　　制单：李玉

图 5-36　无形资产摊销计算表

企业账务处理如下：

借：管理费用——无形资产摊销　　　　　　　　　　　　　　1 102

　　贷：累计摊销——专利技术摊销　　　　　　　　　　　　　　　1 102

6. 无形资产出售、出租的核算

出售无形资产，按实际取得的转让价款，借记"银行存款"、"累计摊销"、"无形资产减值准备"等账户；按无形资产的账面余额，贷记"无形资产"账户；按应支付的相关税费，贷记"应交税费"、"银行存款"等账户；按其差额，贷记"营业外收入"账户或借记"营业外支出"账户。

企业转让无形资产使用权时，借记"银行存款"等账户，贷记"其他业务收入"、"应交税费"等账户；出租过程计提无形资产摊销，借记"其他业务成本"账户，贷记"累计摊销"等账户。

【活动案例 5.21】 2015 年 6 月 30 日，广州东方机械制造厂出售其拥有的一项无形资产，账面价值 350 000 元，累计摊销 70 000 元，无形资产减值准备 9 250 元。出售所得价款 310 000 元，增值税税额 18 600 元。相关凭证见图 5-37～图 5-39。

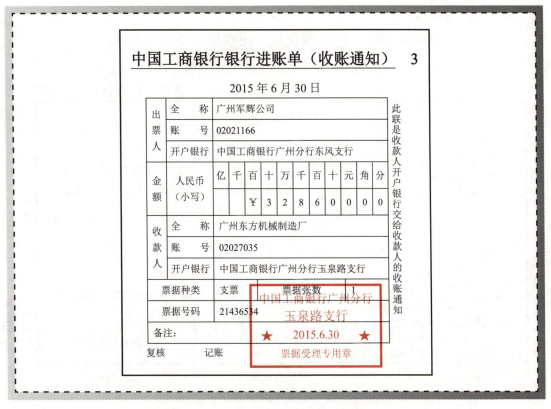

图 5-37　中国工商银行进账单（收账通知）

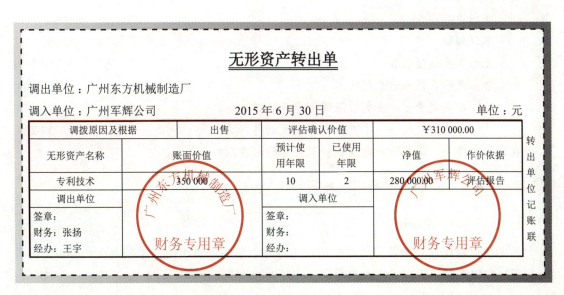

图 5-38　无形资产转出单

图 5-39　广东增值税专用发票

企业账务处理如下：

借：银行存款　　　　　　　　　　　　　　　　　328 600

　　累计摊销　　　　　　　　　　　　　　　　　　70 000

　　无形资产减值准备　　　　　　　　　　　　　　 9 250

　　贷：无形资产——专利技术　　　　　　　　　　350 000

　　　　应交税费——应交增值税（销项税额）　　　18 600

　　　　营业外收入——非流动资产处置利得　　　　37 250

在实际工作中，城市维护建设税和教育费附加在期末计算。

活动 5.2.2　长期待摊费用的核算

1. 长期待摊费用的核算内容

长期待摊费用核算企业已经发生但由本期和以后各期负担的分摊期限在一年以上的各种费用，如以经营租赁方式租入的固定资产发生的改良支出等。

2. 长期待摊费用的账务处理

1）费用发生时的账务处理：

借：长期待摊费用

贷：银行存款、原材料等

　2）摊销费用时的账务处理：

　　借：管理费用、制造费用、销售费用等

　　　贷：长期待摊费用

任务 5.3　投 资 实 务

活动指导——设置账户

　　企业投资的会计核算主要涉及以下账户。

　　"交易性金融资产"账户：属于资产类账户，核算企业为交易目的所持有的债券投资、股票投资、基金投资等交易性金融资产的公允价值。可按交易性金融资产的类别和品种，分别以"成本"、"公允价值变动"账户等进行明细核算。

　　"长期股权投资"账户：属于资产类账户，核算企业持有的采用成本法和权益法核算的长期股权投资。可按被投资单位进行明细核算。

　　"公允价值变动损益"账户：属于损益类账户，核算企业交易性金融资产、交易性金融负债，以及采用公允价值模式计量的投资性房地产、衍生工具、套期保值业务等公允价值变动形成的应计入当期损益的利得或损失。

　　"应收股利"账户：属于资产类账户，核算企业应收取的现金股利和应收取其他单位分配的利润。可按被投资单位进行明细核算。

　　"应收利息"账户：属于资产类账户，核算企业交易性金融资产、持有至到期投资、可供出售金融资产、发放贷款、存放中央银行款项、拆出资金、买入返售金融资产等应收取的利息。可按被投资单位进行明细核算。

　　"投资收益"账户：属于损益类账户，核算企业确认的投资收益或投资损失。可按投资项目进行明细核算。

　　企业的投资业务主要包括金融资产投资和长期股权投资。

　　金融资产是一切可以在有组织的金融市场上进行交易、具有现实价格和未来估价的金融工具的总称。主要包括库存现金、银行存款、应收账款、应收票据、贷款、其他应收款、应收利息、债权投资、股权投资、基金投资、衍生金融资产等。

活动 5.3.1　交易性金融资产

1. 交易性金融资产概述

　　金融资产满足下列条件之一的，应当划分为交易性金融资产。

　1）取得该金融资产的目的，主要是近期内出售或回购，如购入的拟短期持有的股票。

　2）属于进行集中管理的可辨认金融工具组合的一部分，且有客观证据表明企业近期采用短期获利方式对该组合进行管理。例如，基金公司购入一批股票，其目的是短期获利。

3）属于衍生工具。即一般情况下，购入的期货等衍生工具，应作为交易性金融资产，因为衍生工具的目的就是交易，如国债期货等。

取得交易性金融资产的目的，主要是近期内出售，即获取价差。交易性金融资产有两个特点：一是以公允价值计量；二是公允价值变动计入当期损益（公允价值变动损益）。

2. 交易性金融资产的核算

（1）取得交易性金融资产

取得交易性金融资产时，应当按照取得时的公允价值作为初始确认金额，相关的交易费用在发生时计入当期损益；如果所支付的价款中包含已宣告发放的现金股利或债券利息，应当作为应收款项，单独列示。

按公允价值，借记"交易性金融资产——成本"账户；按买价中所含的已宣告但尚未分配的现金股利或已到付息期但尚未领取的利息，借记"应收利息"（应收股利）账户；按交易费用，借记"投资收益"账户；按实际支付的金额，贷记"银行存款"或"其他货币资金"等账户。

（2）持有交易性金融资产期间

1）交易性金融资产持有期间取得的现金股利和利息。持有交易性金融资产期间被投资单位宣告发放现金股利或在资产负债表日按债券票面利率计算利息时，借记"应收股利"或"应收利息"账户，贷记"投资收益"账户。

2）交易性金融资产的期末计量。资产负债表日，交易性金融资产的公允价值高于其账面余额的差额，借记"交易性金融资产——公允价值变动"账户，贷记"公允价值变动损益"账户；公允价值低于其账面余额的差额，作相反的会计分录。

（3）处置交易性金融资产时

企业处置交易性金融资产时，将处置时的该交易性金融资产的公允价值与初始入账金额之间的差额确认为投资收益，同时调整公允价值变动损益。

【活动案例5.22】 2015年3月16日，格立公司以每股5元的价格购进妮可公司股票100 000股确认为交易性金融资产，另支付相关税费100元；6月15日妮可公司宣告按每10股0.3元分派现金股利；6月29日如数收到宣告发放的现金股利。相关凭证见图5-40～图5-42。

国信证券海珠营业部成交过户交割单

日期：2015 年 3 月 16 日	业务名称：证券买入
股东账号：8866123	合同号：82353
股东姓名：格立公司	成交编号：510067
股票代码：00123	申报时间：10:27:00
股票名称：妮可公司股份	成交时间：11:20:00
买卖方向：买入	佣金：100.00
成交价格：5.00	印花税：0.00
成交数量：100 000 股	过户费：0.00
成交金额：500 000.00	其他费用：0.00
实际收付：500 100.00	备注：证券买入
	打印时间：2015 年 3 月 16 日
经办单位：国信证券海珠营业部　　客户签名：	

图 5-40　国信证券珠海营业部成交过户交割单（1）

妮可公司 2015 年度中期派息公告

根据公司股东大会决议，现将本公司 2015 年中期派息实施办法公告如下：

一、公司 2015 年中期利润分配预案

按每 10 份派 0.3 元（含税）的方案向全体股东分配现金股利。

二、分红派息具体实施办法

1. 股权登记日：2015 年 6 月 18 日。

2. 除息日：2015 年 6 月 19 日。

3. 红利发放日：2015 年 6 月 29 日。

4. 每股税前红利金额：0.03 元。

5. 每股税后利息金额：持本股票的个人股东，本公司按 10% 的税率代扣个人所得税，实际每股派发现金红利 0.027 元；持本股票的机构投资者，实际每股发放红利 0.03 元。对国家股、法人股股东，实际每股发放利息 0.03 元。

6. ……

妮可公司董事会

二〇一五年六月十五日

图 5-41　妮可公司 2015 年度中期派息公告

国信证券海珠营业部成交过户交割单

日期：2015 年 6 月 29 日	业务名称：股利入账
股东账号：8866123	合同号：
股东姓名：格立公司	成交编号：
股票代码：000123	申报时间：
股票名称：妮可公司股份	成交时间：13:50:00
买卖方向：股利入账	佣金：
成交价格：	印花税：
成交数量：	过户费
成交金额：	其他费用：股利入账
实际收付：3 000	备注：
	打印时间：2015 年 6 月 29 日

经办单位：国信证券海珠营业部　　　　客户签名：

图 5-42　国信证券海珠营业厅成交过户交割单（2）

企业账务处理如下。

1）3 月 16 日购买时：

借：交易性金融资产——成本　　　　　　　　　　　　　　　　　500 000
　　投资收益——妮可公司股份　　　　　　　　　　　　　　　　　　　100
　　　贷：其他货币资金——存出投资款　　　　　　　　　　　　　500 100

2）持有期间。6 月 15 日宣告发放股利时：

借：应收股利——妮可公司股份　　　　　　　　　　　　　　　　3 000
　　　贷：投资收益——妮可公司股份　　　　　　　　　　　　　　3 000

6 月 29 日实际收到资金时：

借：其他货币资金——存出投资款　　　　　　　　　　　　　　　3 000
　　　贷：应收股利——妮可公司股份　　　　　　　　　　　　　　3 000

【活动案例5.23】 2014 年 12 月 18 日，格立公司以每股 15 元的价格（其中包含已宣告但尚未发放的现金股利 0.2 元）购进三阳公司股票 200 000 股确认为交易性金融资产，另支付相关税费 500 元；12 月 25 日如数收到宣告发放的现金股利；12 月 31 日该股票价格下跌到每股 12 元；2015 年 6 月 30 日该股票价值上涨到每股 17 元。2015 年 7 月 15 日以每股 16 元的价格将该股票 200 000 股出售，支付相关税费 3 700 元。相关凭证见图 5-43～图 5-47。

国信证券海珠营业部成交过户交割单

日期：2014 年 12 月 18 日　　　　　　　　业务名称：证券买入

股东账号：8866123　　　　　　　　　　　合同号：86011

股东姓名：格立公司　　　　　　　　　　　成交编号：903300

股票代码：000321　　　　　　　　　　　申报时间：10:21:00

股票名称：三阳公司股份　　　　　　　　　成交时间：13:30:00

买卖方向：买入　　　　　　　　　　　　　佣金：500.00

成交价格：15.00　　　　　　　　　　　　印花税：0.00

成交数量：200 000 股　　　　　　　　　　过户费：0.00

成交金额：3 000 000.00　　　　　　　　　其他费用：0.00

实际收付：3 000 500.00　　　　　　　　　备注：证券买入

　　　　　　　　　　　　　　　　　　　　含有已宣布未领现金股利 40 000 元

　　　　　　　　　　　　　　　　　　　　打印时间：2014 年 12 月 18 日

经办单位：国信证券海珠营业部　　　　　客户签名：

图 5-43　国信证券海珠营业部成交过户交割单（1）

国信证券海珠营业部成交过户交割单

日期：2014 年 12 月 25 日　　　　　　　　业务名称：股利入账

股东账号：8866123　　　　　　　　　　　合同号：

股东姓名：格立公司　　　　　　　　　　　成交编号：

股票代码：000321　　　　　　　　　　　申报时间：

股票名称：三阳公司股份　　　　　　　　　成交时间：10:37:00

买卖方向：股利入账　　　　　　　　　　　佣金：

成交价格：　　　　　　　　　　　　　　　印花税：

成交数量：　　　　　　　　　　　　　　　过户费：

成交金额：　　　　　　　　　　　　　　　其他费用：

实际收付：40 000　　　　　　　　　　　　备注：

　　　　　　　　　　　　　　　　　　　　打印时间：2014 年 12 月 25 日

经办单位：国信证券海珠营业部　　　　　客户签名：

图 5-44　国信证券海珠营业部成交过户交割单（2）

公允价值变动损益计算表

2014 年 12 月 31 日 　　　　　　　　　　　　　单位：元

交易性金融资产项目	持有数量	资产成本	公允价值变动前资产净值	期末市场价格	资产公允价值	本期公允价值变动	公允价值变动净损益
三洋公司股份	200 000	2 960 000	2 960 000	12	2 400 000	−560 000	−560 000

图 5-45　公允价值变动损益计算表（1）

公允价值变动损益计算表

2015 年 6 月 30 日 　　　　　　　　　　　　　单位：元

交易性金融资产项目	持有数量	资产成本	公允价值变动前资产净值	期末市场价格	资产公允价值	本价值变动期公允	公允价值变动净损益
三阳公司股份	200 000	2 960 000	2 400 000	17	3 400 000	1 000 000	+440 000

图 5-46　公允价值变动损益计算表（2）

国信证券海珠营业部成交过户交割单

日期：2015 年 7 月 15 日	业务名称：证券卖出
股东账号：8866123	合同号：106012
股东姓名：格立公司	成交编号：1505607
股票代码：000321	申报时间：11:12:00
股票名称：三阳公司股份	成交时间：14:15:00
买卖方向：卖出	佣金：500.00
成交价格：16.00	印花税：3 200.00
成交数量：200 000 股	过户费 0.00
成交金额：3 200 000.00	其他费用：0.00
实际收付：3 196 300.00	备注：证券卖出
	打印时间：2015 年 7 月 15 日
经办单位：国信证券海珠营业部　　　客户签名：	

图 5-47　国信证券海珠营业部成交过户交割单（3）

企业账务处理如下：

1）12 月 18 日购买时：

借：交易性金融资产——成本	2 960 000
应收股利——三阳公司股份	40 000
投资收益——三阳公司股份	500
贷：其他货币资金——存出投资款	3 000 500

2）持有期间。12 月 25 日如数收到宣告发放的现金股利：

| 借：其他货币资金——存出投资款 | 40 000 |
| 　　　贷：应收股利——三阳公司股份 | 40 000 |

12 月 31 日，确认股票价格变动时：

| 借：公允价值变动损益——交易性金融资产 | 560 000 |
| 　　　贷：交易性金融资产——公允价值变动 | 560 000 |

2015 年 6 月 30 日，确认股票价格变动时：

| 借：交易性金融资产——公允价值变动 | 1 000 000 |
| 　　　贷：公允价值变动损益——交易性金融资产 | 1 000 000 |

3）2015 年 7 月 15 日出售时：

借：银行存款	3 196 300
贷：交易性金融资产——成本	2 960 000
投资收益——交易性金融资产	236 300

同时，

| 借：公允价值变动损益——交易性金融资产 | 440 000 |
| 　　　贷：交易性金融资产——公允价值变动 | 440 000 |

活动 5.3.2　长期股权投资

1. 长期股权投资的确认范围

1）企业持有的能够对被投资单位实施控制的权益性投资，即对子公司投资。控制是指有权决定一个企业的财务和经营政策，并能据以从该企业的经营活动中获取利益。

2）企业持有的能够与其他合营方一同对被投资单位实施共同控制的权益性投资，即对合营企业投资。共同控制，是指按照合同约定对某项经济活动共有的控制。

3）企业持有的能够对被投资单位具有重大影响的权益性投资，即对联营企业投资。重大影响，是指对一个企业的财务和经营政策有参与决策的权力，但并不能够控制或者与其他方一起共同控制这些政策的制定。

4）企业对被投资单位不具有控制、共同控制或重大影响，并且在活跃市场中没有报价、公允价值不能可靠计量的权益性投资。

2. 长期股权投资的核算

企业在持有长期股权投资期间，根据对被投资单位的影响程度及是否存在活跃市场、公允价值能否可靠取得，分别采用成本法和权益法进行核算。

成本法，是指长期股权投资按投资成本计价的方法。

权益法，是指长期股权投资最初以初始投资成本计价，以后根据投资企业享有的被投资单位所有者权益份额的变动对投资的账面价值进行调整的方法。

（1）成本法的核算

1）成本法的适用范围。一是投资企业能够对被投资单位实施控制的长期股权投资，即投资企业对子公司的长期股权投资，应当采用成本法进行日常核算，并在编制合并财务报表时按照权益法进行调整。

从投资比例上看，控制一般存在于以下两种情况：①投资企业直接拥有被投资单位50%以上的表决权资本；②投资企业虽然直接拥有被投资单位50%或以下的表决权资本，但具有实质控制权的。

二是投资企业对被投资单位不具有共同控制或重大影响，并且在活跃市场中没有报价、公允价值不能可靠计量的长期股权投资。

2）成本法的会计处理。

① 初始投资或追加投资。初始投资或追加投资时，应当按照初始投资或追加投资的成本增加长期股权投资的账面价值。

② 现金股利或利润。被投资单位宣告分派的现金股利或利润，确认为当期投资收益。投资企业确认投资收益，仅限于被投资单位接受投资后产生的累积净利润的分配额，所获得的利润或现金股利超过上述数额的部分作为初始投资成本的收回。

一般情况下，投资企业在取得投资当年自被投资单位分得的现金股利或利润应作为投资成本的收回。以后年度被投资单位累计分派的现金股利或利润超过投资以后至上年末止被投资单位累计实现净利润的，投资企业按照持股比例计算应享有的部分作为投资成本的收回，冲减投资的账面价值。

具体可按以下公式计算：

应冲减初始投资成本的金额＝[投资后至本年末（或本期末）止被投资单位分派的现金股利－投资后至上年末止被投资单位累积实现的净损益]× 投资企业的持股比例－投资企业已冲减的初始投资成本

应确认的投资收益＝投资企业当年获得的现金股利－应冲减初始投资成本的金额

如果投资后至本年末（或本期末）止被投资单位累积分派的现金股利，大于投资后至上年末止被投资单位累积实现的净损益，则按上述公式计算应冲减初始投资成本的金额；如果等于或小于投资后至上年末止被投资单位累积实现的净损益，则被投资单位当期分派的现金股利中应由投资企业享有的部分，确认为投资收益。

【活动案例5.24】 2014 年 1 月 28 日，格立公司以每股 12 元的价格购进赛宝公司股票50 000 股确认为长期投资。另支付相关税费 500 元。2014 年 6 月 25 日，赛宝公司宣布 2013年度利润分配方案，决定每股派发现金股利 0.2 元。2015 年 6 月 10 日，赛宝公司宣布 2014年年度利润分配方案，决定每股派发现金股利 0.3 元（凭证略）。企业部分账务处理如下。

1）2014 年 1 月 28 日购买时：

借：长期股权投资——赛宝公司（成本）　　　　　　　　　　600 000

　　贷：其他货币资金——存出投资款　　　　　　　　　　　　　　600 000

2）2014 年 6 月 25 日宣布派息时：

借：应收股利——赛宝股份　　　　　　　　　　　　　　　　10 000

　　贷：长期股权投资——赛宝公司（成本）　　　　　　　　　　　10 000

3）2015 年 6 月 10 日宣布派息时：

借：应收股利——赛宝公司　　　　　　　　　　　　　　　　15 000

　　贷：投资收益　　　　　　　　　　　　　　　　　　　　　　　15 000

（2）权益法的核算

1）权益法的适用范围。投资企业对被投资单位具有共同控制或重大影响的长期股权投资。在确定能否对被投资单位实施控制或施加重大影响时，应当考虑投资企业和其他方持有的被投资单位当期可转换公司债券、当期可执行认股权证等潜在表决权因素。

共同控制，是指被投资单位的经营和财务决策不是由某一投资方确定的，而是由两个或者两个以上的投资企业共同作出决定。

重大影响，是指当投资企业直接拥有被投资单位 20% 或以上至 50%（含 50%）的表决权资本时，一般认为对被投资单位具有重大影响。

此外，虽然投资企业直接拥有被投资单位 20% 以下的表决权资本，但符合下列情况之一的，也应确认为对被投资单位具有重大影响：①在被投资单位的董事会或类似的权力机构中派有代表；②参与被投资单位的政策制定过程；③向被投资单位派出管理人员；④依赖投资企业的技术资料；⑤其他能足以证明投资企业对被投资单位具有重大影响的情形。

2）权益法的会计处理。

① 初始投资或追加投资时，投资企业按照初始投资或追加投资时的投资成本增加长期股权投资的账面价值。长期股权投资的初始投资大于投资时应享有被投资单位可辨认净资产公允价值份额的，不调整长期股权投资的初始投资成本；长期股权投资的初始投资小于投资时应享有被投资单位可辨认净资产公允价值份额的，其差额应当计入当期损益（记入"营业外收入"账户），同时调整长期股权投资的成本。

② 投资后，被投资单位实现净损益。投资企业取得长期股权投资后，应当按照应享有或应分担的被投资单位实现的净损益的份额，确认投资损益并调整长期股权投资的账面价值。

被投资单位宣告分派利润或现金股利时，投资企业按表决权资本比例计算的应分得的利润或现金股利，冲减长期股权投资的账面价值。

投资企业确认被投资单位发生的净亏损，应当以长期股权投资的账面价值及其他实质上构成对被投资单位净投资的长期权益减记至零为限，投资企业负有承担额外损失义务的除外。

持有期间被投资单位所有者权益发生其他变动的，投资企业应按持有比例计算享有的份额，借记或贷记"长期股权投资——其他权益变动"账户，借记或贷记"资本公积——其他资本公积"账户。

【活动案例 5.25】 2013 年 6 月 15 日，格立公司以 1 970 000 元购进康达股份公司股票确认为长期投资（康达股份公司所有者权益账面价值 10 000 000 元，占康达股份公司总额的 20%）。2013 年，康达股份公司实现净利润 1 000 000 元（假设与公允价值不存在差异）。2014 年，康达股份公司发生净损失 500 000 元（假设与公允价值不存在差异，凭证略）。

企业部分账务处理如下。

1）2013 年 6 月 15 日购买时：

借：长期股权投资——康达股份公司（成本）　　　　　　　　　　　　2 000 000

　　贷：其他货币资金——存出投资款　　　　　　　　　　　　　　　1 970 000

　　　　营业外收入　　　　　　　　　　　　　　　　　　　　　　　　　30 000

2）2013 年，康达股份公司实现净利润时：

调整：1 000 000×20% ＝ 200 000（元）

借：长期股权投资——康达股份公司（损益调整）　　　　　　　　　　　200 000

　　贷：投资收益　　　　　　　　　　　　　　　　　　　　　　　　　　200 000

3）2014 年，康达股份公司发生净损失时：

调整：300 000×20% ＝ 60 000（元）

借：投资收益　　　　　　　　　　　　　　　　　　　　　　　　　　　60 000

　　贷：长期股权投资——康达股份公司（损益调整）　　　　　　　　　　60 000

3. 长期股权投资的处置

根据会计准则规定，企业处置长期股权投资，其账面价值与实际取得价款的差额，应当计入当期损益。

采用成本法核算，按实际收到的金额，借记"其他货币资金"、"长期股权投资减值准备"等账户；按长期股权投资的账面余额，贷记"长期股权投资——成本"账户；按差额借记或贷记"投资收益"账户。

借：其他货币资金——存出投资款

　　借或贷：投资收益

　　贷：长期股权投资——成本

采用权益法核算，按实际收到金额，借记"其他货币资金"、"长期股权投资减值准备"等账户；按长期股权投资的账面余额（包括成本、损益调整、其他权益变动等明细账），贷记"长期股权投资"账户；按差额，借记或贷记"投资收益"账户。同时结转相关的"资本公积——其他资本公积"账户。

借：其他货币资金——存出投资款

　　借或贷：投资收益

　　贷：长期股权投资——成本

　　　　　　　　　　——损益调整

　　　　　　　　　　——其他权益变动

习　题

一、单项选择题

1. 购入需要安装的固定资产在安装完毕交付使用时将该资产价值转入（　　）账户。

　　A．"固定资产"　　　　B．"在建工程"　　　　C．"生产成本"　　　　D．"制造费用"

2. 自行建造的固定资产按建造该项资产达到（　　）前所发生的全部支出作为入账价值。

　　A．可使用状态　　　　　　　　　　B．预定可使用状态

　　C．估计可使用状态　　　　　　　　D．计划可使用状态

3. 企业作为经营租入的固定资产由（　　）提取折旧。

　　A．出租方　　　　　　　　　　　　B．承租方

　　C．出租方与承租方各按 50%　　　　D．双方均不

4. 企业盘盈的固定资产，应在报告批准后，转入（　　）账户。

　　A．"资本公积"　　　　　　　　　　B．"营业外收入"

　　C．"管理费用"　　　　　　　　　　D．"其他业务收入"

5. 企业因出售、报废、毁损的固定资产应通过（　　）账户核算。

　　A．"待处理财产损溢"　　　　　　　B．"固定资产清理"

　　C．"待处理固定资产损溢"　　　　　D．"营业外支出"

6. 甲企业兼并乙企业，甲企业实际支付 800 万元，乙企业的资产总额为 1 500 万元。负债总额为 900 万元，乙企业的商誉价值为（　　）万元。

　　A．800　　　　　　B．700　　　　　　C．100　　　　　　D．200

7. 下列固定资产中，本月不应计提折旧的是（　　）。

　　A．本月季节性停用的设备

　　B．当月减少的固定资产

　　C．融资租入固定资产在租赁期的最后一月

　　D．当月购入一台机器设备

8. 企业接受投资者投入的一项固定资产，应按（　　）作为入账价值。

　　A．投资方的账面价值　　　　　　　B．投资各方所确认的价值

　　C．投资方的账面原值　　　　　　　D．市场价格

9. 生产部门使用的固定资产提取的折旧费应记入（　　）账户。

　　A．"制造费用"　　　　　　　　　　B．"管理费用"

　　C．"财务费用"　　　　　　　　　　D．以上均不正确

10. 管理部门使用的固定资产提取的折旧费应记入（　　）账户。

　　A．"制造费用"　　　　　　　　　　B．"管理费用"

　　C．"财务费用"　　　　　　　　　　D．以上均不正确

11. 企业出租无形资产取得的收入应记入（　　）账户。

　　A．"主营业务收入"　　　　　　　　B．"其他业务收入"

C．"投资收益"   D．"营业外收入"

12．"累计折旧"账户是"固定资产"账户的（   ）。

     A．抵减调整账户   B．附加调整账户

     C．抵减附加调整账户   D．以上均不对

13．盘盈的固定资产按（   ）作为入账价值。

     A．同类资产的市场价格

     B．同类资产的市场价格——估计的折旧费

     C．资产的评估价格

     D．资产的评估价格——估计的折旧费

14．购置固定资产在买价之外所支付的增值税，应记入（   ）账户。

     A．"应交税费"   B．"其他业务支出"

     C．"营业税金及附加"   D．"固定资产原始价值"

15．（   ）的存在无法与企业自身分离，不具有可辨认性，不属于《企业会计准则第6号——无形资产》规范的内容。

     A．非专利技术   B．商标权   C．商誉   D．著作权

16．企业采用出包方式购建固定资产，按合同规定预付的工程款，可通过（   ）账户核算。

     A．"预付账款"   B．"应付账款"

     C．"固定资产"   D．"其他应收款"

17．下列各项中，不构成短期投资成本的是（   ）。

     A．购买股票的价款中包含的已宣告但尚未领取的现金股利

     B．购买股票支付的手续费

     C．购买股票支付的价款

     D．购买债券支付的手续费

二、多项选择题

1．采用自营方式建造固定资产的情况下，下列项目应记入"固定资产成本"账户的有（   ）。

     A．工程耗用原材料购进时发生的增值税

     B．工程人员的工资及福利费用

     C．工程领用本企业商品生产的实际成本

     D．生产车间为工程提供水电等费用

     E．工程在达到预定可使用状态前进行试运转时发生的支出

2．按照企业会计准则规定，下列固定资产中应计提折旧的有（   ）。

     A．融资租入的固定资产   B．大修理停用的固定资产

     C．未使用的房屋及建筑物   D．经营租出的一台设备

3．关于长期待摊费用的摊销期限，下列说法中正确的有（   ）。

A. 应在费用项目的受益期限内分期平均摊销

B. 在不超过 5 年的期限内平均摊销，计入损益

C. 所有长期待摊费用应在企业开始生产经营当月起一次计入开始生产经营当月的损益

D. 如果长期待摊的费用项目不能使以后会计期间受益的，应当将尚未摊销的该项目的摊余价值全部转入当期损益

4. "固定资产清理"账户借方核算的内容包括（　　）。

A. 发生的清理费用　　　　　　　　B. 结转的固定资产清理净收益

C. 结转的固定资产清理净损失　　　D. 转入清理的固定资产的净值

5. 在计提固定资产折旧的初期，就需考虑固定资产净残值的折旧方法是（　　）。

A. 年限平均法　　　　　　　　　　B. 工作量法

C. 双倍余额递减法　　　　　　　　D. 年数总和法

6. 无形资产摊销应记入的损益类账户有（　　）。

A. "管理费用"　　　　　　　　　　B. "营业费用"

C. "其他业务成本"　　　　　　　　D. "营业外支出"

7. 出售无形资产时发生的成本费用包括（　　）。

A. 出售无形资产的洽谈费用和差旅费　　B. 出售无形资产取得的收入

C. 出售无形资产的摊余价值　　　　D. 出售无形资产时应交纳的税金

8. 固定资产按经济用途和使用情况可分为（　　）等几类。

A. 生产经营用固定资产　　　　　　B. 土地

C. 租出固定资产　　　　　　　　　D. 不需用固定资产

9. 下列各项中，企业应确认为无形资产的有（　　）。

A. 吸收投资取得的土地使用权

B. 因转让土地使用权补交的土地出让金

C. 由于技术先进掌握了生产诀窍而形成的商誉

D. 无偿划拨取得的土地使用权

10. 企业作为自有固定资产管理的固定资产包括（　　）。

A. 生产经营用固定资产　　　　　　B. 非生产经营用固定资产

C. 融资租赁租出固定资产　　　　　D. 经营性租赁租入固定资产

11. 固定资产包括（　　）。

A. 房屋、建筑物　　　　　　　　　B. 机器

C. 运输工具　　　　　　　　　　　D. 玻璃器皿

12. 企业已经入账的固定资产如发生（　　）情况应调整固定资产的账面价值。

A. 根据国家规定对固定资产价值重新作价

B. 增加补充设备或改良装置

C. 根据实际价值调整原来的暂估价值

D. 将固定资产的一部分拆除

13. 无形资产的特征包括（　　）。

    A. 由企业拥有或者控制并能为其带来经济利益的资源

    B. 不具有实物形态

    C. 具有可辨认性

    D. 属于非货币性资产

14. 固定资产按使用情况可以分为（　　）。

    A. 使用中　　　　　B. 未使用　　　　　C. 不需用　　　　　D. 停用中

15. 当投资企业直接拥有被投资单位（　　）或以上至（　　）【含（　　）】的表决权资本时，一般认为对被投资单位具有重大影响。

    A. 20%　　　　　B. 30%　　　　　C. 40%　　　　　D. 50%

16. 购入的固定资产入账价值包括（　　）。

    A. 买价　　　　　B. 运输费　　　　　C. 包装费

    D. 增值税　　　　　E. 安装费

17. 下列固定资产不属于固定资产折旧范围的是（　　）。

    A. 当月新增加的固定资产　　　　　B. 当月减少的固定资产

    C. 已提足折旧继续使用的固定资产　　　　　D. 单独计价入账的土地

18. 企业持有固定资产的目的是（　　），而不是直接用于（　　），从而明显区别于流动资产。

    A. 生产商品　　　　　B. 提供劳务

    C. 出售　　　　　D. 经营管理

19. 交易性金融资产，核算企业以交易为目的所持有的（　　）等交易性金融资产的公允价值。

    A. 股票投资　　　　　B. 债券投资

    C. 基金投资　　　　　D. 股权投资

20. 影响固定资产计提折旧的因素主要包括（　　）。

    A. 折旧的基数　　　　　B. 固定资产的使用寿命

    C. 固定资产的净残值　　　　　D. 固定资产的净现值

三、判断题

1. 按照企业会计制度规定，对于融资租入的固定资产，能够合理确定租赁期满时将会取得租赁资产所有权的，应当按照固定资产预计可使用年限计提折旧，其发生的修理费用，也应比照自有固定资产的修理费用处理。（　　）

2. 企业一般应当按月提取折旧，当月增加的固定资产，当月计提折旧；当月减少的固定资产，当月不提折旧。（　　）

3. 自行开发的无形资产区分为研究阶段与成功阶段。（　　）

4. 企业固定资产一经入账，其入账价值均不得作任何变动。（　　）

5. 企业采用双倍余额递减法计提的年折旧额比采用直线法计提的年折旧额大。

（　　　）

6. 正常报废和非正常报废的固定资产均应通过"固定资产清理"账户予以核算。

（　　　）

7. 广告的目的在于维持、提高商标的价值，广告费用一般应当计入商标权成本。

（　　　）

8. 采用直线法，各年计提的折旧额相同；采用加速折旧法，在固定资产使用的早期多提折旧，后期少提折旧。 （　　　）

9. 按照我国现行会计制度规定，企业通过无偿划拨方式取得的土地使用权和有偿方式取得的土地使用权，都应当作为无形资产核算。 （　　　）

10. 企业所拥有的土地使用权，都应作为无形资产入账。 （　　　）

11. 企业已经入账的固定资产如发现原记固定资产价值有误，应调整固定资产的账面价值。 （　　　）

12. 季节性停用、大修理停用的固定资产应计提折旧。 （　　　）

13. 未提足折旧的固定资产而提前报废的固定资产应继续提取折旧。 （　　　）

14. 不提取折旧的固定资产范围包括以经营租赁方式租出的固定资产。 （　　　）

15. 企业出租的固定资产不提折旧。 （　　　）

16. 采用双倍余额递减法计提折旧的固定资产，应在其折旧年限到期以前两年内将固定资产净值平均摊销。 （　　　）

17. 企业应对经营性租入的固定资产提取折旧。 （　　　）

18. 企业"固定资产"账户核算的固定资产，其所有权均属于本企业。 （　　　）

19. 企业出售已使用过的固定资产所得收入，应当作为其他业务收入处理。 （　　　）

20. 按照实质重于形式的原则，融资租入的固定资产，也应当确认为企业的资产。

（　　　）

21. 企业按月进行无形资产摊销时，应借记"管理费用"、"其他业务成本"等账户，贷记"累计摊销"账户。 （　　　）

22. 固定资产折旧方法一经确定，不得变更。 （　　　）

23. 无形资产是指企业拥有或者控制的没有实物形态的非货币性资产。 （　　　）

24. 非专利技术、专利权、商标权、商誉、著作权都属于无形资产。 （　　　）

四、业务核算题

1. 资料：晨光公司发生下列部分业务。

1）2014 年 1 月 1 日，公司从阳阳科研所购入一项专利的所有权，以银行存款支付买价和有关费用共计 80 000 元。该专利的法定有效期限为 10 年，合同规定的法定有效期限为 8 年。晨光公司于每年年末计提全年无形资产摊销额。

2）2015 年 1 月 1 日，公司将上项专利权出售给科达公司，取得收入 70 000 元存入银行。

3）2015 年 6 月 30 日，公司在财产清查中发现盘亏设备一台，账面原价 40 000 元，已提折旧 15 000 元。报经批准转入有关账户。

4）2015 年 6 月 30 日，公司以 390 000 元出售一栋旧厂房，购进的原价为 300 000 元，已提折旧 80 000 元；另外，在出售过程中以现金支付清理费用 3 000 元，营业税率 5%，清理完毕，按 5%、3% 计算城市维护建设税和教育费附加。

5）2015 年 3 月，公司自行建造一间仓库：

① 3 月 6 日，购入工程物资 200 000 元，增值税税额 34 000 元。

② 3 月 15 日，领用工程物资 134 000 元。

③ 3 月 21 日，领用 105# 材料一批，价值 10 000 元，购进时支付的增值税进项税额为 1 700 元。

④ 6 月 3 日，领用工程物资 100 000 元。

⑤ 建造期间发生人工费 30 000 元。

⑥ 模具车间为工程提供价值 8 000 元的模具。

⑦ 6 月 30 日完工，达到预定可使用状态，并交付使用。

要求：根据以上资料编制相关会计分录。

2．资料：智高制造厂发生下列部分业务。

1）2014 年 7 月 1 日，接受 E 公司以一项专利权作价投资，该专利权投资双方确认的价值为 300 000 元，其法律规定的有效年限为 10 年。

2）2015 年 7 月 1 日，制造厂将上项专利权的使用权转让给 TT 公司。按合同规定，每年收取使用费 40 000 元，同时提供咨询、培训服务，咨询、培训人员工资开支 3 000 元，其他费用 400 元，款项均用银行存款支付。

3）2015 年 6 月 20 日，制造厂以 98 000 元出售一台机器设备（2008 年 6 月购入），原价 200 000 元，已提折旧 120 000 元。另外，在出售过程中以现金支票支付清理费用 500 元，清理完毕，按 5%、3% 计算城市维护建设税和教育费附加。

4）2015 年 6 月 9 日，制造厂报废一台机器，原价 60 000 元，已提折旧 40 000 元，在报废过程中以银行存款支付清理费 200 元，收回残料作为原材料入库，作价 1 000 元，清理完毕。

5）2015 年 6 月 30 日，企业在财产清理中发现账外设备一台，盘盈日同类资产现行市价为 30 000 元，按其新旧程度估计折旧为 15 000 元。报经批准转入有关账户。

要求：根据以上资料编制相关会计分录。

3．资料：瑞星公司发生下列部分业务。

1）2015 年 6 月 8 日，公司因火灾烧毁房屋一栋，原价 500 000 元，已提折旧 300 000 元，应收保险公司赔款 100 000 元，用银行存款支付清理费 4 000 元。

2）2015 年 6 月 10 日，购入不需安装的设备一台，发票价格为 30 000 元，支付的增值税税额为 5 100 元，另外支付运费 1 000 元，增值税税额 110 元，其款项已由银行存款支付。

3）2015 年 6 月 12 日，购入一台需要安装的设备。

① 取得的增值税专用发票上注明的设备买价为 10 000 元，增值税税额为 1 700 元；同时支付的运输费为 300 元，增值税税额 33 元，包装费为 100 元。款项以银行存款支付。

② 购入当天交付安置。安装设备时，领用甲材料价值为 234 元，发生人工费 300 元。

③ 2015 年 6 月 15 日，安装完毕交付使用。

4）2015 年 6 月 30 日，公司以 185 000 元出售一台已使用的机器设备（2009 年 12 月购入），原价 290 000 元，已提折旧 130 500 元。另外，在出售过程中以现金支票支付清理费用 100 元，清理完毕，按 5%、3% 计算城市维护建设税和教育费附加。

要求：根据以上资料编制相关会计分录。

4. 资料：

1）韵音公司的一辆运货卡车原值为 260 000 元，预计总行驶里程为 400 000 千米，其报废时的净残值率为 5%，2015 年 6 月行驶 4 500 千米。

要求：

① 用工作量法计算该项固定资产的单位工作量应提折旧额。

② 计算 6 月应计提的折旧额。

2）雅研公司一项固定资产原价为 70 000 元，预计使用年限为 10 年，预计残值收入为 3 500 元，预计清理费用为 1 000 元。

要求：用平均年限法计算年折旧率、年折旧额。

3）阳光公司的一台设备的账面原价为 90 000 元，预计使用年限为 5 年，预计净残值率为 5%。

要求：用双倍余额递减法计算年折旧率及其折旧额。

4）大新公司一项固定资产的原值为 120 000 元，预计使用年限为 5 年，预计净残值率为 5%。

要求：用年数总和法计算年折旧率及其折旧额。

5. 资料：宜家公司 2015 年 1 月 2 日开始自行研制开发一项非专利技术。研究阶段发生调研费用 30 000 元，以银行存款支付；3 月进入开发阶段，领用原材料 100 000 元，应转出的进项税额 17 000 元，发生人工费 25 000 元。经确认，开发阶段的支出满足资本化条件。6 月 27 日，依法申请了专利，为此发生了注册费 23 000 元和律师费 11 000 元。根据以上资料编制有关会计分录。

6. 资料：长江公司发生的交易性金融资产部分业务如下。

1）2014 年 12 月 3 日，向 D 证券公司划出投资款 1 000 000 元，款项已通过开户银行转入 D 证券公司银行账户。

2）12 月 6 日，委托 D 证券公司购入 A 上市公司股票 100 000 股，每股 8 元，另发生相关的交易费用 1 000 元，并将该股票划分为交易性金融资产。

3）12 月 31 日，该股票在证券交易所的收盘价格为每股 7.70 元。

4）2015 年 6 月 30 日，该股票在证券交易所的收盘价格为每股 8.10 元。

5）2015 年 7 月 10 日，以每股 8.20 元将所持有的该股票全部出售，支付相关税费 5 500 元。

要求：根据以上资料编制相关会计分录。

7. 资料：星海公司发生下列对外投资业务。

1）2015 年 12 月 5 日，向 B 证券公司划出投资款 1 100 000 元，款项已通过开户银行转入 B 证券公司银行账户。

2）12 月 7 日，委托 B 证券公司购入甲上市公司股票 100 000 股，每股 10.2 元，其中含已宣告但尚未领取的现金股利 20 000 元，另发生相关的交易费用 1 100 元，并将该股票划分为交易性金融资产。

3）12 月 31 日，该股票在证券交易所的收盘价格为每股 11.00 元。

4）2015 年 6 月 30 日，该股票在证券交易所的收盘价格为每股 9.80 元。

5）2015 年 7 月 23 日，以每股 10.80 元将所持有的该股票全部出售，支付相关税费 6 000 元。

要求：根据以上资料编制相关会计分录。

学习目的

1. 了解成本费用的分类、利润的构成。
2. 熟悉所得税、利润的计算。
3. 掌握期间费用、利润分配的账务处理的方法。

活动资料

年末，广州宏达公司的总经理来到财会科，说道："李科长，今年咱们的产品销售得不错呀！利润肯定也很高，是不是能给职工多发点奖金呢？"李科长说："经理，您先别着急，我得看看账上有多少利润。咱们公司的费用开支也不少，让我算一算！"

企业是以盈利为目的的单位。要实现盈利有所得，必先有所费，所费是为了所得。企业在日常生产经营活动中必然要发生各种耗费，如材料的耗费、机器设备的耗费、人工的耗费、办公费、广告费等。那么这些耗费是应该计入产品成本还是作为期间费用呢？

任务6.1 成 本 费 用

活动指导——设置账户

企业采购业务的会计核算主要涉及以下账户。

"生产成本"账户：属于成本类账户，核算企业进行工业性生产发生的各项生产成本，包括生产各种产品（包括产成品、自制半成品等）、自制材料、自制工具、自制设备等按基本生产成本和辅助生产成本进行明细核算。

"制造费用"账户：属于成本类账户，核算企业为生产产品和提供劳务而发生的各项间接费用。按车间、部门和费用项目进行明细核算。

"销售费用"账户：属于损益类账户，核算企业销售过程中发生的费用，按费用项目进行明细核算。

"管理费用"账户：属于损益类账户，核算企业为组织和管理企业生产经营所发生的管理费用，按费用项目进行明细核算。

"财务费用"账户：属于损益类账户，核算企业为筹集生产经营所需资金等而发生的筹集费用，按费用项目进行明细核算。

活动6.1.1 成本费用的核算

为了正确地进行成本和费用的核算，必须对各种费用进行合理的分类。

1. 生产成本

生产成本是指应计入产品成本中的费用，即对象化的费用。因计入成本的方式不同，可以分为直接材料费用、直接人工费用和制造费用。

（1）直接材料费用

直接材料费用是指直接用于产品生产所消耗的材料费用。

【活动案例6.1】 2015年6月2日，广州宏达公司第一车间用于U形模具生产领用原材料水泥20吨。相关凭证见图6-1。

领　料　单

领料部门　机修车间

库　号：1　　　　　　　　　　2015年6月2日　　　　　　　　　编号：3687

编号	类别	名称	规格	单位	数量		金额		第三联 交会计
					请领	实发	单价	总额	
		水泥	300#	吨	20	20	300.00	6 000.00	
合　计								￥6 000.00	
用途	生产产品								

发料人：李莉　　　记账：徐娟　　　领料部门负责人：张承　　　领料人：王东

图6-1　领料单

企业账务处理如下：

借：生产成本——基本生产成本——U形模具（直接材料）　　　6 000
　　贷：原材料——水泥　　　　　　　　　　　　　　　　　　　　　6 000

（2）直接人工费用

直接人工费用是指生产工人的工资及按规定比例计算提取的职工福利费。

【活动案例6.2】 2015年6月，广州宏达公司一车间生产工人的工资费用为50 000元。

企业账务处理如下：

借：生产成本——基本生产成本——U形模具（直接人工）　　　50 000
　　贷：应付职工薪酬——工资　　　　　　　　　　　　　　　　　　50 000

（3）制造费用

制造费用是指生产车间为组织和管理生产而发生的各项间接费用。

> **小贴士**
>
> 车间管理人员的工资、福利费、应由企业缴纳的社会保险费及住房公积金、车间的折旧费、办公费、水电费、机物料消耗、劳动保护费等，发生时暂记入"制造费用"账户，月末要归集分配计入有关产品的生产成本。

【活动案例6.3】 2015年6月5日，广州宏达公司生产车间领用润滑油，价值200元。相关凭证见图6-2。

领 料 单

领料部门　第二车间

库　号：2　　　　　　　　　　2014年6月5日　　　　　　　　编号：3693

编号	类别	名称	规格	单位	数量		金额		第三联 交会计
---	---	---	---	---	请领	实发	单价	总额	
		润滑油		桶	2	2	100.00	200.00	
	合计						100.00	￥200.00	
用途	车间耗用								

发料人：陈文　　　记账：徐娟　　　领料部门负责人：周明　　　领料人：王欣

图6-2　领料单

企业账务处理如下：

借：制造费用——机物料消耗　　　　　　　　　　　　　　　　　　　　200

　　贷：原材料——润滑油　　　　　　　　　　　　　　　　　　　　　　　200

【活动案例6.4】 2015年6月6日，广州宏达公司生产车间购买办公用品600元，以现金支付。相关凭证见图6-3。

企业账务处理如下：

借：制造费用——办公费　　　　　　　　　　　　　　　　　　　　　　600

　　贷：库存现金　　　　　　　　　　　　　　　　　　　　　　　　　　600

广州市商业零售统一发票

客户名称：广州宏达公司　　　　2015 年 6 月 6 日　　　　№ 0595152

品名规格	单位	数量	单价	满万元无效	金额					
					千	百	十	元	角	分
办公用品						6	0	0	0	0

合计金额（大写）　　陆佰元整	￥ 600.00
付款方式	开户银行及账号	中国工商银行广州分行……分理处

填票人：张兵　　　　收款人：李彭　　　　单位名称：（章）

第二联 发票联

图 6-3　广州市商业零售统一发票

小贴士

制造费用的分配一般有以下几种：①按生产工人的工资；②按生产工人的工时；③按机器工时；④按耗用原材料的数量或成本；⑤按直接成本；⑥按产品产量。

企业具体采用哪种分配方法，由企业自定，不过一经确定，不得随意变更，如需变更，应当在会计报表附注中予以说明。

2. 期间费用

期间费用是指企业生产经营期间不应计入产品成本的费用，包括管理费用、财务费用、销售费用，见表 6-1。

表 6-1　期间费用

项　目	内　容	备　注
管理费用	包括企业在筹建期间内发生的开办费、董事会和行政管理部门在企业的经营管理中发生的或者应由企业统一负担的公司经费（包括行政管理部门职工工资及福利费、物料消耗、低值易耗品摊销、办公费和差旅费等）、工会经费、董事会费（包括董事会成员津贴、会议费和差旅费等）、聘请中介机构费、咨询费（含顾问费）、诉讼费、业务招待费、房产税、车船使用税、土地使用税、印花税、技术转让费、矿产资源补偿费、研究费用、排污费等	企业生产车间（部门）和行政管理部门等发生的固定资产修理费用等后续支出，也在本账户核算。企业若计提教育经费、工会经费，则不在本账户核算
财务费用	借款利息支出（减利息收入）、调剂外汇手续费、金融机构手续费、汇兑损失及企业发生的现金折扣或收现金的折扣等	为购建固定资产的专门借款所发生的借款费用在固定资产达到预定可使用状态后按规定不予以资本化的部分在此账户核算
销售费用	运输费、装卸费、包装费、保险费、商品维修费、预计产品质量保证损失、展览费和广告费，以及为销售本企业产品而专设的销售机构（含销售网点、售后服务网点等）的职工薪酬、折旧费、业务费等经营费用	

活动 6.1.2 期间费用的核算

1. 管理费用的核算

企业发生各项管理费用,借记"管理费用"账户,贷记"库存现金"、"银行存款"、"原材料"、"无形资产"、"累计折旧"、"坏账准备"、"应交税费"、"应付职工薪酬"账户;月终结转当期损益时,借记"本年利润"账户,贷记"管理费用"账户。

【活动案例 6.5】 2015 年 6 月 1 日,广州宏达公司用现金支付业务招待费 1 000 元。相关凭证见图 6-4。

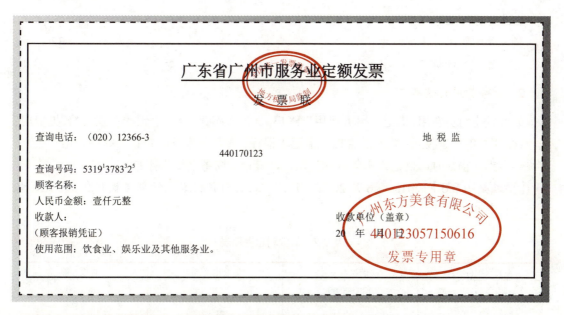

广东省广州市服务业定额发票

发 票 联

查询电话:(020)12366-3   地 税 监

440170123

查询号码:5319ᵗ3783³2⁵
顾客名称:
人民币金额:壹仟元整
收款人: 收款单位(盖章)
(顾客报销凭证)   20   年   月   日
使用范围:饮食业、娱乐业及其他服务业。

广州东方美食有限公司
44123057150616
发票专用章

图 6-4 广东省广州市服务业定额发票

企业账务处理如下:

借:管理费用——业务招待费   1 000
　　贷:库存现金   1 000

【活动案例 6.6】 2015 年 6 月 30 日,广州宏达公司摊销本月行政管理部门的报刊订阅费 96 元。

企业账务处理如下:

借:管理费用——办公费   96
　　贷:待摊费用(或预付账款)   96

【活动案例 6.7】 2015 年 6 月 30 日,广州宏达公司计提本月办公设备的折旧费 320 元。相关凭证见图 6-5。

固定资产折旧计算表

使用部门	应借账户	固定资产原值	月折旧率 /%	月折旧额
行政科	管理费用	32 000.00	1	320.00

图 6-5　固定资产折旧计算表

企业账务处理如下：

借：管理费用——折旧费　　　　　　　　　　　　　　　　　　　　320

　　贷：累计折旧　　　　　　　　　　　　　　　　　　　　　　　　320

2. 财务费用的核算

企业发生财务费用，借记"财务费用"账户，贷记"库存现金"、"银行存款"、"预提费用"账户；企业发生利息收入、汇兑收益时，借记"银行存款"等账户，贷记"财务费用"账户；月终结转当期损益时，借记"本年利润"账户，贷记"财务费用"账户。

【活动案例6.8】 2015 年 6 月 20 日，广州宏达公司预提本月短期借款利息 500 元。相关凭证件表 6-2。

表 6-2　借款利息提取表

提取项目	借款本金	提取比率 /‰	提取金额
借款利息	120 000.00	5	600.00
合计			￥600.00

企业账务处理如下：

借：财务费用——利息　　　　　　　　　　　　　　　　　　　　　600

　　贷：应付利息——利息费　　　　　　　　　　　　　　　　　　　600

【活动案例6.9】 2015 年 6 月 25 日，广州宏达公司以现金支付中国建设银行手续费 320 元。相关凭证见图 6-6。

企业账务处理如下：

借：财务费用——手续费　　　　　　　　　　　　　　　　　　　　320

　　贷：库存现金　　　　　　　　　　　　　　　　　　　　　　　　320

中国建设银行业务收费凭证　2

币别：人民币　　　　　　　　2014 年 6 月 25 日　　　　　　流水号　440121836700

付款人			账号		
工本费金额	手续费金额	电子汇划费金额			合计金额
	320.00			中国建设银行 广州分行东山支行 2015.6.25 办讫章 (4)	
金额（大写）：人民币叁佰贰拾元整					
付款方式			现金		
备注：业务类型：其他费用 　　　　手续费			银行盖章		

44012183

图 6-6　中国建设银行业务收费凭证

3. 销售费用的核算

企业发生各项营业费用时，借记"销售费用"账户，贷记"库存现金"、"银行存款"、"应付账款"账户；月终结转当期损益时，借记"本年利润"账户，贷记"销售费用"账户。

【**活动案例 6.10**】　2015 年 6 月 26 日，广州宏达公司以支票支付产品销售运输费 2 000 元（运输发票略）。相关凭证见图 6-7。

中国工商银行支票存根（粤）

$\dfrac{B\ C}{2\ 0}$ 81611223

附加信息

出票日期　2015 年 6 月 26 日

收款人：广州高达运输公司
金　额：￥2 000.00
用　途：支付产品销售运输费

单位主管 王红　　会计 李立

图 6-7　中国工商银行支票存根

企业账务处理如下：

借：销售费用——运输费　　　　　　　　　　　　　　　　　　2 000

　　贷：银行存款　　　　　　　　　　　　　　　　　　　　　　　　2 000

【活动案例6.11】 2015年6月28日，广州宏达公司以现金支付产品检验费300元。相关凭证见图6-8。

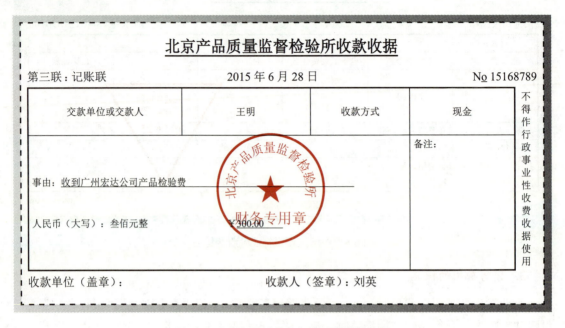

北京产品质量监督检验所收款收据

第三联：记账联　　　　　　　　2015年6月28日　　　　　　　No 15168789

交款单位或交款人	王明	收款方式	现金

事由：收到广州宏达公司产品检验费

人民币（大写）：叁佰元整　　　　　　　¥300.00

备注：

不得作行政事业性收费收据使用

收款单位（盖章）：　　　　　　　　收款人（签章）：刘英

图6-8　北京产品质量监督检验所收款收据

企业账务处理如下：

借：销售费用——产品检验费 　　　　　　　　　　　　　300

　　贷：库存现金 　　　　　　　　　　　　　　　　　　　　300

 小贴士

当期发生的管理费用、财务费用、销售费用，月末均结转入"本年利润"账户，结转后无余额。

任务6.2　利润与利润分配的核算

 活动指导——设置账户

企业利润与利润分配业务的会计核算主要涉及以下账户。

"投资收益"账户：属于损益类账户，核算企业投资所发生的损益。

"营业外收入"账户：属于损益类账户，核算企业发生的与其生产经营无直接关系的各项收入。

"营业外支出"账户：属于损益类账户，核算企业发生的与其生产经营无直接关系的各项支出。

"本年利润"账户：属于所有者权益类账户，核算企业当期实现的净利润（或发生的净亏损）。

"所得税费用"账户：属于损益类账户，核算企业确认的应从当期利润总额中扣除的所得税费用。

"递延所得税资产"账户：属于资产类账户，核算企业确认的可抵扣暂时性差异产生的递延所得税资产。

"递延所得税负债"账户：属于负债类账户，核算企业确认的应纳税暂时性差异产生的所得税负债。

"利润分配"账户：属于所有者权益类账户，核算企业利润的分配（或亏损的弥补）和历年分配（或弥补）后的积存余额。

"盈余公积"账户：属于所有者权益类账户，核算企业从净利润中提取的盈余公积，分别按"法定盈余公积"、"任意盈余公积"账户进行核算。

企业生产经营的目的是追求利润，利润是企业在一定会计期间的经营成果，是企业的收入减去有关成本费用后的差额。收入大于成本费用，企业可获得盈利。否则，企业就会发生亏损。

活动 6.2.1　利润的核算

1. 利润的构成

（1）营业利润

其计算公式为

$$营业利润＝营业收入－营业成本－营业税金及附加－销售费用－管理费用$$
$$－财务费用－资产价值损失＋公允价值变动收益（－公允价值变动损失）$$
$$＋投资净收益（－投资净损失）$$

（2）利润总额（税前利润）

其计算公式为

$$利润总额＝营业利润＋营业外收入－营业外支出$$

 小贴士

> 营业收入和营业成本的计算公式为
> $$营业收入＝主营业务收入＋其他业务收入$$
> $$营业成本＝主营业务成本＋其他业务成本$$

【活动案例 6.12】 广州宏达公司 2014 年度的营业利润为 380 000 元，对外投资的净收益为 90 000 元，营业外收入为 56 000 元，营业外支出 20 000 元。广州宏达公司 2013 年的利润总额是多少？其计算过程如下：

$$利润总额＝380\ 000＋90\ 000＋56\ 000－20\ 000＝506\ 000（元）$$

（3）净利润（税后利润）

净利润是企业当期利润总额减去向国家交纳的所得税以后的余额。其计算公式为

$$净利润＝利润总额－所得税费用$$

【活动案例6.13】 广州宏达公司2014年所得税为130 000元，那么宏达公司的净利润是多少？其计算过程如下：

$$净利润＝506\,000－130\,000＝376\,000（元）$$

2. 利润形成的核算

（1）营业外收入

营业外收入是指与企业生产经营活动没有直接关系的各项收入，主要包括非流动资产处置利得、非货币性资产交换利得、债务重组利得、政府补助、盘盈利得、捐赠利得、罚款收入等。

企业发生营业外收入时，应借记"银行存款"、"库存现金"、"固定资产清理"、"待处理财产损溢"、"无形资产"等账户，贷记"营业外收入"账户。期末应将"营业外收入"账户的余额转入"本年利润"账户，借记"营业外收入"账户，贷记"本年利润"账户。

【活动案例6.14】 广州宏达公司受赠两台全新车床，增值税专用发票上注明价款200 000元，增值税税额34 000元（增值税专用发票略）。

企业账务处理如下：

```
借：固定资产——生产经营用固定资产（车床）              200 000
    应交税费——应交增值税（进项税额）                   34 000
    贷：营业外收入——捐赠利得                                      234 000
```

（2）营业外支出

营业外支出是指与企业生产经营活动没有直接关系的各项支出，包括非流动资产处置损失、非货币性资产交换损失、债务重组损失、公益性捐赠支出、非常损失、盘亏损失、罚款支出等。

企业发生营业外支出时，应借记"营业外支出"账户，贷记"银行存款"、"库存现金"、"固定资产清理"、"待处理财产损溢"、"无形资产减值准备"、"固定资产减值准备"等账户，期末应将"营业外支出"账户的余额转入"本年利润"账户，借记"本年利润"账户，贷记"营业外支出"账户。

【活动案例6.15】 广州宏达公司以银行存款支付违约罚款18 000元。相关凭证见图6-9。

广州天丽有限公司收款收据

第三联：记账联		2015 年 6 月 30 日		№ 15168996
交款单位或交款人	宏达公司	收款方式	银行存款	

事由：违约罚款

人民币（大写）：壹万捌仟元整　　　　¥18 000.00

收款单位（盖章）：　　　　　　　　收款人（签章）：李力

不得作行政事业性收费收据使用

备注：

（广州天丽有限公司 财务专用章）

图 6-9　广州天丽有限公司收款收据

企业账务处理如下：

借：营业外支出——罚款支出　　　　　　　　　　　　　　　　　　18 000
　　贷：银行存款　　　　　　　　　　　　　　　　　　　　　　　　　　18 000

3. 本年利润的核算

本年利润的核算是指企业核算实现的净利润（或发生的净亏损）。会计期末将损益类账户余额结转到"本年利润"账户。

（1）本年利润结转

期末，会计人员要将本期"损益类"账户的余额，从其相反方向结转入"本年利润"账户，结转后损益类账户无余额。

结转当期实现收入时，借记"主营业务收入"、"其他业务收入"、"营业外收入"等收入账户，贷记"本年利润"账户；结转当期发生费用时，借记"本年利润"账户，贷记"管理费用"、"销售费用"、"财务费用"、"主营业务成本"、"营业税金及附加"、"其他业务成本"、"营业外成本"、"所得税费用"等账户。

 小贴士

结转"投资收益"账户余额时，贷方余额表示净收益，借方余额表示净损失。净收益的结转，借记"投资收益"账户，贷记"本年利润"账户；如为净损失的结转，作相反的会计分录。

【活动案例 6.16】 2014 年 12 月 31 日，广州宏达公司损益类账户期末余额见表 6-3，内部转账单见图 6-10。

表 6-3　广州宏达公司损益类账户期末余额　　　　　　　　　单位：元

账户名称	借方金额	贷方金额
主营业务收入		2 000 000
其他业务收入		80 000
营业外收入		250 000
管理费用	20 000	
销售费用	100 000	
财务费用	30 000	
主营业务成本	1 200 000	
营业税金及附加	200 000	
其他业务支出	50 000	
营业外支出	30 000	
投资收益		100 000
所得税费用	230 000	

注：所得税是已经根据税法的规定进行调整后计算的；企业所得税税率为25%。

内部转账单

2013 年 12 月 31 日

应借科目	应贷科目	金额	备注
主营业务收入		2 000 000	
其他业务收入		80 000	
营业外收入		250 000	
投资收益		100 000	
	本年利润	2 430 000	

制表：罗佳　　　　　　　　　　审核：林丽

图 6-10　内部转账单

企业账务处理如下。

1）结转实现收入、收益时：

借：主营业务收入	2 000 000
其他业务收入	80 000
营业外收入	250 000
投资收益	100 000
贷：本年利润	2 430 000

2）结转发生费用支出时，内部转账单见图 6-11。

内部转账单

2014 年 12 月 31 日

应借科目	应贷科目	金额	备注
本年利润		1 860 000	
	管理费用	20 000	
	销售费用	100 000	
	财务费用	30 000	
	主营业务成本	1 200 000	
	营业税金及附加	200 000	
	其他业务支出	50 000	
	营业外支出	30 000	
	所得税费用	230 000	

制表：罗佳   审核：林丽

图 6-11 内部转账单

借：本年利润   1 860 000
　　贷：管理费用   20 000
　　　　销售费用   100 000
　　　　财务费用   30 000
　　　　主营业务成本   1 200 000
　　　　营业税金及附加   200 000
　　　　其他业务成本   50 000
　　　　营业外支出   30 000
　　　　所得税费用   230 000

3）将"本年利润"账户的余额结转到"利润分配——未分配利润"账户，准备进行利润分配。

 小贴士

"本年利润"账户如为贷方余额，则表示本年实现了利润，从"本年利润"借方结转入"利润分配——未分配利润"账户；如为借方余额，则表示本年发生了亏损，作相反的会计分录。

【活动案例6.17】 广州宏达公司 2014 年"本年利润"账户余额为贷方余额 570 000 元。相关凭证见图 6-12。

内部转账单

2014 年 12 月 31 日

应借科目	应贷科目	金额	备注
本年利润		570 000	
	利润分配	570 000	

图 6-12　内部转账单

企业账务处理如下：

借：本年利润　　　　　　　　　　　　　　　　　　　　　　　570 000

　　贷：利润分配——未分配利润　　　　　　　　　　　　　　　　570 000

（2）以前年度损益调整

1）以前年度损益调整，核算企业本年度发生的调整以前年度损益的事项及本年度发现的重要前期差错更正涉及调整以前年度损益的事项。

企业在资产负债表日至财务报告批准报出日之间发生的需要调整报告年度损益的事项，也在本账户核算。

2）以前年度损益调整的主要账务处理。

① 企业调整增加以前年度利润或减少以前年度亏损，借记有关账户，贷记"以前年度损益调整"账户；调整减少以前年度利润或增加以前年度亏损，借记"以前年度损益调整"账户，贷记有关账户。

② 由于以前年度损益调整增加的所得税，借记"以前年度损益调整"账户，贷记"应交税费——应交所得税"账户；由于以前年度损益调整减少的所得税，借记"应交税费——应交所得税"账户，贷记"以前年度损益调整"账户。

③ 经上述调整后，应将"以前年度损益调整"账户的余额转入"利润分配——未分配利润"账户。"以前年度损益调整"账户如为贷方余额，借记"以前年度损益调整"账户，贷记"利润分配——未分配利润"账户；如为借方余额，作相反的会计分录。

【活动案例 6.18】 广州宏达公司财务报告批准报出前，发生产品销售退回，货款 100 000 元，成本 75 000 元。其计算过程如下：

$$应交增值税 = 100\ 000 \times 17\% = 17\ 000（元）$$
$$应交所得税 = (100\ 000 - 75\ 000) \times 25\% = 6\ 250（元）$$

调整损益：

借：以前年度损益调整　　　　　　　　　　　　　　　　　　100 000

　　应交税费——应交增值税（销项税额）　　　　　　　　　　17 000

　　　贷：银行存款　　　　　　　　　　　　　　　　　　　　117 000

借：库存商品　　　　　　　　　　　　　　　　　　　　　　75 000

　　贷：以前年度损益调整　　　　　　　　　　　　　　　　　　75 000

借：应交税费——应交所得税　　　　　　　　　　　　　　　　　　6 250

　　　贷：以前年度损益调整　　　　　　　　　　　　　　　　　　　　　6 250

"以前年度损益调整"账户余额转入"利润分配——未分配利润"账户。

$$100\ 000 - 75\ 000 - 6\ 250 = 18\ 750（元）$$

借：利润分配——未分配利润　　　　　　　　　　　　　　　　　　18 750

　　　贷：以前年度损益调整　　　　　　　　　　　　　　　　　　　　18 750

活动6.2.2　利润分配的核算

1. 利润分配的法定顺序

1）弥补以前年度尚未弥补完的亏损。

2）提取法定盈余公积。公司制企业按照当年实现净利润的10%提取法定盈余公积。企业提取的法定盈余公积可以用于弥补亏损、转增资本及发放现金股利或利润。

 小贴士

　　企业提取的法定盈余公积累计额超过其注册资本的50%以上，可以不再提取。盈余公积转增资本（股本）后，留存的盈余公积数额不得低于注册资本的25%。

3）提取任意盈余公积。任意盈余公积提取比例由企业投资人根据企业实际情况而定。

4）向投资者分配利润或股利。

小贴士

　　应分别"提取法定盈余公积"、"提取任意盈余公积"、"应付现金股利或利润"、"盈余公积补亏"和"未分配利润"等明细进行核算。

2. 利润分配的核算

【活动案例6.19】　广州宏达公司董事会决议经股东大会批准，按年净利润10%提取法定盈余公积，2%提取任意盈余公积，向投资者分配利润160 000元。

企业账务处理如下。

1）提取法定盈余公积时：

借：利润分配——提取法定盈余公积　　　　　　　　　　　　　　57 000

　　　贷：盈余公积——法定盈余公积　　　　　　　　　　　　　　　　57 000

2）提取任意盈余公积时：

借：利润分配——提取任意盈余公积　　　　　　　　　　　　　　11 400

　　　贷：盈余公积——任意盈余公积　　　　　　　　　　　　　　　　11 400

3）向投资者分配利润时：

借：利润分配——应付利润　　　　　　　　　　　　　　　　　　160 000

　　　　贷：应付利润　　　　　　　　　　　　　　　　　　　　　160 000

　　4）将"利润分配——未分配利润"账户下的其他明细账户余额转入"利润分配——未分配利润"账户时：

　　　　借：利润分配——未分配利润　　　　　　　　　　　228 400
　　　　　　贷：利润分配——提取法定盈余公积　　　　　　　　57 000
　　　　　　　　　　　——提取任意盈余公积　　　　　　　　　11 400
　　　　　　　　　　　——应付利润　　　　　　　　　　　　160 000

活动 6.2.3　所得税

　　企业计算出利润总额（税前会计利润）后，应按税法规定进行调整，调整为应纳税所得额，据以计算缴纳所得税。

　　会计利润和应纳税所得额是经济领域中两个不同的概念。由于会计制度与税法各自遵循的原则、体系的要求不同，同一企业在同一会计期间按照会计制度计算的会计利润与按照税法计算的应纳税所得额不可避免会存在差异。会计利润是确定应纳税所得额的基础，会计利润根据税法规定调整为应纳税所得额，从而计算出应缴纳的所得税。

1. 永久性差异与暂时性差异

　　（1）永久性差异

　　永久性差异，是指某一会计期间由于会计标准和税法计算的确认的口径不同而产生的差异，这种差异在以后期间永远不会转回。

　　1）按税法规定不计入应纳税所得额部分：购买的国债利息收入免征所得税，不计入应纳税所得额；收到被投资单位分配的已税投资收益（假设投资单位与被投资单位所得税税率相同），不作为应纳税所得额。

　　2）按税法规定全部或部分不予确认不允许在税前扣减部分，见表6-4。

表6-4　全部或部分不予确认不允许在税前扣减部分

全部不予确认不允许在税前扣减	部分不予确认不允许在税前扣减
① 向投资者支付的股息、红利等权益性投资收益款项； ② 企业之间支付的管理费、企业内营业机构之间支付的租金和特许权使用费； ③ 各种税收滞纳金； ④ 违法经营罚金、罚款； ⑤ 被没收财物的损失； ⑥ 赞助支出； ⑦ 各种非公益性捐赠等	① 职工福利支出（不超过工资薪金总额14%，准予扣除）； ② 企业拨缴的工会经费（不超过工资薪金总额2%，准予扣除）； ③ 发生的与生产经营活动有关的业务招待费支出（按发生额的60%扣除，但最高不得超过当年销售或营业收入的5‰）； ④ 发生的公益性捐赠支出（不超过年度利润总额12%，准予扣除）； 广告和业务宣传费支出（不超过当年销售/营业收入15%，准予扣除）； ⑤ 职工教育经费支出（不超过工资薪金总额2.5%的部分准予扣除，超过部分准予结转以后纳税年度扣除）

　　（2）暂时性差异

　　暂时性差异，是指资产或负债的账面价值与其计税基础之间的差异。按照暂时性差异对未来期间应税金额的影响，分为应纳税暂时性差异和可抵扣暂时性差异。应纳税暂时性差异，是指在确定未来收回资产或清偿负债期间的应纳税所得额时，将导致产生应税金额的暂时性差异。可抵扣暂时性差异，是指在确定未来收回资产或清偿负债期间的应纳税所得时，将导致产生可抵扣金额的暂时性差异。

2. 计税基础

企业在取得资产、负债时，应当确定其计税基础。资产、负债的账面价值与其计税基础存在差异的，应当按《企业会计准则第 18 号——所得税》规定确认产生的递延所得税资产或递延所得税负债，见表 6-5。

表 6-5 资产、负债的账面价值与其计税基础

项 目	资 产	负 债
账面价值＞计税基础	应纳税暂时性差异（递延所得税负债）	可抵扣暂时性差异（递延所得税资产）
账面价值＜计税基础	可抵扣暂时性差异（递延所得税资产）	应纳税暂时性差异（递延所得税负债）

（1）资产的计税基础

资产的计税基础指企业在收回资产账面价值的过程中，计算应纳税所得时按照税法可以自应税经济利益中抵扣的金额。即某一项资产在未来期间计税时可以税前扣除的金额，主要包括固定资产、无形资产、交易性金融资产等。

（2）负债的计税基础

负债的计税基础指负债的账面价值减去未来期间计算应纳税所得额时按照税法规定可予抵扣的金额，主要包括预计负债、预收账款等。

3. 所得税费用的确认和计量

企业在计算确定当期所得税（当期应交所得税）及递延所得税费用（或收益）的基础上，应将两者之和确认为利润表中的所得税费用（或收益），但不包括直接计入所有者权益的交易或事项的所得税影响，即

$$所得税费用（或收益）＝当期所得税＋递延所得税费用－递延所得税收益$$

【活动案例 6.20】 广州天姿公司 2013 年度的税前利润为 692 000 元。其中，国债利息收入为 5 000 元、罚款损失 1 800 元、非公益性捐赠 10 000 元。全年业务招待费 3 000 元（可按 60% 扣除）。其计算过程如下：

$$税前利润＝692 000（元）$$

$$应纳税所得额＝692 000－5 000＋1 800＋10 000＋3 000×40%＝700 000（元）$$

【活动案例 6.21】 广州天姿公司 2014 年 12 月 31 日资产负债表中部分项目情况见表 6-6。

表 6-6　资产负债表中部分项目情况　　　　　　　　　　单位：元

项　目	账面价值	计税基础	差　异	应纳税暂时性差异	可抵扣暂时性差异
交易性金融资产	280 000	250 000	30 000	30 000	
存货	150 000	180 000	30 000		30 000
固定资产	520 000	550 000	30 000		30 000
无形资产	190 000	200 000	10 000		10 000
预收账款	100 000	110 000	10 000	10 000	
预计负债	110 000	150 000	40 000	40 000	
总计				80 000	70 000

广州天姿公司 2014 年应纳税所得额为 700 000 元。其计算过程如下：

$$应确认递延所得税资产 = 70\,000 \times 25\% = 17\,500（元）$$
$$应确认递延所得税负债 = 80\,000 \times 25\% = 20\,000（元）$$
$$应交所得税 = 700\,000 \times 25\% = 175\,000（元）$$

企业账务处理如下：

借：所得税费用　　　　　　　　　　　　　　　　　　　177 500

　　递延所得税资产　　　　　　　　　　　　　　　　　 17 500

　　贷：应交税费——应交所得税　　　　　　　　　　　 175 000

　　　　递延所得税负债　　　　　　　　　　　　　　　　20 000

【活动案例6.22】广州天姿公司2014年12月31日资产负债表中部分项目情况见表6-7。

表 6-7　资产负债表中部分项目情况　　　　　　　　　　单位：元

项　目	账面价值	计税基础	差　异	应纳税暂时性差异	可抵扣暂时性差异
固定资产	640 000	600 000	40 000	40 000	
无形资产	220 000	250 000	30 000		30 000
预计负债	150 000	170 000	20 000	20 000	
总计				60 000	30 000

广州天姿公司 2013 年应纳税所得额为 920 000 元。

1）期末应纳税暂时性差异 = 60 000（元）。

　　期末递延所得税负债 = 60 000 × 25% = 15 000（元）

　　期初递延所得税负债 = 20 000（元）

　　递延所得税负债减少 = 20 000 − 15 000 = 5 000（元）

2）期末可抵扣暂时性差异 = 30 000（元）。

　　期末递延所得税资产 = 30 000 × 25% = 7 500（元）

　　期初递延所得税资产 = 17 500（元）

　　递延所得税资产减少 = 17 500 − 7 500 = 10 000（元）

　　应交所得税 = 920 000 × 25% = 230 000（元）

企业账务处理如下：

借：所得税费用　　　　　　　　　　　　　　　　　　　235 000

递延所得税负债   5 000

贷：应交税费——应交所得税   230 000

递延所得税资产   10 000

 小贴士

企业缴纳所得税时账务处理如下：

借：应交税费——应交所得税

贷：银行存款

习　题

一、单项选择题

1. 企业支付违约金应通过（　　）账户核算。

   A. "营业外支出"   B. "管理费用"   C. "销售费用"   D. "待摊费用"

2. （　　）是企业生产经营过程所实现的利润。

   A. 主营业务利润   B. 营业利润   C. 其他业务利润   D. 净利润

3. 企业预提应由本月负担的短期借款利息时应借记（　　）账户。

   A. "应付利息"   B. "管理费用"   C. "财务费用"   D. "短期借款"

4. 支付生产车间本月水电费时应借记（　　）账户。

   A. "管理费用"   B. "销售费用"   C. "营业外支出"   D. "制造费用"

5. 借记"本年利润"账户，贷记"利润分配"账户，这笔会计分录反映的经济业务是（　　）。

   A. 分配本年实现的利润

   B. 结转全年发生的亏损

   C. 结转全年实现的利润

   D. 将利润分配数转入"本年利润"账户

6. "所得税费用"账户贷方登记（　　）。

   A. 实际交纳的所得税   B. 转入"本年利润"账户的所得税

   C. 应由企业负担的税费   D. 转入"利润分配"账户的所得税

7. 下列费用中，不属于财务费用的是（　　）。

   A. 金融机构手续费   B. 汇兑损失   C. 利息支出   D. 业务招待费

8. 下列项目中属于期间费用的是（　　）。

   A. 营业外支出   B. 销售费用   C. 其他业务成本   D. 制造费用

9. 下列经济业务中应记入"生产成本"账户的是（　　）。

   A. 车间修理领料   B. 行政部门购买办公用品

   C. 车间购买办公用品   D. 生产产品领料

10. 向投资者分配利润时应贷记（　　）账户。

    A. "利润分配"　　　　　　　　　　B. "盈余公积"

    C. "应付股利"　　　　　　　　　　D. "本年利润"

11. 专设销售机构发生的办公费应记入（　　）账户。

    A. "管理费用"　　　　　　　　　　B. "销售费用"

    C. "财务费用"　　　　　　　　　　D. "其他业务成本"

12. 离退休人员退休金应记入（　　）账户。

    A. "营业外支出"　　　　　　　　　B. "管理费用"

    C. "应付职工薪酬"　　　　　　　　D. "财务费用"

13. 下列项目不应记入"管理费用"账户的是（　　）。

    A. 业务招待费　　　B. 借款利息　　　C. 行政人员工作　　　D. 印花税

14. 专设销售机构发生的办公费用，应当记入（　　）账户。

    A. "营业外支出"　　　B. "管理费用"　　　C. "销售费用"　　　D. "财务费用"

15. 企业年末结账后，一定无余额的是（　　）账户。

    A. "在途物资"　　　B. "管理费用"　　　C. "利润分配"　　　D. "生产成本"

16. 企业发生以前年度的销售退回时（非资产负债日后事项），其冲减的销售收入应在退回当期记入（　　）账户。

    A. "以前年度损益调整"　　　　　　B. "其他业务收入"

    C. "营业外收入"　　　　　　　　　D. "主营业务收入"

17. 投资人投入的资金和债务人投入的资金，投入企业后形成企业的（　　）。

    A. 成本　　　　　B. 费用　　　　　C. 资产　　　　　D. 负债

18. 企业计算出利润总额后，应按税法规定进行调整，调整为（　　），据以计算缴纳所得税。

    A. 应纳税款　　　B. 应纳税所得额　　　C. 应纳所得税　　　D. 应交所得税

二、多项选择题

1. 下列费用构成产品成本的项目是（　　）。

    A. "直接材料费用"　　　　　　　　B. "直接人工费用"

    C. "管理费用"　　　　　　　　　　D. "制造费用"

2. （　　）属于期间费用。

    A. 管理费用　　　B. 销售费用　　　C. 财务费用　　　D. 制造费用

3. 属于利润分配内容的有（　　）。

    A. 提取法定盈余公积　　　　　　　B. 提取任意盈余公积

    C. 提取资本公积　　　　　　　　　D. 提取职工福利费

4. 发生下列费用应记入"管理费用"账户的有（　　）。

    A. 生产工人的工资　　　　　　　　B. 车间管理人员工资

    C. 管理部门办公费　　　　　　　　D. 行政管理人员工资

5. 下列项目中属于"营业外支出"账户核算内容的有（　　　）。

    A. 固定资产盘亏   B. 支付的罚款

    C. 公益救济性捐款   D. 固定资产折旧费

6. 下列经济业务中应记入"生产成本"账户的是（　　　）。

    A. 车间修理领料   B. 生产工人的工资

    C. 车间购买办公用品   D. 生产产品领料

7. 发生下列费用应记入"销售费用"账户的有（　　　）。

    A. 产品销售的运输费   B. 企业专门销售机构人员的工资

    C. 产品销售的装卸费   D. 行政管理人员的工资

8. 期末应转入"本年利润"账户的有（　　　）。

    A. 生产成本   B. 所得税费用

    C. 制造费用   D. 主营业务收入

9. 下列经济业务发生时应借记"利润分配"账户的是（　　　）。

    A. 提取法定盈余公积   B. 交纳所得税

    C. 提取资本公积   D. 向投资者分配利润

10. 下列经济业务中应记入"制造费用"账户的是（　　　）。

    A. 车间管理人员工资   B. 生产工人的工资

    C. 车间支付的水电费   D. 生产产品领料

11. 企业的营业外支出包括（　　　）。

    A. 出售设备的净损失   B. 支付的违约金

    C. 公益性捐赠支出   D. 无法收回的应收账款

12. "生产成本"账户一般包括（　　　）。

    A. 直接材料   B. 直接人工   C. 制造费用   D. 管理费用

13. 下列可用于弥补亏损的有（　　　）。

    A. 资本公积   B. 盈余公积   C. 未分配利润   D. 实收资本

14. 期间费用包括（　　　）。

    A. 管理费用   B. 制造费用   C. 销售费用   D. 财务费用

15. 营业收入包括（　　　）。

    A. 主营业务收入   B. 其他业务收入   C. 营业外收入   D. 投资收益

三、判断题

1. 采购人员的差旅费应记入"销售费用"账户。   （　　　）

2. 制造费用月末应分配转入"生产成本"账户。   （　　　）

3. "本年利润"账户如果有借方余额则表示发生的亏损。   （　　　）

4. 盈余公积是按利润总额的一定比例计算提取的。   （　　　）

5. 费用是指企业为生产产品、提供劳务而发生的各种耗费。   （　　　）

6. 企业的净利润是指利润总额减去所得税后的部分。   （　　　）

7. "生产成本"借方登记发生的直接人工、直接材料和月末分配转入的制造费用。

                     （ ）

8. "营业税金及附加"账户属于负债类账户。   （ ）

9. 向投资者分配利润时应借记"利润分配"账户。   （ ）

10. 损益类账户月末应结转入"本年利润"账户。   （ ）

11. 收入一定表现为企业资产的增加。   （ ）

12. 支付银行手续费应记入"管理费用"账户。   （ ）

13. 企业为组织生产经营活动而发生的一切管理活动的费用，包括车间管理费用和公司管理费用，都应作为期间费用处理。   （ ）

四、业务核算题

1. 资料：红光工厂 2015 年 6 月发生下列部分经济业务。

1）6 月 3 日，以现金 800 元购入办公用品，其中车间 300 元、管理部门 500 元。

2）6 月 6 日，以银行存款支付产品的广告费 5 000 元。

3）6 月 10 日，以银行存款支付印花税 1 500 元。

4）6 月 15 日车间为生产 A 产品领入甲材料 72 000 元，车间维修设备领用备件 2 000 元。

5）6 月 16 日，以银行存款向希望工程捐款 10 000 元。

6）6 月 17 日，收到雅兰公司支付的违约金 600 元，已存入银行。

7）6 月 20 日，收到银行存款利息入账通知单，利息收入 3 000 元。

8）6 月 20 日，收到银行借款利息支付通知单，支付利息 5 000 元。

9）6 月 23 日，以银行存款支付厂房租金 1 900 元。

10）6 月 26 日，以银行存款向格力公司支付罚款 500 元。

11）6 月 28 日，分配本月电费 6 000 元，其中生产车间 5 000 元、管理部门 520 元、销售部门 480 元。

12）6 月 30 日，计算并结转本月应缴纳的城市维护建设税 3 179.5 元、教育费附加 1 552.9 元。

13）6 月 30 日，预提本月短期借款利息 3 700 元。

14）6 月 30 日，销售产品，以支票支付运输费 1 200 元。

15）6 月 30 日，进行工资的分配，其中生产工人的工资 20 000 元，车间管理人员的工资 5 000 元、厂部管理人员的工资 8 000 元。

16）6 月 30 日，计算并结转所得税费用 160 000 元。

17）6 月 30 日，企业的净利润为 500 000 元，转入"利润分配"账户。

18）6 月 30 日，按实现的净利润的 10% 提取法定盈余公积，5% 提取任意盈余公积。

19）6 月 30 日，经董事会研究决定向投资者分配利润 1 200 000 元。

20）6 月 30 日，结转"利润分配"各明细账户。

要求：根据以上资料编制相关会计分录。

2. 资料：法瑞公司 2015 年 6 月 30 日结账前各损益类账户余额见表 6-8。

表6-8 法瑞公司账户余额表

2015 年 6 月 30 日   单位：元

账户名称	期末余额	
	借方	贷方
主营业务收入		3 000 000
主营业务成本	2 000 000	
营业税金及附加	160 000	
其他业务收入		30 000
其他业务成本	200 000	
销售费用	50 000	
管理费用	70 000	
财务费用	10 000	
投资收益	120 000	
营业外收入		90 000
营业外支出	30 000	

要求：

1）根据资料编制结转损益类账户的会计分录。

2）计算利润总额。

3．资料：法瑞公司 2015 年 6 月国库券利息收入 8 000 元，支付罚金 4 000 元，超标准业务招待费 10 000 元，非公益性支出 11 000 元。2015 年 6 月 30 日，公司资产负债表中部分项目情况见表6-9。

表6-9 资产负债表中部分项目情况   单位：元

项目	账面价值	计税基础	差异	应纳税暂时性差异	可抵扣暂时性差异
存货	520 000	500 000	20 000	20 000	
无形资产	360 000	380 000	20 000		20 000
预计负债	190 000	220 000	30 000	30 000	
总计				50 000	20 000

要求：

1）计算应纳税所得额。

2）计算应交所得税。

3）计算所得税费用。

4）编制有关的会计分录。

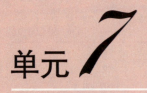

单元 7

财务报表的编报

学习目的

1. 了解财务报表的概念与分类。
2. 了解资产负债表、利润表的作用。
3. 熟悉财务报表编制的基本要求。
4. 熟悉资产负债表、利润表的列示要求。
5. 掌握资产负债表、利润表的编制方法。
6. 了解现金流量表的格式、编制方法。

活动资料

　　企业的经营活动是连续不断的循环往复过程，在企业经营的一段时间内，是赚还是赔？赚了多少？赔了多少？什么产品赚钱？什么产品赔钱？这不仅是企业经营管理者要了解的事情，也是企业的投资人要了解的事情。他们不可能翻看企业的账簿，一是他们不一定能看懂，二是账簿属于企业的商业机密。解读这一问题的办法就是按照人们习惯的年度日历时间段，对经营业绩做一个概括性的一览表，总结和归纳出账簿所记录的内容，这就产生了财务报表。财务报表主要用数字来说明问题，数字说不清楚的地方，还需要增添附注和说明，它们合起来就构成了企业的财务会计报告。

任务 7.1　财务报表概述

活动指导——财务报告与财务报表

　　财务报告（又称财务会计报告），是指企业对外提供的反映企业某一特定日期的财务状况和某一会计期间的经营成果、现金流量等会计信息的文件。

　　财务报告包括财务报表和其他应当在财务报告中披露的相关消息和资料。财务报表是财务报告的核心内容。

财务会计报告分为年度财务报告和中期财务报告，见表 7-1。

表 7-1　财务报告的分类

财务会计报告	编制时间	报出时间	中期/年度财务报告
月度财务会计报告	月终	月终后 6 日内	中期财务报告
季度财务会计报告	季度终	季度终后 15 天内	
半年度财务会计报告	半年度终	年度中期结束后 60 天内	
年度财务会计报告	年度终	年度终了 4 个月内	年度财务报告

活动 7.1.1　财务报表的分类

财务报表是一个完整的体系，不同性质的会计主体，由于核算的具体内容和管理的要求不同，财务报表的分类方式也不尽相同。为了全面了解财务报表的内容和结构，掌握其编制方法，需要对财务报表进行科学的分类。企业财务报表的组成见表 7-2。

表 7-2　企业财务报表的组成

编　号	财务报表名称	编报期间
会企 01 表	资产负债表	年度报告、中期报告
会企 02 表	利润表	年度报告、中期报告
会企 03 表	现金流量表和附注	年度报告、中期报告
会企 04 表	所有者权益（股东权益）变动表	年度报告

1. 按编报的时间分类

按财务报表编报时间的不同，可以分为月度报表、季度报表、半年度报表和年度报表。

月度报表和季度报表是反映企业本月或一个季度的财务状况和经营成果的报表，要求简明扼要、反映及时，编报的重点在于财务报表本身，主要包括资产负债表、利润表。月度报表、季度报表和半年度报表统称为中期财务报表。

年度财务报表是全面反映企业全年的财务状况和经营成果及其资金变动的会计报表，要求报表的种类和揭示的信息最为完整和全面，以便能全面地总结全年的经济活动。编报的重点不仅在于财务报表本身，还包括其他财务报告内容，如财务情况说明书等。股份制企业应编制半年报，用以较为全面地反映企业的中期经营情况。

2. 按反映的经济内容分类

按财务报表反映的内容不同，可以分为静态报表和动态报表。

静态报表是反映企业某一特定日期资产、负债和所有者权益状况的报表，如资产负债表；动态报表是反映企业一定期间的经营成果或现金流动情况的报表，如利润表和现金流量表。

3. 按服务的对象分类

按财务报表服务的对象不同，可以分为内部报表和外部报表。内部报表是指为满足企业内部经营管理需要而编制的财务报表，它一般不需要遵守统一的格式，也没有统一的编制要求，无须对外公开；外部报表则是指企业向外提供的财务报表，必须按照规定的统一格式来编制。

4. 按编制的单位分类

按财务报表编制单位的不同，可以分为单位报表和合并报表。单位报表是指企业在自身会计核算基础上对账簿记录进行加工而编制的财务报表，主要是反映企业自身的财务状况、经营成果和现金流动情况；合并报表是集团公司在母公司和子公司的单位报表基础上编制的财务报表。

活动 7.1.2　财务报表的编制要求

1. 以持续经营为基础编制

企业应当以持续经营为基础，根据实际发生的交易和事项，按照《企业会计准则——基本准则》和其他各项会计准则的规定进行确认和计量，在此基础上编制财务报表。若以持续经营为基础编制财务报表不合理，企业应当采用其他基础编制财务报表，并在附注中声明财务报表未以持续经营为基础编制的事实、披露未以持续经营为基础编制的原因和财务报表的编制基础。

2. 按正确的会计基础编制

除现金流量表按照收付实现制原则编制外，企业应当按照权责发生制原则编制财务报表。

3. 至少按年编制财务报表

企业至少应当按年编制财务报表。年度财务报表涵盖的期间短于一年的，应当披露年度财务报表的涵盖期间、短于一年的原因及报表数据不具可比性的事实。

4. 项目列报遵守重要性原则

重要性，是指在合理预期下，财务报表某项目的省略或错报会影响使用者据此作出经济决策的，该项目具有重要性。

重要性应当根据企业所处的具体环境，从项目的性质和金额两方面予以判断，且对各项目重要性的判断标准一经确定，不得随意变更。判断项目性质的重要性，应当考虑该项目在性质上是否属于企业日常活动，是否显著影响企业的财务状况、经营成果和现金流量等因素；判断项目金额大小的重要性，应当考虑该项目金额占资产总额、负债总额、所有者权益总额、营业收入总额、营业成本总额、净利润、综合收益总额等直接相关项目金额的比例或所属报表单列项目金额的比例。

《企业会计准则第30号——财务报表列报》规定在财务报表中单独列报的项目，应当单独列报。其他会计准则规定单独列报的项目，应当增加单独列报项目。

5. 保持各个会计期间财务报表项目列报的一致性

财务报表项目的列报应当在各个会计期间保持一致，除会计准则要求改变财务报表项目的列报或企业经营业务的性质发生重大变化后，变更财务报表项目的列报能够提供更可靠、更相关的会计信息外，不得随意变更。

6. 各项目之间的金额不得相互抵销

财务报表中的资产项目和负债项目的金额、收入项目和费用项目的金额、直接计入当期利润的利得项目和损失项目的金额不得相互抵销，但其他会计准则另有规定的除外。

7. 至少应当提供所有列报项目上一个可比会计期间的比较数据

当期财务报表的列报，至少应当提供所有列报项目上一个可比会计期间的比较数据，以及与理解当期财务报表相关的说明，但其他会计准则另有规定的除外。

财务报表的列报项目发生变更的，应当至少对可比期间的数据按照当期的列报要求进行调整，并在附注中披露调整的原因和性质，以及调整的各项目金额。对可比数据进行调整不切实可行的，应当在附注中披露不能调整的原因。

8. 应当在财务报表的显著位置披露编报企业的名称等重要信息

企业应当在财务报表的显著位置（如表首）至少披露下列各项：①编报企业的名称；②资产负债表日或财务报表涵盖的会计期间；③人民币金额单位；④财务报表是合并财务报表的，应当予以标明。

任务 7.2　资产负债表的编制

活动指导——资产负债表的作用

资产负债表的作用：①可以提供某一日期资产的总额及其结构，表明企业拥有或控制的资源及其分布情况；②可以提供某一日期的负债总额及其结构，表明企业未来需要用多少资产或劳务清偿债务及清偿时间；③可以反映所有者拥有的权益，据以判断资本保值、增值的情况及对负债的保障程度。

活动 7.2.1　资产负债表列表

资产负债表是反映企业在某一特定日期（月末、季末、年末）财务状况的报表。它是根据"资产＝负债＋所有者权益"这一会计等式，依照一定的分类标准和顺序，将企业在一定日期全部资产、负债和所有者权益项目进行适当分类、汇总、排列后编制的报表。

1. 资产负债表列报总体要求

（1）分类别列报
资产负债表应当按照资产、负债和所有者权益三大类别分类列报。
（2）资产和负债按流动性列报
资产和负债应当按照流动性分别分为流动资产和非流动资产、流动负债和非流动负债列示。

（3）列报相关的合计、总计项目

资产负债表中的资产类至少应当列示流动资产和非流动资产的合计项目；负债类至少应当列示流动负债、非流动负债及负债的合计项目；所有者权益类应当列示所有者权益的合计项目。

资产负债表应当分别列示资产总计项目和负债与所有者权益之和的总计项目，并且这二者的金额应当相等。

2. 资产的列报

资产负债表中的资产类至少应当单独列示反映下列信息的项目：①货币资金；②以公允价值计量且其变动计入当期损益的金融资产；③应收款项；④预付款项；⑤存货；⑥被划分为持有待售的非流动资产及被划分为持有待售的处置组中的资产；⑦可供出售金融资产；⑧持有至到期投资；⑨长期股权投资；⑩投资性房地产；⑪固定资产；⑫生物资产；⑬无形资产；⑭延所得税资产。

3. 负债的列报

资产负债表中的负债类至少应当单独列示反映下列信息的项目：①短期借款；②以公允价值计量且其变动计入当期损益的金融负债；③应付款项；④预收款项；⑤应付职工薪酬；⑥应交税费；⑦被划分为持有待售的处置组中的负债；⑧长期借款；⑨应付债券；⑩长期应付款；⑪预计负债；⑫递延所得税负债。

4. 所有者权益的列报

资产负债表中的所有者权益类至少应当单独列示反映下列信息的项目：①实收资本（或股本）；②资本公积；③盈余公积；④未分配利润。

■ 活动 7.2.2　资产负债表的格式

资产负债表的格式主要有报告式和账户式两种。报告式资产负债表是将资产、负债和所有者权益项目按纵向顺序排列列报的；账户式资产负债表分为左、右两方，以左方为资产项目、右方为负债和所有者权益项目的形式列报的。

我国企业的资产负债表规定采用账户式结构。账户式资产负债表左右双方平衡相等，即资产合计等于负债及所有者权益合计。

 小贴士

> 账户式能够较好地将资产负债表的形式和内容统一起来，揭示了各项目之间内在的勾稽关系，使报表使用者能够清楚地了解企业所控制的经济资源及其来源，便于对资产负债表进行结构性分析。

企业会计制度规定的账户式资产负债表格式见表 7-3。

表 7-3　资产负债表

会企 01 表

编制单位：　　　　　　　　　　　　　　　　年　　　月　　　日　　　　　　　　　　　　　　单位：元

资　　产	期末余额	年初余额	负债和所有者权益 （或股东权益）	期末余额	年初余额
流动资产：			流动负债：		
货币资金			短期借款		
交易性金融资产			交易性金融负债		
应收票据			应付票据		
应收账款			应付账款		
预付款项			预收款项		
应收利息			应付职工薪酬		
应收股利			应交税费		
其他应收款			应付利息		
存货			应付股利		
一年内非到期的流动资产			其他应付款		
其他流动资产			一年内到期的非流动负债		
流动资产合计			其他流动负债		
非流动资产：			流动负债合计		
可供出售金融资产			非流动负债：		
持有至到期投资			长期借款		
长期应收款			应付债券		
长期股权投资			长期应付款		
投资性房地产			专项应付款		
固定资产			预计负债		
在建工程			递延所得税负债		
工程物资			其他非流动负债		
固定资产清理			非流动负债合计		
生产性生物资产			负债合计		
油气资产			所有者权益（或股东权益）：		
无形资产			实收资本（或股本）		
开发支出			资本公积		
商誉			减：库存股		
长期待摊费用			盈余公积		
递延所得税资产			未分配利润		
其他非流动资产			所有者权益（或股东权益） 　　合计		
非流动资产合计					
资产总计			负债和所有者权益 　（或股东权益）总计		

活动 7.2.3　资产负债表的填列方法和说明

1. 资产负债表项目的填列方法

资产负债表的各项目均需填列"年初余额"和"期末余额"两栏。

资产负债表"年初余额"栏内各项数字，应根据上年年末资产负债表的"期末余额"栏内所列数字填列。如果上年度资产负债表规定的各个项目的名称和内容与本年度不一致，应对上年年末资产负债表各项目的名称和数字按照本年度的规定进行调整，填入本表"年初余额"栏内。

1）根据总账账户的余额填列，如"应付票据"、"短期借款"项目。

2）根据有关明细账户的余额计算填列，如"应收账款"、"预收账款"、"应付账款"、"预付账款"项目。

3）根据总账账户和明细账户的余额分析计算填列，如"长期借款"项目。

4）根据有关账户余额减去其备抵账户余额后的净额填列，如"固定资产"、"无形资产"项目。

5）综合运用上述填列方法分析填列，如"存货"项目。

2. 资产负债表项目的填列说明

（1）资产项目的填列

1）"货币资金"项目，反映企业库存现金、银行结算户存款、外埠存款、银行汇票存款、银行本票存款、信用卡存款、信用证保证金存款等的合计数。本项目应根据"库存现金"、"银行存款"、"其他货币资金"账户期末余额的合计数填列。

2）"交易性金融资产"项目，反映企业为交易目的而持有的债券投资、股票投资、基金投资等交易性金融资产的公允价值。本项目应根据"交易性金融资产"账户的期末余额填列。

3）"应收票据"项目，反映企业因销售商品、提供劳务等而收到的商业汇票，包括银行承兑汇票和商业承兑汇票。本项目应根据"应收票据"账户的期末余额减去"坏账准备"账户中有关应收票据计提的坏账准备余额后的金额填列。

4）"应收账款"项目，反映企业因销售商品、提供劳务等经营活动应收取的款项。本项目应根据"应收账款"和"预收账款"账户所属各明细账户的期末借方余额合计，减去"坏账准备"账户中有关应收账款计提的坏账准备期末余额后的金额填列。例如，"应收账款"账户所属明细账户期末有贷方余额，应在"预收账款"项目中填列。

5）"预付账款"项目，反映企业按照购货合同规定预付给供应单位的款项。本项目根据"预付账款"和"应付账款"账户所属各明细账户的期末借方余额合计，减去"坏账准备"账户中有关预付账款计提的坏账准备期末余额后的金额填列。例如，"预付账款"账户所属明细账户期末有贷方余额的，应在"应付账款"项目中填列。

6）"应收利息"项目，反映企业应收取的债券投资等的利息。本项目应根据"应收利息"账户的期末余额，减去"坏账准备"账户中有关应收利息计提的坏账准备期末余额后的净额填列。

7）"应收股利"项目，反映企业应收取的现金股利和应收取其他单位分配的利润。本项目应根据"应收股利"账户的期末余额，减去"坏账准备"账户中有关应收股利计提的坏账准备期末余额后的净额填列。

8）"其他应收款"项目，反映企业除应收票据、应收账款、预付账款、应收股利、应收利息等经营活动以外的其他各种应收、暂付的款项。本项目应根据"其他应收款"账户的期末余额，减去"坏账准备"账户中有关其他应收款计提的坏账准备期末余额后的净额填列。

9）"存货"项目，反映企业期末在库、在途和在加工中的各种存货的可变现净值。本项目应根据"材料采购"、"在途物资"、"原材料"、"发出商品"、"库存商品"、"周转材料"、"委托加工物资"、"委托代销商品"、"生产成本"等账户的期末余额合计，减去"受托代销商品款"、"存货跌价准备"账户期末余额后的净额填列。材料采用计划成本核算，以及库存商品采用计划成本核算或售价核算的企业，还应按加或减材料成本差异、商品进销差价后的净额填列。

10）"一年内到期的非流动资产"项目，反映企业将于一年内到期的非流动资产项目金额。本项目应根据有关科目的期末余额填列，如一年内推销的长期待摊费用。

11）"其他流动资产"项目，反映企业除以上流动资产项目外的其他流动资产，本项目应根据有关账户的期末余额填列。

12）"可供出售金融资产"项目，反映企业持有的可供出售金融资产的公允价值。本项目根据"可供出售金融资产"账户期末余额填列。

13）"持有至到期投资"项目，反映企业持有至到期投资的摊余价值。本项目根据"持有至到期投资"账户期末余额减去一年内到期的投资部分和"持有至到期投资减值准备"账户期末余额后填列。

14）"长期应收款"项目，反映企业长期应收款净额。本项目根据"长期应收款"期末余额，减去一年内到期的部分、"未确认融资收益"账户期末余额、"坏账准备"账户中按长期应收款计提的坏账损失后的金额填列。

15）"长期股权投资"项目，反映企业持有的对子公司、联营企业和合营企业的长期股权投资。本项目应根据"长期股权投资"账户的期末余额，减去"长期股权投资减值准备"账户的期末余额后的净额填列。

16）"固定资产"项目，反映企业各种固定资产原价减去累计折旧和累计减值准备后的净额。本项目应根据"固定资产"账户的期末余额，减去"累计折旧"和"固定资产减值准备"账户期末余额后的净额填列。

17）"在建工程"项目，反映企业期末各项未完工程的实际支出，包括交付安装的设备价值、未完建筑安装工程已经耗用的材料、工资和费用支出等的可收回金额。本项目应根据"在建工程"账户的期末余额，减去"在建工程减值准备"账户期末余额后的净额填列。

18）"工程物资"项目，反映企业尚未使用的各项工程物资的实际成本。本项目应根据"工程物资"账户的期末余额填列。

19）"固定资产清理"项目，反映企业因出售、毁损、报废等原因转入清理但尚未清理完毕的固定资产的净值，以及固定资产清理过程中所发生的清理费用和变价收入等各项金额的差额。本项目应根据"固定资产清理"账户的期末借方余额填列。例如，"固定资产清理"账户期末为贷方余额，以"—"号填列。

20）"无形资产"项目，反映企业持有的各项无形资产的净值。本项目应根据"无形资产"账户期末余额，减去"累计摊销"和"无形资产减值准备"账户的期末余额填列。

21）"开发支出"项目，反映企业研究与开发无形资产过程中发生的各项支出。本项目根据"研发支出"账户的期末余额填列。

22）"商誉"项目，反映企业在合并中形成的商誉的价值。本项目应根据"商誉"账户的期末余额，减去"商誉减值准备"账户期末余额后的余额填列。

23）"长期待摊费用"项目，反映企业尚未摊销的摊销期限在一年以上（不含一年）的各项费用。本项目应根据"长期待摊费用"账户的期末余额减去将于一年内（含一年）摊销的数额后的金额填列。

24）"递延所得税资产"项目，反映企业以可抵扣暂时性差异形成的递延所得税资产。本项目根据"递延所得税资产"账户期末余额填列。

25）"其他非流动资产"项目，反映企业除长期股权投资、固定资产、在建工程、工程物资、无形资产等以外的其他非流动资产。本项目应根据有关账户的期末余额填列。

（2）负债项目的填列

1）"短期借款"项目，反映企业向银行或其他金融机构等借入的期限在一年以下（含一年）的各种借款。本项目应根据"短期借款"账户的期末余额填列。

2）"交易性金融负债"项目，反映企业发行短期债券等所形成的交易性金融负债公允价值。本项目根据"交易性金融负债"账户期末余额填列。

3）"应付票据"项目，反映企业因购买材料、商品和接受劳务供应等而开出并承兑的、尚未到期付款的商业汇票，包括银行承兑汇票和商业承兑汇票。本项目应根据"应付票据"账户的期末余额填列。

4）"应付账款"项目，反映企业购买原材料、商品和接受劳务供应等而应付给供应单位的款项。本项目应根据"应付账款"和"预付账款"账户所属各明细账户的期末贷方余额合计填列。例如，"应付账款"账户所属明细账户期末有借方余额的，应在"预付账款"账户项目中填列。

5）"预收款项"项目，反映企业按照销售合同等规定预收购买单位的款项。本项目应根据"预收账款"和"应收账款"账户所属各明细账户的期末贷方余额合计数填列。例如，"预收账款"账户所属各明细账户期末有借方余额，应在资产负债表"应收账款"项目内填列。

6）"应付职工薪酬"项目，反映企业根据有关规定应付给职工的工资、职工福利、社会保险费、住房公积金、工会经费、职工教育经费、非货币性福利、辞退福利等各种薪酬。外商投资企业按规定从净利润中提取的职工奖励及福利基金，也在本项目列示。

7）"应交税费"项目，反映企业按照税法规定计算应交纳的各种税费，包括增值税、消费税、营业税、所得税、资源税、土地增值税、城市维护建设税、房产税、土地使用税、车船使用税、教育费附加、矿产资源补偿费等。企业代扣代交的个人所得税，也通过本项目列示。企业所交纳的税金不需要预计应交数的，如印花税、耕地占用税等，不在本项目列示。本项目应根据"应交税费"账户的期末贷方余额填列，如"应交税费"账户期末为借方余额，应以"—"号填列。

8）"应付利息"项目，反映企业按照规定应当支付的利息，包括分期付息到期还本的长期借款应支付的利息、企业发行的企业债券应支付的利息等。本项目应当根据"应付利息"

账户的期末余额填列。

9）"应付股利"项目，反映企业分配的现金股利或利润。企业分配的股票股利不通过本项目列示。本项目应根据"应付股利"账户的期末余额填列。

10）"其他应付款"项目，反映企业除应付账款、应付票据、预收款项、应付职工薪酬、应交税费、应付利息、应付股利等经营活动以外的其他各项应付、暂收的款项。本项目应根据"其他应付款"账产的期末余额填列。

11）"一年内到期的非流动负债"项目，反映企业各种非流动负债中将于资产负债表日后一年之内到期的金额，包括一年内到期的长期借款、长期应付款和应付债券。本项目应根据上述账户分析计算后填列。

12）"其他流动负债"项目，反映企业除以上流动负债以外的其他流动负债。本项目应根据有关账户的期末余额填列。

13）"长期借款"项目，反映企业向银行或其他金融机构借入期限在一年期以上（不含一年）的各期借款。本项目应根据"长期借款"账户的期末余额减去一年内到期部分的金额填列。

14）"应付债券"项目，反映企业为筹集长期资金而发行的债券本金和利息。本项目根据"应付债券"账户期末余额减去一年内到期部分的金额填列。

15）"长期应付款"项目，反映企业除长期借款、应付债券以外的各种长期应付款。本项目应根据"长期应付款"账户的期末余额，减去"未确认融资费用"账户期末余额和一年内到期部分的长期应付款后填列。

16）"预计负债"项目，反映企业计提的各种预计负债。本项目根据"预计负债"账户期末余额填列。

17）"递延所得税负债"项目，反映企业根据应纳税暂时性差异确认的递延所得税负债。本项目根据"递延所得税负债"账户期末余额填列。

18）"其他非流动负债"项目，反映企业除长期借款、应付债券等项目以外的其他非流动负债。本项目应根据有关账户的期末余额填列。其他非流动负债项目应根据有关账户期末余额减去将于一年内（含一年）到期偿还数后的余额填列。非流动负债各项目中将于一年内（含一年）到期的非流动负债，应在"一年内到期的非流动负债"项目内单独反映。

（3）所有者权益项目的填列

1）"实收资本"（或"股本"）项目，反映企业各投资者实际投入的资本（或股本）总额。本项目应根据"实收资本"（或"股本"）账户的期末余额填列。

2）"资本公积"项目，反映企业资本公积的期末余额。本项目应根据"资本公积"账户的期末余额填列。

3）"盈余公积"项目，反映企业盈余公积的期末余额。本项目应根据"盈余公积"账户的期末余额填列。

4）"未分配利润"项目，反映企业尚未分配的利润。本项目应根据"本年利润"账户和"利润分配"账户的期末余额计算填列，如为未弥补的亏损，在本项目内以"－"号填列。

3. 资产负债表编制举例

【活动案例 7.1】 北京长城公司 2015 年 6 月 30 日全部总分类账户期末余额见表 7-4。

表 7-4　总分类账户期末余额表

2015 年 6 月 30 日　　　　　　　　　　　　　　　　　单元：元

资产账户	期末余额	权益账户	期末余额
库存现金	5 000	短期贷款	65 000
银行存款	871 635	应付票据	150 000
其他货币资金	2 800	应付账款	1 002 550
应收票据	37 000	应付职工薪酬	170 000
应收账款	850 000	应交税费	325 732
坏账准备	−2 500	应付股利	89 630
预付账款	80 000	其他应付款	85 000
其他应收款	6 000	长期借款	1 870 000
在途物资	315 000	实收资本	8 750 000
原材料	247 000	盈余公积	212 850
周转材料	56 080	利润分配	300 653
库存商品	2 185 400		
固定资产	7 465 000		
累计折旧	−420 000		
在建工程	528 000		
无形资产	850 000		
累计摊销	−55 000		
合计	13 021 415		13 021 415

注：坏账准备按应收账款计提。长期借款中有 200 000 元于 2015 年 12 月 31 日到期。

根据上述资料编制资产负债表，见表 7-5。

表 7-5　资产负债表

会企 01 表

编制单位：北京长城公司　　　　　　2015 年 6 月 30 日　　　　　　　　　单位：元

资产	行次	期末余额	年初余额	负债和所有者权益（或股东权益）	行次	期末余额	年初余额
流动资产：	1		（略）	流动负债：	36		（略）
货币资金	2	879 435		短期借款	37	65 000	
交易性金融资产	3			交易性金融负债	38		
应收票据	4	37 000		应付票据	39	150 000	
应收账款	5	847 500		应付账款	40	1 002 550	
预付账款	6	80 000		预收账款	41		
应收股利	7			应付职工薪酬	42	170 000	
应收利息	8			应交税费	43	325 732	
其他应收款	9	6 000		应付利息	44		
存货	10	2 803 480		应付股利	45	89 630	

续表

资产	行次	期末余额	年初余额	负债和所有者权益（或股东权益）	行次	期末余额	年初余额
一年内到期的非流动资产	11			其他应付款	46	85 000	
	12				47		
其他流动资产	13			一年内到期的非流动负债	48	200 000	
	14			其他流动负债	49		
流动资产合计	15	4 653 415		流动负债合计	50	2 087 912	
非流动资产：	16			非流动负债：	51		
可供出售金融资产	17			长期借款	52	1 670 000	
长期应收款	18			应付债券	53		
长期股权投资	19			长期应付款	54		
投资性房地产	20			专项应付款	55		
固定资产	21	7 045 000		预计负债	56		
在建工程	22	528 000		递延所得税负债	57		
工程物资	23			其他非流动负债	58		
固定资产清理	24			非流动负债合计	59	1 670 000	
	25				60		
	26			负债合计	61	3 757 912	
	27			所有者权益（或股东权益）：	62		
无形资产	28	795 000		实收资本（或股本）	63	8 750 000	
开发支出	29			资本公积	64		
商誉	30			盈余公积	65	212 850	
长摊待摊费用	31			未分配利润	66	300 653	
递延所得税资产	32			减：库存股	67		
其他非流动资产	33			所有者权益（或股东权益）合计	69	9 163 503	
非流动资产合计	34	8 368 000					
资产总计	35	13 021 415		负债和所有者（或股东权益）合计	70	13 021 415	

任务 7.3 利润表的编制

活动指导——利润表的作用

利润表的作用：①反映一定会计期间收入的实现情况；②反映一定会计期间的费用耗费情况；③反映企业经济活动成果的实现情况，据以判断资本保值增值等情况。

活动 7.3.1 利润表的列示要求

利润表又称损益表，是反映企业在一定会计期间（月份、季度或年份）经营成果的报表。利润表以"收入－费用＝利润"会计等式为编报基础，是反映企业一定期间净利润形成或亏损发生过程的动态报表。利润表列示的基本要求如下。

1）企业在利润表中应当对费用按照功能分类，分为从事经营业务发生的成本、管理费用、销售费用和财务费用等。

2）利润表至少应当单独列示反映下列信息的项目，但其他会计准则另有规定的除外：①营业收入；②营业成本；③营业税金及附加；④管理费用；⑤销售费用；⑥财务费用；⑦投资收益；⑧公允价值变动损益；⑨资产减值损失；⑩非流动资产处置损益；⑪所得税费用；⑫净利润；⑬其他综合收益各项目分别扣除所得税影响后的净额；⑭综合收益总额。金融企业可以根据其特殊性列示利润表项目。

3）其他综合收益项目应当根据其他相关会计准则的规定分为以后会计期间不能重分类进损益的其他综合收益项目和以后会计期间在满足规定条件时将重分类进损益的其他综合收益项目两类列报。

4）在合并利润表中，企业应当在净利润项目之下单独列示归属于母公司所有者的损益和归属于少数股东的损益，在综合收益总额项目之下单独列示归属于母公司所有者的综合收益总额和归属于少数股东的综合收益总额。

小贴士

利润表中的"利润"是按会计核算的基本原则和概念计算的，在计算过程中不仅要反映经营收益，还要反映各种利得和损失。

活动 7.3.2　利润表的格式

利润表的格式主要有单步式利润表和多步式利润表两种。单步式利润表是指将本期所有收入加在一起，再将本期所有费用加在一起，两者相减，一次计算出本期的净利润。多步式利润表是指通过多步计算求得本期净利润。我国企业的利润表采用多步式，格式见表7-6。

表7-6　利润表

会企02表

编制单位　　　　　　　　　　年　　月　　　　　　　　　单位：元

项　　目	本期金额	上期金额
一、营业收入		
减：营业成本		
营业税金及附加		
销售费用		
管理费用		
财务费用（收益以"－"号填列）		
资产减值损失		
加：公允价值变动收益（损失以"－"号填列）		
投资收益（亏损以"－"号填列）		
二、营业利润（亏损以"－"号填列）		
加：营业外收入		

续表

项　目	本期金额	上期金额
减：营业外支出		
其中：非流动资产处置损失（收益以"－"号填列）		
三、利润总额（损失以"－"号填列）		
减：所得税费用		
四、净利润（净亏损以"－"号填列）		
五、每股收益		
（一）基本每股收益		
（二）稀释每股收益		

根据多步式利润表的要求，利润表主要反映当期净利润的形成过程，其项目内容和排列顺序如下。

第一步，计算营业利润，其计算公式为

营业利润＝营业收入－营业成本－营业税金及附加－销售费用－管理费用－财务费用
　　　　　－资产减值损失－公允价值变动损失（减收益）－投资收益（减收益）

第二步，计算利润总额，其计算公式为

利润总额＝营业利润＋营业外收入－营业外支出

第三步，计算净利润，其计算公式为

净利润＝利润总额－所得税费用

第四步，反映每股收益，分为基本每股收益和稀释每股收益。其计算公式为

净利润＝利润总额－所得税

 小贴士

多步式利润表将收入和费用项目加以归类，列示一些中间性收益指标，分步反映净利润的构成内容，可以明显地看出利润的形成过程，能比单步式利润表提供更为丰富的会计信息。这样，既有利于对企业的生产经营情况进行分析，也有利于预测企业今后的盈利能力。但多步式利润表容易引起误解，似乎收入与费用的配比有层次分明的先后顺序，而实际上这仅仅是约定的假设，并没有事实上的依据。

活动 7.3.3　利润表的编制方法

1. 利润表项目的填列方法及说明

利润表是各个期间的动态报表，其数据来源主要是各损益类账户的本期发生额。一般而言，各收入类项目应根据相应的收入类账户的贷方发生额填列，各费用类账户则应根据相应的费用类账户的借方发生额填列。

1）"营业收入"项目，反映企业经营主要业务和其他业务所确认的收入总额。本项目应根据"主营业务收入"和"其他业务收入"账户的发生额分析填列。企业一般应当以"主

营业务收入"和"其他业务收入"账户的贷方发生额之和，作为利润表中"营业收入"的项目金额。当年发生销售退回的，以应冲减销售退回主营业务收入后的金额，填列"营业收入"项目。

2）"营业成本"项目，反映企业经营主要业务和其他业务所发生的成本总额。本项目应根据"主营业务成本"和"其他业务成本"账户的发生额分析填列。企业一般应当以"主营业务成本"和"其他业务成本"账户的借方发生额之和，作为利润表中"营业成本"的项目金额。当年发生销售退回的，应加上销售退回商品成本后的金额，填列"营业成本"项目。

3）"营业税金及附加"项目，反映企业经营业务应负担的消费税、营业税、城市建设维护税、资源税、土地增值税和教育费附加等。本项目应根据"营业税金及附加"账户的发生额分析填列。

4）"销售费用"项目，反映企业在销售商品过程中发生的包装费、广告费等费用，以及为销售本企业商品而专设的销售机构的职工薪酬、业务费等经营费用。本项目应根据"销售费用"账户的发生额分析填列。

5）"管理费用"项目，反映企业为组织和管理生产经营发生的管理费用。本项目应根据"管理费用"账户的发生额分析填列。

6）"财务费用"项目，反映企业筹集生产经营所需资金等而发生的筹资费用。本项目应根据"财务费用"账户的发生额分析填列。

7）"资产减值损失"项目，反映企业各项资产发生的减值损失。本项目应根据"资产减值损失"账户的发生额分析填列。企业应当以"资产减值损失"账户借方发生额减去贷方发生额后的余额，作为利润表中"资产减值损失"的项目金额。

8）"公允价值变动收益"项目，反映企业应当计入当期损益的资产或负债公允价值变动收益。本项目应根据"公允价值变动收益"账户的发生额分析填列，企业应当以"公允价值变动收益"账户贷方发生额减去借方发生额后的余额，作为利润表中"公允价值变动收益"的项目金额。相减后如为负数，表示（借方）净损失，本项目以"－"号填列。

9）"投资收益"项目，反映企业以各种方式对外投资所取得的收益。本项目应根据"投资收益"账户的发生额分析填列。如为（借方）投资损失，本项目以"－"号填列。

10）"营业利润"项目，反映企业实现的营业利润。如为亏损，本项目以"－"号填列。

11）"营业外收入"项目，反映企业发生的与经营业务无直接关系的各项收入。本项目应根据"营业外收入"账户的发生额分析填列。

12）"营业外支出"项目，反映企业发生的与经营业务无直接关系的各项支出。本项目应根据"营业外支出"账户的发生额分析填列。

13）"利润总额"项目，反映企业实现的利润。如为亏损，本项目以"－"号填列。

14）"所得税费用"项目，反映企业应从当期利润总额中扣除的所得税费用。本项目应根据"所得税费用"账户的发生额分析填列。

15）"净利润"项目，反映企业实现的净利润。如为亏损，本项目以"－"号填列。

2．利润表编制举例

【**活动案例 7.2**】 北京利华公司 2015 年 6 月有关损益类账户的发生额资料见表 7-7。

表 7-7　各损益类账户发生额

2015 年 6 月 30 日　　　　　　　　　　　　　　　　　　　　单位：元

账户名称	借方发生额	贷方发生额
主营业务收入		2 530 000
主营业务成本	1 435 000	
其他业务收入		750 000
其他业务成本	582 000	
营业税金及附加	980 000	
销售费用	56 000	
管理费用	132 000	
财务费用	250 000	
投资收益		450 000
营业外收入		120 000
营业外支出	55 000	
所得税费用	101 500	

根据有关资料编制的利润表，见表 7-8。

表 7-8　利润表

会企 02 表

编制单位：北京利华公司　　　　　　2015 年 6 月　　　　　　　　　单位：元

账户名称	本期金额	上期金额
一、营业收入	3 280 000	（略）
减：营业成本	2 017 000	
营业税金及附加	980 000	
销售费用	56 000	
管理费用	132 000	
财务费用	250 000	
资产减值损失		
加：公允价值变动收益（损失以"－"号填列）		
投资收益	450 000	
其中：对联营企业和合营企业投资收益		
二、营业利润（亏损以"－"号填列）	295 000	
加：营业外收入	120 000	
减：营业外支出	55 000	
其中：非流动资产处置损失		
三、利润总额（损失以"－"号填列）	360 000	
减：所得税费用	101 500	
四、净利润（净损失"－"号填列）	280 500	
五、每股收益：		
（一）基本每股收益		
（二）稀释每股收益		

任务 7.4 现金流量表的编制

活动指导——现金流量表可以判断的问题

现金流量表有助于会计报表使用者对下列问题作出判断：①分析企业财务状况及其变动的原因；②预测企业未来现金流量；③评价企业的支付能力、偿债能力和资金周转能力；④分析企业净利润与经营活动产生净现金流量之间差异的原因。

活动 7.4.1 现金流量表的列示要求

现金流量表是反映企业一定会计期间内现金和现金等价物流入和流出情况的会计报表。它通过揭示一个企业在报告期内经营活动、投资活动和筹资活动所产生的现金流入、现金流出和现金变动净额，来全面反映资产负债表中"现金"项目从期初到期末的具体变化过程。现金流量表应当按照经营活动产生的现金流量、投资活动产生的现金流量和筹资活动产生的现金流量分别反映。

活动 7.4.2 现金流量表的格式

现金流量表采用报告式，按照现金流量的性质，依次反映经营活动产生的现金流量、投资活动产生的现金流量和筹资活动产生的现金流量，最后汇总反映企业现金及现金等价物净增加额。在有外币现金流量及境外子公司的现金流量折算为人民币的企业，表中还应单设"汇率变动对现金的影响额"项目，以反映所采用的现金流量发生日的汇率或平均汇率折算的人民币金额与"现金及现金等价物增加额"中外币现金净增加额按期末汇率折算的人民币金额之间的差额。

现金流量表格式按一般企业、商业银行、保险公司、证券公司等企业类型予以规定。企业应当根据其经营活动的性质，确定本企业适用的现金流量表格式，表 7-9 是一般企业现金流量表格式。

表 7-9 现金流量表

会企 03 表

编制单位：　　　　　　　　　　　　　年　　月　　　　　　　　　　　　单位：元

项　目	本期金额	上期金额
一、经营活动产生的现金流量		
销售商品、提供劳务收到的现金		
收到的税费返还		
收到的其他与经营活动有关的现金		
经营活动现金流入小计		
购买商品、接受劳务支付的现金		
支付给职工及为职工支付的现金		

续表

项　目	本期金额	上期金额
支付的各项税费		
支付的其他与经营活动有关的现金		
经营活动现金流出小计		
经营活动产生的现金流量净额		
二、投资活动产生的现金流量		
收回投资收到的现金		
取得投资收益收到的现金		
处置固定资产、无形资产和其他长期资产收回的现金净额		
收到的其他与投资活动有关的现金		
投资活动现金流入小计		
购建固定资产、无形资产和其他长期资产所支付的现金		
投资支付的现金		
支付的其他与投资活动有关的现金		
投资活动现金流出小计		
投资活动产生的现金流量净额		
三、筹资活动产生的现金流量		
吸收投资收到的现金		
取得借款所收到的现金		
收到的其他与筹资活动有关的现金		
筹资活动现金流入小计		
偿还债务所支付的现金		
分配股利、利润或偿付利息所支付的现金		
支付的其他与筹资活动有关的现金		
筹资活动现金流出小计		
筹资活动产生的现金流量净额		
四、汇率变动对现金及现金等价物的影响		
五、现金及现金等价物净增加额		
加：期初现金及现金等价物余额		
六、期末现金及现金等价物余额		

活动 7.4.3　现金流量表的编制方法

　　现金流量表的"本年金额"栏反映各项目自年初起至报告期末止的累计实际发生数或本年实际发生数。在编制年度财务会计报告时，应在"上年金额"栏填列上年全年累计实际发生数。如果上年度现金流量表与本年度现金流量表的项目名称和内容不一致，应对上年度现金流量表项目的名称和数字按本年度的规定进行调整，填入本表"上年金额"栏。

　　企业应当采用直接法列示经营活动产生的现金流量。直接法，是指通过现金收入和现金支出的主要类别列示经营活动的现金流量。采用直接法编制经营活动的现金流量时，一般以利润表中的营业收入为起算点，调整与经营活动有关的项目的增减变动，然后计算出经营活动的现金流量。采用直接法具体编制现金流量表时，可以采用工作底稿法或 T 形账户法，也可以根据有关科目记录分析填列。

1. 经营活动产生的现金流量

1）"销售商品、提供劳务收到的现金"项目，反映企业本期销售商品、提供劳务收到的现金，以及前期销售商品、提供劳务本期收到的现金（包括销售收入和应向购买者收取的增值税销项税额）和本期预收的款项，减去本期销售本期退回的商品和前期销售本期退回的商品支付的现金。企业销售材料和代购代销业务收到的现金，也在本项目反映。

2）"收到的税费返还"项目，反映企业收到返还的增值税、营业税、所得税、消费税、关税和教育费附加返还款等各种税费。

3）"收到其他与经营活动有关的现金"项目，反映企业收到的罚款收入、经营租赁收到的租金等其他与经营活动有关的现金流入，金额较大的应当单独列示。

4）"购买商品、接受劳务支付的现金"项目，反映企业本期购买商品、接受劳务实际支付的现金（包括增值税进项税额），以及本期支付前期购买商品、接受劳务的未付款项和本期预付款项，减去本期发生的购货退回收到的现金。

5）"支付给职工以及为职工支付的现金"项目，反映企业本期实际支付给职工的工资、奖金、各种津贴和补贴等职工薪酬，但是应由在建工程、无形资产负担的职工薪酬及支付的离退休人员的职工薪酬除外。

6）"支付的各项税费"项目，反映企业本期发生并支付的、本期支付以前各期发生的及预交的教育费附加、矿产资源补偿费、印花税、房产税、土地增值税、车船使用税、预交的营业税等税费，计入固定资产价值、实际支付的耕地占用税、本期退回的增值税、所得税等除外。

7）"支付的其他与经营活动有关的现金"项目，反映企业支付的罚款支出、支付的差旅费、业务招待费、保险费、经营租赁支付的现金等其他与经营活动有关的现金流出，金额较大的应当单独列示。

2. 投资活动产生的现金流量

1）"收回投资收到的现金"项目，反映企业出售、转让或到期收回除现金等价物以外的交易性金融资产、长期股权投资而收到的现金，以及收回长期债权投资本金而收到的现金，但长期债权投资收回的利息除外。

2）"取得投资收益收到的现金"项目，反映企业因股权性投资而分得的现金股利，从子公司、联营企业或合营企业分回利润而收到的现金，以及因债权性投资而取得的现金利息收入，但股票股利除外。

3）"处置固定资产、无形资产和其他长期资产收回的现金净额"项目，反映企业出售、报废固定资产、无形资产和其他长期资产所取得的现金（包括因资产毁损而收到的保险赔偿收入），减去为处置这些资产而支付的有关费用后的净额，但现金净额为负数的除外。

4）"处置子公司及其他营业单位收到的现金净额"项目，反映企业处置子公司及其他营业单位所取得的现金减去相关处置费用后的净额。

5）"购建固定资产、无形资产和其他长期资产支付的现金"项目，反映企业购买、建造固定资产、取得无形资产和其他长期资产所支付的现金及增值税款、支付的应由在建工程和无形资产负担的职工薪酬现金支出，但为购建固定资产而发生的借款利息资本化部分、融资租入固定资产所支付的租赁费除外。

6）"投资支付的现金"项目，反映企业取得的除现金等价物以外的权益性投资和债权性投资所支付的现金及支付的佣金、手续费等附加费用。

7）"取得子公司及其他营业单位支付的现金净额"项目，反映企业购买子公司及其他营业单位购买出价中以现金支付的部分，减去子公司或其他营业单位持有的现金和现金等价物后的净额。

8）"收到其他与投资活动有关的现金"、"支付其他与投资活动有关的现金"项目，反映企业除上述 1）～7）各项目外收到或支付的其他与投资活动有关的现金流入或流出，金额较大的应当单独列示。

3. 筹资活动产生的现金流量

1）"吸收投资收到的现金"项目，反映企业以发行股票、债券等方式筹集资金实际收到的款项，减去直接支付给金融企业的佣金、手续费、宣传费、咨询费、印刷费等发行费用后的净额。

2）"取得借款收到的现金"项目，反映企业举借各种短期、长期借款而收到的现金。

3）"偿还债务支付的现金"项目，反映企业以现金偿还债务的本金。

4）"分配股利、利润或偿付利息支付的现金"项目，反映企业实际支付的现金股利、支付给其他投资单位的利润或用现金支付的借款利息、债券利息。

5）"收到其他与筹资活动有关的现金"、"支付其他与筹资活动有关的现金"项目，反映企业除上述 1）～4）项目外，收到或支付的其他与筹资活动有关的现金流入或流出，包括以发行股票、债券等方式筹集资金而由企业直接支付的审计和咨询等费用、为购建固定资产而发生的借款利息资本化部分、融资租入固定资产所支付的租赁费、以分期付款方式购建固定资产以后各期支付的现金等。

4. "汇率变动对现金的影响"项目，反映下列项目的差额

1）企业外币现金流量及境外子公司的现金流量折算为记账本位币时，所采用的现金流量发生日的即期汇率或按照系统合理的方法确定的、与现金流量发生日即期汇率近似的汇率折算的金额。

2）"现金及现金等价物净增加额"中外币现金净增加额按期末汇率折算的金额。

5. 现金流量表编制举例

【活动案例 7.3】 北京嘉欣公司 2015 年 6 月有关库存现金日记账、银行存款日记账和其他货币资金明细账见表 7-10 ～表 7-12。

表 7-10　库存现金日记账

2015 年 6 月　　　　　　　　　　　　　　　　　单位：元

2014 年		凭证号	摘要	对方科目（略）	收入	支出	结余
月	日						
6	1	（略）	期初余额				6 000
	2		报销差旅费			3 600	2 400
	5		购买办公用品			1 800	600
	7		提取现金备用		6 000		6 600
	9		支付销售产品运输费			1 800	4 800
	15		总务部退回备用金		384		5 184
	20		出售废料收入		1 440		6 624
	25		支付违约金			408	6 216
	28		支付业务招待费			1 416	4 800
	30		本月合计		7 824	9 024	4 800

表 7-11　银行存款日记账

2015 年 6 月　　　　　　　　　　　　　　　　　单位：元

2014 年		凭证号	摘要	对方科目（略）	收入	支出	结余
月	日						
6	1	（略）	期初余额				504 000
	2		销售产品收入		441 480		945 480
	5		支付工资			88 800	856 680
	7		提取现金备用			6 000	850 680
	10		收回应收票据款		56 160		906 840
	12		预缴企业所得税			14 484	892 355 46
	18		购买原材料			344 400	547 955 46
	21		出售交易性金融资产		145 200		693 155 46
	22		取得短期借款		360 000		1 053 155 46
	25		购买生产设备			114 240	938 915 46
	26		归还借款利息			5 400	933 515 46
	27		支付展览费			81 360	852 155 46
	28		存出投资款			137 520	714 635 46
	29		支付本月水电费			8 446 26	706 189 2
	30		购买周转材料			80 194 8	625 994 4
	30		本月合计		1 002 840	880 845 6	625 994 4

表 7-12　其他货币资金明细账

2015 年 6 月　　　　　　　　　　　　　　　　　单位：元

日期		凭证号	摘要	借方	贷方	余额
月	日					
6	28		存出投资款	137 520		137 520
	30		本月合计	137 520		137 520

根据以上资料编制现金流量表，见表 7-13。

表 7-13 现金流量表

会企 03 表

编制单位：北京嘉欣公司　　　　　　　2015 年 6 月　　　　　　　　单位：元

项　　目	本期金额	上期金额
一、经营活动产生的现金流量		
销售商品、提供劳务收到的现金	499 080	
收到的税费返还		
收到的其他与经营活动有关的现金	384	
经营活动现金流入小计	499 464	
购买商品、接受劳务支付的现金	424 594.8	
支付给职工以及为职工支付的现金	88 800	
支付的各项税费	14 484.54	
支付的其他与经营活动有关的现金	98 830.26	
经营活动现金流出小计	626 709.6	
经营活动产生的现金流量净额	−127 245.6	
二、投资活动产生的现金流量		
收回投资收到的现金	145 200	
取得投资收益收到的现金		
处置固定资产、无形资产和其他长期资产收回的现金净额		
收到的其他与投资活动有关的现金		
投资活动现金流入小计	145 200	
购建固定资产、无形资产和其他长期资产所支付的现金	114 240	
投资支付的现金		
支付的其他与投资活动有关的现金		
投资活动现金流出小计	114 240	
投资活动产生的现金流量净额	30 960	
三、筹资活动产生的现金流量		
吸收投资收到的现金		
取得借款所收到的现金	360 000	
收到的其他与筹资活动有关的现金		
筹资活动现金流入小计	360 000	
偿还债务所支付的现金		
分配股利、利润或偿付利息所支付的现金	5 400	
支付的其他与筹资活动有关的现金		
筹资活动现金流出小计	5 400	
筹资活动产生的现金流量净额	354 600	
四、汇率变动对现金及现金等价物的影响		
五、现金及现金等价物净增加额	258 314.4	
加：期初现金及现金等价物余额	510 000	
六、期末现金及现金等价物余额	768 314.4	

习　　题

一、单项选择题

1. 以下项目中反映财务状况的报表是（　　）。

　　A. 资产负债表　　　　　　　　　　　B. 利润表

　　C. 现金流量表　　　　　　　　　　　D. 股东权益变动表

2. 资产负债表的下列项目中，直接根据一个总分类账户就能填列的项目是（　　）。

　　A."货币资金"　　　B."长期借款"　　　C."预付账款"　　　D."预收账款"

3. 资产负债表的作用是（　　）。

　　A. 反映企业某一时期的经营成果

　　B. 反映企业某一时期的财务状况

　　C. 反映企业某一特定日期的经营成果

　　D. 反映企业某一特定日期的财务状况

4. 资产负债表中"应收票据"项目反映的是（　　）。

　　A. 支票　　　　　B. 银行汇票　　　　C. 商业汇票　　　D. 银行本票

5. 下列事项影响现金流量变动的项目有（　　）。

　　A. 从银行提取备用现金

　　B. 支付所欠的应付购货款

　　C. 用银行存款买机器设备

　　D. 用银行存款购买另一家公司股票（非现金等价物）

6. 资产负债表中，根据有关总账和明细账期末余额直接填列的项目是（　　）。

　　A."累计折旧"　　　　　　　　　　　B."应收账款"

　　C."应交税费"　　　　　　　　　　　D."未分配利润"

7. "应收账款"所属明细账户期末有贷方余额，应在资产负债表（　　）项目内填列。

　　A."预付账款"　　　B."应付账款"　　　C."应收账款"　　　D."预收账款"

8. 现金流量表中的现金是以（　　）为核算原则的。

　　A. 权责发生制　　　　　　　　　　　B. 收付实现制

　　C. 收入与费用配比原则　　　　　　　D. 重要性原则

9. 资产负债表中的"应收账款"项目，应（　　）。

　　A. 直接根据"应付账款"账户的期末贷方余额填列

　　B. 根据"应付账款"账户的期末贷方余额和"应收账款"账户的期末借方余额计
　　　 算填列

　　C. 根据"应收账款"账户和"预收账款"账户所属相关明细账户的期末借方余额
　　　 计算填列

　　D. 根据"应收账款"账户的期末贷方余额和"预收账款"账户的期末贷方余额计
　　　 算填列

10. 利润表中"营业税金及附加"项目不包括的税金是（　　）。

    A．增值税　　　　　B．营业税　　　　　C．消费税　　　　D．资源税

11. 下列资产负债表项目中，应根据其总账账户期末余额直接填列的是（　　）项目。

    A．"预收账款"　　B．"在建工程"　　C．"固定资产"　　D．"应付票据"

12. 编制现金流量表时，固定资产计提的折旧（　　）。

    A．一般不予反映

    B．在经营活动中产生的现金流量中反映

    C．在投资活动中产生的现金流量中反映

    D．在筹资活动中产生的现金流量中反映

13. 资产负债表中的"未分配利润"项目应根据（　　）填列。

    A．"利润分配"账户余额　　　　　　　B．"本年利润"账户余额

    C．"资本公积"账户余额　　　　　　　D．"盈余公积"账户余额

14. 与计算营业利润无关的因素是（　　）。

    A．所得税费用　　B．销售费用　　　　C．管理费用　　　D．财务费用

15. 现金流量表的补充资料部分，是以本期（　　）为基础进行调整的。

    A．主营业务利润　　B．营业利润　　　　C．利润总额　　　D．净利润

16. 属于经营活动现金流出的是（　　）。

    A．购入专利权　　　　　　　　　　　B．购入生产车间使用的机器设备

    C．购入原材料　　　　　　　　　　　D．购入运输车辆

17. 在利润表上，利润总额扣除（　　）后，得出净利润或净亏损。

    A．管理费用和财务费用　　　　　　　B．增值税

    C．营业外支出净额　　　　　　　　　D．所得税

二、多项选择题

1. 资产负债表中资产方各项目是按照资产的（　　）排列的。

    A．流动性大小　　B．清偿顺序　　　　C．稳定程度　　　D．变现能力强弱

2. 资产负债表的资料来源有（　　）。

    A．直接从总账账户的余额获得

    B．根据明细账户的余额分析获得

    C．根据几个总账账户的余额合计获得

    D．根据有关账户的余额分析获得

3. 资产负债表中可以根据有关账簿的期末余额直接填列的项目是（　　）。

    A．"应收账款"　　B．"短期投资"　　C．"累计折旧"　　D．存货

4. 在资产负债表负债方填列的项目是（　　）。

    A．"累计折旧"　　B．"预付账款"　　C．"累计摊销"　　D．"预收账款"

5. 资产负债表中的"货币资金"项目应根据（　　）账户期末余额的合计数填列。

    A．"备用金"　　　　　　　　　　　　B．"库存现金"

C．"银行存款"　　　　　　　　　　　D．"其他货币资金"

6．资产负债表中的"存货"项目反映的内容包括（　　）。

　　A．分期收款发出商品　　　　　　　B．委托代销商品

　　C．受托代销商品　　　　　　　　　D．生产成本

7．利润表的特点是（　　）。

　　A．反映企业一定时期末的经营成果　　B．属于动态报表

　　C．根据结账后的余额编制　　　　　D．对外报送

8．利润表的特点是（　　）。

　　A．根据相关账户的本期发生额编制　　B．根据相关账户的期末余额编制

　　C．属于静态报表　　　　　　　　　D．属于动态报表

9．关于利润分配表说法正确的是（　　）。

　　A．它是会计报表中的主表

　　B．它是利润表的附表

　　C．它是根据"本年利润"和"利润分配"账户及其所属明细账户的记录分析填列的

　　D．通过它可以了解企业的利润分配水平

10．应列入现金流量表"经营活动"现金流出的业务是（　　）。

　　A．购入原材料　　　　　　　　　　B．支付职工工资

　　C．购入机器设备　　　　　　　　　D．支付各种税费

11．下列资产负债表项目中，不能根据其总账账户期末余额直接填列的是（　　）项目。

　　A．"预收账款"　　B．"在建工程"　　C．"长期借款"　　D．"应付账款"

12．编报资产负债表过程中，如"应付账款"账户所属有关明细账户期末为（　　）余额，应在本表内增设（　　）项目填列；如"应收账款"账户所属明细账户期末为（　　）余额，应在本表中增设（　　）项目填列。

　　A．"预收账款"　　B．"预付账款"　　C．借方　　　　　　D．贷方

13．财务报表按编报时间可分为（　　）。

　　A．月度报表　　　B．半年度报表　　C．季度报表　　　D．年度报表

14．会计报表编制的基本要求是（　　）。

　　A．内容完整　　　B．计算准确　　　C．数字真实　　　D．编报及时

15．资产负债表中的"存货"项目反映的内容包括（　　）。

　　A．原材料　　　　B．周转材料　　　C．在途物资　　　D．库存商品

16．编制资产负债表时，应填列在"应收账款"项目下的有（　　）。

　　A．"应收账款"所属明细账中的借方余额

　　B．"应收账款"所属明细账中的贷方余额

　　C．"预收账款"所属明细账中的借方余额

　　D．"预收账款"所属明细账中的贷方余额

17．在资产负债表中，资产按照其流动性排列时，下列排列方法正确的是（　　）。

　　A．货币资金、交易性金融资产、存货、无形资产

B．交易性金融资产、存货、无形资产、应收账款

　　C．固定资产、货币资金、交易性金融资产、存货

　　D．货币资金、应收账款、存货、无形资产

三、判断题

1．各种账务处理程序下，会计报表的编制方法都是相同的。　　　　（　　）

2．资产负债表反映企业一定期间的财务状况。　　　　　　　　　（　　）

3．我国企业的资产负债表采用账户式结构。　　　　　　　　　　（　　）

4．"应收账款"所属明细账户期末有贷方余额，应在资产负债表的"预收账款"项目内填列。　　　　　　　　　　　　　　　　　　　　　　　　（　　）

5．资产负债表中的"长期待摊费用"项目应根据"长期待摊费用"账户的余额直接填列。　　　　　　　　　　　　　　　　　　　　　　　　　　（　　）

6．资产负债表是将企业某一时期的全部资产、负债和所有者权益项目进行适当分类、汇总和排列后编制而成的。　　　　　　　　　　　　　　　（　　）

7．资产负债表"年初数"栏的数字，应根据各账户期初余额计算填列。　（　　）

8．资产负债表中的"固定资产清理"项目，应根据"固定资产清理"账户的本期借方发生额填列。　　　　　　　　　　　　　　　　　　　　　（　　）

9．利润表是反映企业在一定会计期间经营成果的报表。　　　　　（　　）

10．利润表中"本期数"栏的数字，应根据各损益类账户本期发生额填列。　（　　）

11．利润表中"主营业务收入"项目的数字是以权责发生制原则为基础计算填列的。　　　　　　　　　　　　　　　　　　　　　　　　　　　（　　）

12．企业可供分配的利润是以利润总额为基础的，加上年初未分配利润及盈余公积转入数求得。　　　　　　　　　　　　　　　　　　　（　　）

13．将年度报表中的净利润数字与"本年利润"账户结转到"利润分配——未分配利润"账户的数字相核对，可以检查报表编制和账簿记录的正确性。　　（　　）

14．现金流量表中的"现金"是指企业的库存现金和可以随时用于支付的存款。　　　　　　　　　　　　　　　　　　　　　　　　　　　（　　）

15．企业以银行存款购入设备一台，交由生产车间使用，编制现金流量表时，应编入投资活动产生的现金流量部分。　　　　　　　　　　　　（　　）

16．现金流量表中的"投资活动"是指企业对外单位的投资。　　　（　　）

17．现金流量表属于动态报表，要求对外报送。　　　　　　　　（　　）

18．购入生产使用的设备一台，以银行存款支付 11 700 元，编制现金流量表时，应列入经营活动的现金流出。　　　　　　　　　　　　　　　（　　）

19．企业的年度财务会计报告提供基本会计报表和会计报表附注，基本会计报表是指资产负债表和利润表。　　　　　　　　　　　　　　（　　）

20．我国企业利润表的结构是单步式利润表。　　　　　　　　　（　　）

21．企业出售固定资产应交的营业税，应列入利润表中的"营业税金及附加"项目。

（   ）

22．财政报表可以按其编报期间不同分为年中财政报表和年度财政报表；按其编报主体不同分为个别财政报表和综合财务报表。

（   ）

四、业务核算题

1．资料：北京雅方公司 2015 年 6 月 30 日账户余额见表 7-14。

表 7-14　账户余额

单位：元

账户名称	借或货	金额	备注
库存现金	借	35 000	
银行存款	借	602 150	
交易性金融资产	借	150 000	
应收票据	借	25 000	
应收股息	借	100 000	
应收账款	借	215 000	应收账款：借方余额（250 000）
坏账准备	贷	13 000	贷方余额（35 000）
其他应收款	借	45 000	
原材料	借	192 200	
周转材料	借	55 000	
库存商品	借	380 000	
长期股权投资	借	330 000	
固定资产	借	1 200 000	
累计折旧	贷	250 000	
在建工程	借	600 000	
其他流动资产	借	55 000	
无形资产	借	48 000	
累计摊销	贷	44 500	
长期待摊费用	借	38 500	
短期借款	贷	250 000	应付账款：借方余额（50 000）
应付账款	贷	320 000	贷方余额（370 000）
预收账款	贷	40 000	预收账款：借方余额（20 000）
应付职工薪酬	贷	70 000	贷方余额（60 000）
应交税费	贷	35 100	
其他应付款	贷	100 250	
长期借款	贷	600 000	一年内即将到期的长期借款 100 000
长期应付款	贷	155 000	
实收资本	贷	1 500 000	
资本公积	贷	200 000	
盈余公积	贷	300 000	
利润分配	贷	193 000	

要求：根据表 7-14 的会计资料，编制资产负债表，见表 7-15。

表 7-15　资产负债表

会企 01 表

编制单位：　　　　　　　　　　年　月　日　　　　　　　　　　单位：元

资产	期末余额	年初余额	负债和所有者权益（或股东权益）	期末余额	年初余额
流动资产：			流动负债：		
货币资金			短期借款		
交易性金融资产			交易性金融负债		
应收票据			应付票据		
应收账款			应付账款		
预付款项			预收款项		
应收利息			应付职工薪酬		
应收股利			应交税费		
其他应收款			应付利息		
存货			应付股利		
一年内到期的非流动资产			其他应付款		
其他流动资产			一年内到期的非流动负债		
流动资产合计			其他流动负债		
非流动资产：			流动负债合计		
可供出售金融资产			非流动负债：		
持有至到期投资			长期借款		
长期应收款			应付债券		
长期股权投资			长期应付款		
投资性房地产			专项应付款		
固定资产			预计负债		
在建工程			递延所得税负债		
工程物资			其他非流动负债		
固定资产清理			非流动负债合计		
生产性生物资产			负债合计		
油气资产			所有者权益（或股东权益）：		
无形资产			实收资本（或股本）		
开发支出			资本公积		
长期待摊费用			盈余公积		
递延所得税资产			未分配利润		
其他非流动资产			所有者权益（或股东权益）合计		
非流动资产合计					
资产总计			负债和所有者权益（或股东权益）总计		

2. 资料：北京华凌公司 2015 年 6 月 30 日账户余额见表 7-16。

表 7-16 账户余额

单位：元

账户名称	借方余额	贷方余额
库存现金	380	
银行存款	107 000	
其他货币资金	1 220	
交易性金融资产	8 000	
应收账款	36 400	
坏账准备		500
在途物质	10 000	
原材料	28 400	
周转材料	2 000	
库存商品	41 500	
材料成本差异		1 900
固定资产	323 500	
累计折旧		14 500
固定资产清理		5 000
无形资产	9 000	
累计摊销		1 000
长期待摊费用	39 300	
短期借款		50 000
应付账款		31 400
预收账款		4 200
长期借款		100 000
实收资本		318 000
资本公积		20 000
利润分配		8 700
本年利润		50 000
合　计	606 700	606 700

其中：

1）"长期待摊费用"账户中含将于半年内摊销的金额 9 000 元。

2）"长期借款"账户期末余额中将于一年内到期的借款金额为 30 000 元。

3）"应收账款"账户有关明细账期末余额为

应收账款——A 公司　　贷方 18 600 元

　　　　——B 公司　　借方 55 000 元

4）应付账款有关明细账期末余额为

应付账款——C 公司　　贷方 39 500 元

　　　　——D 公司　　借方 8 100 元

5）预收账款有关明细账期末余额为

预收账款——E 公司　　贷方 9 800 元

　　　　——F 公司　　借方 5 600 元

要求：根据上述资料计算北京华凌公司 2015 年 6 月 30 日资产负债表中下列报表项目的期末数。

1）货币资金：

2）应收账款：

3）预付账款：

4）存货：

5）流动资金合计：

6）固定资产：

7）非流动资产合计：

8）资产合计：

9）应付账款：

10）预收账款：

11）流动负债合计：

12）长期借款：

13）负债合计：

14）所有者权益合计：

15）负债及所有者权益合计：

3．资料：北京方达公司 2015 年 6 月损益类账户发生额资料见表 7-17。

表 7-17　损益类账户发生额

单位：元

账户名称	借方发生额	贷方发生额
主营业务收入		1 750 000
主营业务成本	900 000	
营业税金及附加	5 350	
其他业务收入		110 000
其他业务成本	80 000	
销售费用	20 000	
管理费用	70 000	
账务费用	30 000	
投资收益		50 000
营业外收入		30 000
营业外支出	70 000	
所得税费用	192 000	

要求：根据表 7-17 的会计资料，编制利润表，见表 7-18。

表 7-18　利润表

会企 02 表

编制单位：　　　　　　　　　　　　年　　月　　　　　　　　　　　　单位：元

项目	本期金额	上期金额
一、营业收入		
减：营业成本		
营业税金及附加		
销售费用		
管理费用		
账务费用		
资产减值损失		
加：公允价值变动收益（损失以"－"号填列）		
投资收益		
其中：对联营企业和合营企业的投资收益		
二、营业利润（亏损以"－"号填列）		
加：营业外收入		
减：营业外支出		
其中：非流动资产处置损失		
三、利润总额（亏损总额以"－"号填列）		
减：所得税费用		
四、净利润（净亏损以"－"号填列）		
五、每股收益		
（一）基本每股收益		
（二）稀释每股收益		

4. 资料：北京佳宜公司 2014 年损益类账户 1 ～ 11 月发生额（结账前）见表 7-19，假设该公司适用所得税税率为 25%，该公司不存在税收调整项目。

表 7-19　损益类账户累计（2014 年 1 ～ 11 月）发生额

单位：元

账户名称	本期借方发生额	本期贷方发生额
主营业务收入		2 650 000
主营业务成本	1 325 000	
其他业务收入		95 000
其他业务成本	57 000	
营业税金及附加	47 500	
销售费用	237 500	
管理费用	190 000	
财务费用	38 000	
所得税费用	206 500	

2014 年 12 月发生的业务如下（假设不考虑增值税）。

1）销售产品收入 230 000 元，收到商业汇票。

2）结转销售产品成本 115 000 元。

3）分配工资 38 000 元，其中，管理部门 26 000 元、销售部门 12 000 元。

4）计提管理部门折旧 6 000 元。

5）计提短期借款利息 2 000 元。

6）结转损益类账户。

要求：根据以上资料，编制 2014 年度北京佳宜公司简易利润表，见表 7-20。

表 7-20　利润表

编制单位：　　　　　　　　　　　　　　　　年　　　　　　　　　　　　　　单位：元

项　　目	本期金额
一、营业收入	
营业成本	
营业税金及附加	
销售费用	
管理费用	
财务费用	
投资收益	
二、营业利润	
营业外收入	
营业外支出	
三、利润总额	
所得税费用	
四、净利润	

参 考 文 献

财政部会计编写组. 2008. 企业会计准则讲解 2008. 北京：人民出版社..

广东省中等职业学校教材编写委员会. 2006. 企业会计岗位核算. 广州：广东高等教育出版社.

韩冬芳. 2007. 中级财务会计. 上海：上海财经大学出版社.

刘永泽，陈立军. 2004. 中级财务会计. 大连：东北财经大学出版社.

企业从业资格考试辅导教材编写组. 2008. 会计基础. 北京：中国财政经济出版社.

叶建芳，姜国平. 2006. 企业会计准则实用指南：新旧企业会计准则差异比较与应用. 上海：上海财经大学出版社.

中华人民共和国财政部. 2006. 企业会计准则 2006. 北京：经济科学出版社.

中华人民共和国财政部. 2006. 企业会计准则——应用指南 2006. 北京：中国财政经济出版社.